社会科学普及读物出版资助重点项目

编 委 会

主　　任　刘宝莅　林建宁

副 主 任　周忠高　李海萍　高　航　张宏明　孙淑娜

　　　　　王晓娟　张伟红

委　　员　刘宝莅　林建宁　周忠高　李海萍　高　航

　　　　　张宏明　孙淑娜　王晓娟　张伟红　杨宗杰

　　　　　张传民　魏　来　祝　颖　曲　艺　高玉宝

　　　　　徐　青　周文升

总 主 编　林建宁　张宏明

副总主编　张伟红　高玉宝

编　　辑　王玉革　牛秀琳　刘　坚　吴庆利

社会科学普及读物出版资助重点项目

总主编 林建宁 张宏明

农村经济小百科

Nongcun Jingji Xiaobaike

张芳丽 杨唯希 刘春英 ◎ 主 编

山东人民出版社

国家一级出版社 全国百佳图书出版单位

总前言

在新的历史时期，党和国家确立了全面建成小康社会，全面深化改革，全面推进依法治国，全面从严治党的战略布局。实现这一艰巨的任务，既需要有一大批高素质的人才发挥支撑引领作用，更需要不断提升全社会的文明素质，特别是以理论思维、人文知识、处事能力和科学精神为核心的人文素养，这是建设文化强国的必然要求和迫切需要，也是社会科学工作的重中之重。这就要求加强社会科学普及工作，根据时代和社会发展的需要，运用易为公众所理解、接受、参与的方式方法，通过一定的组织形式和传播渠道，普及科学知识、倡导科学方法、传播科学思想、弘扬科学精神和人文精神，提高公众社会科学素质和思想道德素质，促进人的全面发展。这是各级社科联组织的一项重要任务。

加强社会科学知识的宣传和普及，需要有为干部群众所喜闻乐见的通俗读物，好的社会科学通俗读物其社会价值不可低估。当年艾思奇的《大众哲学》在社会上产生了较大反响，毛泽东同志赞扬该书写得"相当深刻"。在各种思想文化交流、交融、交锋日益频繁，社会思潮多元、多样、多变特征更加明显，大众思想活动的独立性、选择性、多样性、差异性明显增强的新时期，要把抽象的基本原理、专业知识和科学方法等写成生动有趣、实用通俗的科普读物，在介绍和阐释科学知识中融入人文教育、人文关怀，为公众喜闻乐见并非易事。这就更加需要各级社科联组织高度重视社会科学普及工作，坚持不懈地抓好社会科学普及读物的策划、创意、扶持工作，多动脑筋、多想办法，组织动员更多的社会科学工作者投身于社会科学普及读物的创作编写工作，多出成果、出好成果。

　　近年来，山东省社会科学界联合会在出版社会科学普及读物方面进行了不懈探索。在山东省委宣传部、山东省财政厅的支持下，创设了山东省社会科学普及读物出版资助资金，制定了《山东省社会科学普及读物出版资助管理办法》。出版资助项目坚持以邓小平理论、"三个代表"重要思想、科学发展观为指导，深入贯彻落实党的十八大、十八届三中四中全会精神和习近平总书记系列重要讲话精神，坚持为人民服务、为社会主义服务的方向，坚持贴近实际、贴近群众、贴近生活的原则，认真贯彻《山东省社会科学普及条例》，采取自主申报、公平竞争、专家评议、择优资助的办法，每年资助出版一批宣传中国特色社会主义理论体系的通俗读物，宣传、解读经济社会发展战略的通俗读物，传承、弘扬中华优秀传统文化的通俗读物，关注民生、解惑释疑的通俗读物以及弘扬科学精神、倡导科学方法的通俗读物。这项工作备受全省社科界的关注，激发了广大社科工作者的创作热情，许多优秀的社会科学普及读物不断涌现，深受干部群众的欢迎和好评。

　　社会科学普及读物只有深入浅出、生动活泼、通俗易懂，才能易于为大众理解和喜爱，进而自觉地学习并有所获益。紧扣主旋律，把握时代性，体现知识性，富有可读性；采取问答、图文解读、动漫、卡通等各种写作方式，编写图文并茂、通俗易懂、适合初中以上文化水平的公众阅读读物，是项目组织者和编写者的共同夙愿和努力方向。

前言

　　农村经济问题一直是农村工作的重点，而农村经济类科普读物对增强广大农民的经济意识、促进农村经济进步、加强新农村建设有重要作用。本书普及农村经济法规、农民对集体资产的监督、农民理财、农村信息化等知识，对农民增收、维护广大农民的利益、提高综合素质、提高其在市场经济中的竞争力将发挥重要作用。

　　本书共分六篇，第一篇通过透析土地制度，解读农产品市场流通制度、农业支持保护制度、农村社会保障制度，让农民了解最新农村法规制度，维护自己的权益，培养"有文化、懂法律、会经营"的新型农民。

　　第二篇结合农村财务工作的实际情况，介绍村集体财务的入门小知识，以及村集体的资产、负债、所有者权益和损益的财务核算，对农村财务工作起指导作用；对"三资"管理制度、"三资"委托代理进行了详细介绍。该部分的科学普及有利于农民了解"集体家底"，强化农民的监督作用，加强农村集体"三资"管理，维护农村集体经济组织及其成员的合法权益，促进农村经济发展与社会和谐稳定。

　　第三篇结合现代农村合作社的实际发展状况，讲述了农村合作社基础知识，并对相关法律和规章进行解读，以引导农民朋友办好农村合作社，同时对合作社的盈余分配进行介绍，以规范合作社的经营行为和会计核算，起到规范与指导作用。

　　第四篇讲述简单的理财知识，如利用储蓄、国债、股票等进行投资，对各种投资方式进行对比分析，对目前盛行的民间借贷、互联网理财诈骗问题进行分析，教会农民朋友理财、防范诈骗。

　　第五篇讲解农村信息化基础知识，如上网、互联网知识等，让广大农民学会利用信息技术进行农产品营销、网上交流，掌握一些网上做生意的技巧，增收促收，帮助基层领导者实现农村信息化，从而促进农村经济发展。

第六篇以统计工作者的身份讲解统计工作，对一些重要的统计基础知识采取培训、问答形式讲解，并对农村社会总产值、农村生产总值等统计方法作简要说明，帮助基层统计工作者系统了解统计知识。

本书以经济管理专业的大学教师张林下乡做第一书记为线索，通过他的经历、身边农民发生的一些小故事，把与社会主义新农村经济相关的农村经济法规、村集体经济、农民专业合作社、农民理财、农村信息化、农经统计等知识串联起来，紧扣农村主旋律，体现时代性、科学性、知识性、实用性和可读性，易于初中以上文化水平的群众阅读，普及经济知识。

本书语言通俗易懂，图文并茂，言简意赅，采用对话、趣味故事、案例等形式，突出针对性、先进性、实用性，贴近农村实际，便于广大农民朋友、基层工作人员学习。

本书由张芳丽、杨唯希、刘春英主编，杨唯希、高千秋提供农村政策篇资料，李秀萍提供农村"三资"篇资料，刘春英、孙晓辉提供农民专业合作社篇资料，张芳丽提供农民理财篇资料，侯国栋提供农村信息化篇资料，韩潇、陈爱伟提供农村经济统计篇资料，仝令宇绘制插图。

鉴于作者水平所限，书中难免存在不妥之处，恳请广大读者提出建议，以利于修订完善。

编　者

2015 年 7 月

目录

第四篇　农民理财篇

第五篇　农村信息化篇

2013 年，省城某大学教师张林为响应省里的号召，报名下乡做第一书记。临走时，学校领导董书记叮嘱他："喊破嗓子，不如干出样子。要得到群众的认可，就得苦干实干。'群众有田有地不找你，有吃有穿不靠你，有了问题老缠你，解决不好就骂你'，如何取得村民的信任是最考验你的地方。"张林感到肩上的担子很重。

　　在省里的誓师大会上，他进一步认识到"第一书记"要从村居实际情况出发，想群众之所想、急群众之所急、做群众之所需，伏下身子，力求在着力保障和改善民生上有新作为。要多为民办实事、解难题，解决好群众最关心、最直接、最现实的利益问题，以维护农村和谐稳定，夯实农村发展基础。

　　他被派到某乡镇的李家峪村。他下乡后进大棚，去地头，与村民拉家常、唠嗑，发放联系卡，不到一个月的时间，全村 96 户村民他全部走访了一个遍，去了解村民最关心、最想反映的问题。时间长了，村民拿他当自家兄弟看待，都掏心窝子说知心话。"张书记"变成了"小张""张老弟"，张林和村民的距离一下子拉近了，村民们有事都来找他，张林忙得不亦乐乎。

第一篇　政策篇

这天，村民王宇来找张林，说目前一件事非常挠头：王宇想要外出打工，想把农村家里的房屋出售给同村的李浩，但对这种交易是否合法不清楚，特地来咨询张林书记。张林想到有个同学在律师事务所，于是，陪同王宇咨询了律师事务所的刘江律师。刘律师详细回答了王宇的问题，为他解开了疑惑，并且为他介绍了相关的农村经济法规。

刘律师同时告诉张林，作为农民，和土地打交道最多，因而要多关心国家有关土地的法律和政策。土地是农民安身立命的基础，关系到农民的切身利益。农民朋友建造房屋需要宅基地使用权，宅基地使用权在非常严格的条件下可适度流转。搞农业生产可以承包土地，立法规定的土地承包经营权保障了农民对承包土地的权利。现行立法允许土地承包经营权的适度流转，发挥闲置土地的经济价值，有利于土地资源的充分利用。国家实行农用地用途管制制度，严格控制土地用途的转变。

张林意识到新农村经济需要"有文化、懂法律、会经营"的新型农民，新型农民必须知法、懂法，并学会利用法律保护自己的权益。

第一章 透析农村土地制度

王宇对我国土地的所有权主体不太清楚，首先向刘律师提出了问题："我国土地归谁所有，是国家所有还是私人所有？"刘律师很耐心地讲解道："我国实行土地公有制度，私人不能享有对土地的所有权。"

法律小贴士

《中华人民共和国宪法》（以下简称《宪法》）第十条规定，城市的土地属于国家所有；农村和城市郊区的土地，除由法律规定属于国家所有以外，属于集体所有；宅基地和自留地、自留山，也属于集体所有；为了国家公共利益的需要，可以依照法律规定对土地实行征收或者征用并给予补偿；任何组织或者个人不得侵占、买卖或者以其他形式非法转让土地。土地的使用权可以依照法律的规定转让。

王宇明白了，我国土地归国家所有和集体所有，这是法律对土地权属的规定。

王宇继续问："那我国土地用途很多，国家是如何划分土地用途的呢？"刘律师娓娓道来："国家根据土地的用途，将土地分为农用地、建设用地和未利用地。"

法律小贴士

《中华人民共和国土地管理法》（以下简称《土地管理法》）第四条规定，农用地是指直接用于农业生产的土地，包括耕地、林地、草地、农田水利用地、养殖水面用地等；建设用地是指建造建筑物、构筑物的土地，包括城乡住宅和公共设施用地、工矿用地、交通水利设施用地、旅游用地、军事设施用地等；未利用地是指农用地和建设用地以外的土地。

王宇疑惑地问："到底什么是未利用地呢？"刘律师告诉他，未利用地包括水域、滩涂沼泽、自然保留地等。刘律师继续解释："建设用地包括城市建设用地和农村建设用地，因此农村集体土地实质上包括农用地、建设用地和未利用地，农村建设用地包括宅基地、乡镇企业用地和公益性公共设施用地等。"

王宇问："那么农村集体土地是以什么样的形式来利用呢？"刘律师回答说："主要通过土地使用权的形式对农村土地加以利用，包括土地承包经营权、集体建设用地使用权、宅基地使用权。这三种权利是具有私权性质的土地财产权，农民通过这几种权利实现对土地拥有的权益。"

听到宅基地使用权，王宇立刻问："那么我出卖房屋是不是涉及宅基地使用权呢？"刘律师笑道："是的，关系到宅基地使用权制度。"

一、宅基地使用权

宅基地，主要是指农村居民的住宅用地及其附属用地，也有少量城市宅基地，是少数城市居民之私有房屋所占城市的国有用地。宅基地使用权，是指宅基地使用权人依法享有占有、使用集体所有的土地，在该土地上建造房屋、其他附着物，并排除他人干涉的权利。《中华人民共和国物权法》（以下简称《物权法》）第一百五十二条规定："宅基地使用权人依法对集体所有的土地享有占有和使用的权利，有权依法利用该土地建造住宅及其附属设施。"宅基地使用权是财产权，帮助农民实现居者有其屋的愿望。

宅基地使用权的法律特点：

第一，权利主体特定性。法律规定宅基地使用权的主体是农村居民，农村集体经济组织以外的人员不能申请和取得宅基地使用权。农民申请宅基地主要是根据其农村集体经济组织成员的身份，每一个成员都有权以个人或者农户的名义申请宅基地。

第二，宅基地使用权获得的无偿性。根据法律规定，农村宅基地由农民申请可以得到，只要符合法律规定的申请条件就可以获得宅基地使用权，不需要缴纳土地使用费。

第三，宅基地使用权用途受到限制。农民获得宅基地使用权后，只能在该土地上建造住宅和附属设施，不能建造商业用途的设施和农业生产使用的设施，比如在宅基地之上建造厂房或者挖建鱼塘等都是法律不允许的。

第四，宅基地使用权没有期限限制。法律没有规定宅基地使用权的期限，因此，农户长期拥有宅基地使用权受法律保障。

第五，宅基地使用权的处分受限制。农民对宅基地使用权进行转让受到严格限制，宅基地使用权不可以单独转让，只能在转让住宅所有权的同时转让宅基地使用权。另外，宅基地使用权的转让对象严格限制，只能是本集体经济组织成员。

📖 **小知识**

农村村民符合下列条件之一的，可以申请使用宅基地：

1. 居住拥挤，宅基地面积少于规定的限额标准的。

2. 因结婚等原因，确需建新房分户的。

3. 原住宅影响村镇规划需要搬迁的。

4. 经县级以上人民政府批准回原籍落户，农村确无住房的。

5. 县级以上人民政府规定的其他条件。

来源：《如何申请宅基地使用权》，人民网，http://npc.people.com.cn/GB/3538750.html.

农民对宅基地使用权的处分受到很多限制，使得农村宅基地成为沉睡的土地，农民无法像城镇居民一样自由转让、抵押房屋和土地使用权而获益，也使得城乡差距不断扩大。十八届三中全会通过《中共中央关于全面深化改革若干重大问题的决定》给广大农民带来了致富的希望，决定中体现了宅基地制度改革方向是探索宅基地流转制度，将对宅基地使用权的限制逐步放开。

刘律师向王宇解释，如果王宇把房屋和宅基地使用权一并转让给本村村民李浩是合法的。但是，根据《土地管理法》第六十二条规定，农村村民一户只能拥有一处宅基地；农村村民出卖出租住房后，再申请宅基地的，不予批准。因此，王宇如果把住房出卖后，就不能再申请宅基地，刘律师特别向王宇提醒了这一风险。

王宇突然产生一个念头，问道："如果我把房屋和宅基地使用权转让给本集体经济组织以外的农民，行吗？"刘律师马上否定："根据以往法律不行，只有本集体经济组织成员才有资格使用该组织的宅基地。因此，本集体经济组织以外的农民不是农村房屋买卖合法的购买方。"王宇接着问道："如果我把住宅和宅基地使用权转让给城市居民，可以吗？"刘律师摇摇头："肯定不行，因为国务院办公厅颁布的《关于加强土地转让管理严禁炒卖土地的通知》第二条规定，农民的住宅不得向城市居民出售，也不得批准城市居民占用农民集体土地建住宅，所以，如果你把农村房屋卖给城市居民，买卖合同是无效的。"

王宇说道："我明白了，如果我要把房屋卖给城市居民不合法，卖给本集体经济组织以外的农民也不行，卖给本集体经济组织的农民是可以的。"刘律师高兴地说："你已经完全明白了。"

小知识

宅基地使用权有效转让的条件：

1. 必须是同一集体经济组织内部成员转让，即同村的村民间买卖才有效，城镇居民或其他村村民购买宅基地在法律上均认定为无效。

2. 受让人没有住房和宅基地，或其他符合宅基地使用权分配条件的。

3. 转让行为需征得集体组织同意。

来源：《宅基地使用权如何转让才有效》，http://www.xtrb.cn/epaper/xtrb/html/2012/06/13/content_324929.htm.

随后，刘律师向王宇解释了宅基地使用权不能抵押，假设村民向银行贷款时，想以宅基地使用权作为债权担保，根据以往法律不可行。王宇又想起一个关联的问题，"那么农民所有的房屋可以单独抵押吗？我的朋友向信用社借款，想把农村房屋抵押给信用社，但信用社不同意，为什么呢？"刘律师慢慢地回答："法律没有禁止农村房屋设定抵押，所以理论上农村房屋可以单独设定抵押，但实现起来确有难度。如果农民以农村房屋设定抵押，债权人实现抵押权时，即债权人的债权没有被清偿，想对抵押物拍卖、变卖而受偿时，则只能对房屋行使权利，而宅基地使用权过去不能抵押，新的房屋受让人将不能同时取得房屋及宅基地使用权，实质上只是获得抵押房屋的建筑材料。因此通常金融机构是不愿接受农村房屋作为抵押物的，农村房屋抵押因其宅基地不得抵押而受到限制。"

刘律师紧接着又继续说道："不过，这些陈旧的法律规定将逐步修改，山东莱芜、高密等地已开始试点农村房屋抵押，十八届三中全会的决定为农民带来了政策红利，决定中明确农村土地制度改革将探索农民住房财产权抵押、担保、转让。将来，农村房屋的抵押、担保、转让将逐步通过立法明确，随之，宅基地使用权的抵押、转让、退出都可能逐步放开，农民可以依据宅基地获得更多财富。"

由于宅基地限制抵押，其财产价值不能被发掘，造成农村资源的浪费，放开对宅基地流转限制的呼声越来越高。2013 年 11 月中央发布的《中共中央关于全面深化改革若干重大问题的决定》指出，"赋予农民更多财产权利，保障农户宅基地用益物权，改革完善农村宅基地制度，选择若干试点，慎重稳妥推进农民住房财产权抵押、担保、转让，探索农民增加财产性收入渠道。建立农村产权流转交易市场，推动农村产权流转交易公开、公正、规范运行。"关于宅基地制度的改革需要通过系列立法活动完成。

王宇想起了"小产权房"的问题，"小产权房"是当前的社会热点问题，关于其合法性和合理性有许多争论，王宇把自己的疑惑告诉了刘律师。刘律师介绍，"小产权房"并非法律概念，通常是指村集体组织或开发商出售建筑在集体土地上的房屋，不能取得国家颁发的正式产权证，仅有乡（镇）政府或村委会的盖章以证明其权属，由乡（镇）政府发证书，所以叫小产权。

刘律师给王宇仔细分析了"小产权房"的法律风险。一是无法取得产权证。法律规定，城镇居民不得购买农村宅基地建房，也不可以购买"小产权房"。目前国家要求各地对农村集体土地进行确权登记发证，但是对"小产权房"违法用地不允许发证，"小产权房"不受法律的保护，因此城镇居民购买"小产权房"无法办理房产证。二是质量风险。"小产权房"质量无法保证，一旦修建房屋出现房屋质量问题，买方很难通过法律手段保护自己。三是存在交易风险。买方如果购买预售"小产权房"，即还没有建成的房屋，由于售房者不受政府监管，行政机关也无法对预售行为审查，一旦出现房屋不能按期交付或无法交付情形，买方房款可能无法收回。四是拆迁过程中的风险。"小产权房"如果遇到国家征收，购房者不但不能获得拆迁补偿款，还不得不返还房屋，也就是说购买"小产权房"房主无法得到拆迁补偿。

王宇问道:"那么针对小产权房的房屋买卖合同效力怎么样呢?"刘律师以李某和马某的确认房屋买卖合同无效案为例,向王宇说明法院在小产权房的问题上通常会认定房屋买卖合同无效。

小故事

马某原系北京市通州区某村农民。画家李某系城镇居民,户籍地为河北省邯郸市。2002年7月1日,马某与李某签订《买卖房协议书》,将诉争房屋及院落以4.5万元的价格卖给李某。由于房价上涨数倍,昔日将房子卖给画家李某的农民反悔了。2006年2月份,马某夫妇要求确认购买合同无效。

北京市通州区法院一审认为,李某为城镇居民,依法不得买卖农村集体经济组织成员的住房,判决李某将诉争房屋及院落腾退给马某。李某不服提出上诉。二审法院认为,宅基地使用权是农村集体经济组织成员享有的权利,与享有者特定的身份相联系,非本集体经济组织成员无权取得或变相取得。马某与李某所签之《买卖房协议书》的买卖标的物不仅是房屋,还包含相应的宅基地使用权。李某并非通州区某村村民,且诉争院落的《集体土地建设用地使用证》至今未由原土地登记机关依法变更登记至李某名下。因此,原审法院根据我国现行土地管理法律、法规、政策之规定,对于合同效力的认定是正确的。二审法院判决中也指出,出卖人在出卖时即明知其所出卖的房屋及宅基地属禁止流转范围,出卖多年后又以违法出售房屋为由主张合同无效,故出卖人应对合同无效承担主要责任,李某可就所受损失另行索赔。

来源:《买卖合同无效 北京画家村"宋庄房讼"案终审判决》,新华网,http://news.xinhuanet.com/fortune/2007/12/17/content_7268255.htm.

二、农村土地承包经营权

王宇正和刘律师交谈甚欢,走进来一个人,自我介绍是村民张勇,想要咨询刘律师关于农村土地承包经营权的问题。刘律师详细地为张勇和王宇讲解了有关土地承包经营权的法律制度。

土地承包经营权就是承包经营权人因从事种植业、林业、渔业、畜牧业生产或其他生产经营项目而占有、使用、收益集体所有或国家所有的土地或森林、山岭、草原、荒地、滩涂、水面的权利。农户作为承包方和发包方签订承包经营合同，发包方包括集体经济组织、村民小组、村民委员会。

农村土地承包经营权特点：

第一，农村承包经营权的主体包括公民、集体。根据《中华人民共和国民法通则》（以下简称《民法通则》）第八十条规定，公民、集体依法对集体所有或者国家所有由集体使用的土地承包经营权，受法律保护。《民法通则》规定得比较笼统。按照《土地管理法》第十四条、第十五条，农民集体所有的土地由本集体经济组织的成员承包经营，也可以由本集体经济组织以外的单位或者个人承包经营。因此，农村土地承包经营权主体包括本集体经济组织的成员以及本集体经济组织以外的单位或者个人。

第二，农村土地承包经营权是存在于农村土地之上的权利。农村土地是指集体所有和国家所有依法由农民集体使用的耕地、林地、草地，以及其他依法用于农业的土地。这就是说，承包经营权的标的，是集体所有或国家所有的土地或森林、山岭、草原、荒地、滩涂、水面等。

第三，承包经营权的内容是承包人对于承包土地等生产资料占有、使用、收益的权能。承包人可以利用承包地搞农业生产经营，并享受土地产生的利益。但是，承包人对土地没有处分权，不能对土地出售。

第四，承包经营权是为种植业、林业、畜牧业、渔业生产或其他生产经营项目而承包农村土地。

第五，承包经营权是有一定期限的权利。根据《中华人民共和国农村土地承包法》（以下简称《农村土地承包法》）第二十条规定，耕地的承包期为三十年；草地的承包期为三十年至五十年；林地的承包期为三十年至七十年；特殊林木的林地承包期，经国务院林业行政主管部门批准可以延长。

张勇问刘律师："我要外出打工，想把土地承包经营权转让给其他村民，可以吗？"刘律师马上答道："当然可以，这是土地承包经营权流转的一种方式。但是如果以转让方式流转，需要经发包方同意。"

　　"土地承包经营权流转"，指的是土地承包经营权有效存在前提下，在不改变农村土地所有权性质与农村土地农业用途的基础上，原承包方依法将土地经营权或者从土地承包经营权中分离出来的部分权能转移给他人的行为。农村土地承包经营权流转形式主要有转让、转包、出租、互换、入股等。土地的流转实际上就是许可土地承包经营权在农民之间流动，通过流转使土地承包经营权由其他农民拥有。

　　1. 农村土地承包经营权转让。它是指转让方（原承包方）在土地承包经营权有效存在前提下，在承包期限内依法将部分或者全部土地承包经营权转移给受让方（新承包方）的行为。其结果是，转让方丧失部分或者全部土地承包经营权，受让方依法获得部分或者全部土地承包经营权。如果转让方将全部承包经营权转移给受让方，其承包方法律资格消灭。

　　2. 农村土地承包经营权转包。它是转包方（原原承包方）在保留土地承包经营权前提下，从土地承包经营权中分离出部分权能（包括土地承包经营权中的占有权、使用权和收益权，但不包括处分权）移转给受转包方，原承包方与发包方的承包关系不变。

　　3. 农村土地承包经营权出租。它是指承包户在承包期内，并保留土地承包经营权前提下，将承包土地出租给他人使用，由租赁的一方缴纳租金。出租后原土地承包关系不变，原承包方按照原来土地承包合同承担权利和义务。

　　4. 农村土地承包经营权互换，指承包方之间为方便耕作或者各自需要，对属于同一集体经济组织的承包地块进行交换，同时交换相应的土地承包经营权。

　　5. 农村土地承包经营权入股，指实行家庭承包方式的承包方将土地承包经营权作为股权，自愿联合从事农业合作生产经营；其他承包方式的承包方将土地承包经营权量化为股权，投资入股组成股份公司或者合作社等。

　　2008年《中共中央关于推进农村改革发展若干重大问题的决定》中指出："加强土地承包经营权流转管理和服务，建立健全土地承包经营权流转市场，按照依法自愿有偿原则，允许农民以转包、出租、互换、转让、股份合作等形式流转土地承包经营权，发展多种形式的适度规模经营。有条件的地方可以发展专业大户、家庭农场、农民专业合作社等规模经营主体。土地承包经营权流转，不得改变土地集体所有性质，不得改变土地用途，不得损害农民土地承包权益。"当前，伴随农民进城务工的打工潮，农村大量土地荒芜，造成农村土地资源的极大浪费，也影响国家粮食安全。立法允许农民将土地承包经营权直接入股，可以盘活这些荒废土地，提高经济效益，也助于推动乡镇企业的发展，增进农民收入，推进城镇化进程。农民可以利用土地承包经营权直接作价出资，参与投资成立农民专业合作社。但农村土地承包经营权入股的农民专业合作社的业务范围限制在农业领域内，不得超越这个范围。立法规定土地承包经营权的流转实行"三不"政策，不能改变土地集体所有性质和土地用途，不得损害农民土地承包权益。

张勇问："也就是说，土地承包经营权入股只限于搞农业生产经营，是吗？可如此一来农民以土地承包经营权入股不就受很大限制了吗？"刘律师点点头："是的。立法做出限制主要出于耕地保护的目的，避免大量耕地被占用。但这样的限制确实是使农民失去很多以土地承包经营权入股的机会。"

张勇继续问道："您前面提到土地承包经营权流转没谈到抵押的问题，我想向银行贷款，能不能用土地承包经营权向银行抵押？"刘律师回答说："目前根据《农村土地承包法》《物权法》的规定，家庭承包取得的土地承包经营权不能抵押，只有通过招标、拍卖、公开协商等方式获得的荒地土地承包经营权可以抵押。"张勇露出失望的表情，刘律师赶紧补充道："你

土地承包经营权入股

的这个愿望很快就能实现，十八届三中全会决定中提出要把承包地的抵押权赋予农民。等政策落实后，你就可以利用土地承包经营权向银行抵押贷款，解决你目前的资金问题，这在以前是不可能的呀。"

《中共中央关于全面深化改革若干重大问题的决定》中强调："坚持农村土地集体所有权，依法维护农民土地承包经营权，发展壮大集体经济。稳定农村土地承包关系并保持长久不变，在坚持和完善最严格的耕地保护制度前提下，赋予农民对承包地占有、使用、收益、流转及承包经营权抵押、担保权能，允许农民以承包经营权入股发展农业产业化经营。鼓励承包经营权在公开市场上向专业大户、家庭农场、农民合作社、农业企业流转，发展多种形式规模经营。"这为广大农民带来了福音：承包土地不仅仅是农民的生产资料，允许抵押后还是农民融资的工具，农民通过土地承包经营权抵押可以向银行贷款获得急需资金，进行各种投资。并且土地承包经营权的流转范围也将大大拓宽，可以进入公开市场自由流转，过去的限于本集体经济组织内部流转的一些规定将被突破。

流转的对象多样化，包括专业大户、家庭农场、农民合作社、农业企业，而流转对象的拓宽使得农民将土地承包经营权流转的机会大大增加，将会给农民带来更多经济利益。

为维护农民的土地承包经营权，稳定农村土地承包关系，促进土地承包经营权的流转，我国农村地区积极推进土地承包经营权确权登记颁证工作。张勇问："什么是确权颁证呢？"刘律师解释道："确权是以已经签订的农村土地承包合同为基础确认承包土地的面积、范围，发给土地承包经营权证。除了给农户颁发权属证书，还要将承包土地的地块、面积、空间位置等信息记载在承包经营权登记簿里，供人查阅。确权颁证工作意义重大啊，不仅解决了农村许多土地纠纷，而且提高了耕地经营效益，增加了农民收入。土地确权之后，以土地承包经营权抵押贷款就更容易了，可以直接以土地权利证书抵押贷款。"张勇兴奋地点头："现在的政策确实是造福农民啊！"

法律小贴士

《农村土地承包法》部分条款

第三十二条　通过家庭承包取得的土地承包经营权可以依法采取转包、出租、互换、转让或者其他方式流转。

第三十三条　土地承包经营权流转应当遵循以下原则：

（一）平等协商、自愿、有偿，任何组织和个人不得强迫或者阻碍承包方进行土地承包经营权流转；

（二）不得改变土地所有权的性质和土地的农业用途；

（三）流转的期限不得超过承包期的剩余期限；

（四）受让方须有农业经营能力；

（五）在同等条件下，本集体经济组织成员享有优先权。

第四十条　承包方之间为方便耕种或者各自需要，可以对属于同一集体经济组织的土地的土地承包经营权进行互换。

第四十二条　承包方之间为发展农业经济，可以自愿联合将土地承包经营权入股，从事农业合作生产。

第四十九条　通过招标、拍卖、公开协商等方式承包农村土地，经依法登记取得土地承包经营权证或者林权证等证书的，其土地承包经营权可以依法采取转让、出租、入股、抵押或者其他方式流转。

张勇又问："那么如果承包人，未经发包方同意，擅自将承包经营权转让给别人，有什么后果？"刘律师回答："最高人民法院发布的《关于审理涉及农村土地承包纠纷案件适用法律问题的解释》规定，农村土地承包方未经发包方同意，采取转让方式流转其土地承包经营权的，转让合同无效。但发包方无法定理由不同意转让或者拖延表态的，不影响土地承包经营权转让合同的效力。"意思就是土地承包方未经发包方同意擅自转让土地承包经营权，转让合同无效，但如果发包方无法定理由不同意转让或者拖延表态的，转让合同可能有效。刘律师随后给张勇举了一个案例。

小案例

赵甲和赵乙分别是同村不同组的村民。2006年1月，赵甲和赵乙签订协议，赵乙将其家庭承包的位于其村民组家西地6亩一次性永久转让给赵甲耕作。此后发包方没有与赵甲签订新的承包合同，也没有解除与赵乙的承包合同及收回相关的经营权证书。协议签订后，赵甲一直耕种上述土地至今，并领取相应的粮食补贴。2012年，赵乙要求赵甲返还耕地。

法院认为，赵甲和赵乙虽然签订土地承包经营权转让协议，但赵乙仍居住在该村，依靠农业生产维持生计，赵甲也未提供证据证明发包方同意赵乙转让土地承包经营权，所以赵甲和赵乙的转让协议无效。赵甲要求确认其对争议的6亩地享有承包经营权的诉讼请求，依法不予支持。

来源：《土地承包经营权转让未经发包方同意是否有效》，中国法院网，http://www.chinacourt.org/article/detail/2013/03/id/922914.shtml.

张勇听完后若有所思，问道："那么农民转让土地承包经营权是要受到发包方的限制啦？"刘律师解释说："立法不是要限制土地承包经营权人的流转的自由权利，而是为了保护承包方的权益。为防止发包方随意干涉土地承包经营权人的土地承包经营权流转的自主权，司法解释中规定，发包方无法定理由不同意或者拖延表态的，不影响土地承包经营权转让合同的效力。"

张勇想更清楚地了解土地承包经营权的流转，向刘律师咨询了一个有关土地承包经营权互换的案例。赵某是大关镇甲村十里屯村民，朱某是大关镇乙村石湾屯村民。1997年，赵某为了方便农业耕种，用金竹岩（地名）的承包田与朱某刘湾（地名）的承包田进行互换。双方把承包田互换后，没有签订书面合同，没有经各自所在村民小组同意，也没有将互换后的承包田进行变更登记，报发包方备案。2010年9月，因为当地修建高速公路，政府征用了金竹岩的承包田，朱某和赵某因为都认为征地补偿费应由自己领取，发生了争执，朱某向法院起诉，请求确认双方互换承包田的行为有效。

刘律师告诉张勇和王宇："根据《土地承包法》第四十规定，承包方可以对属于同一集体经济组织的土地的承包经营权进行互换，这就规定了互换双方调换的土地必须是同属于一个集体经济组织的，如双方互换的土地分属两个不同的集体经济组织，那么双方的互换行为应属无效。在这个案例中，双方承包的土地属不同的集体经济组织所有，双方对不属于同一集体经济组织的土地进行互换耕种，未经发包方同意，没有订立书面合同，互换后也没有进行变更登记，没有报主管部门备案，其互换承包田的行为违反了法律的规定，应认定为无效。所以赵某和朱某所进行的互换是无效的。"

张勇一边点头一边说："原来承包地的转让和互换都有这些要求啊，看来什么事都得依法来办，否则麻烦就大了。"

张勇接着又问："承包地如果转包给别人或者由别人代耕代种，遇到国家征收土地，土地征收补偿款归谁呢？"刘律师给张勇讲了一个相关的例子。

小案例

　　1999年，张某与村委会签订了3.5亩耕地的土地承包合同，并依法领取了土地承包经营权证书。2002年初，因全家外出打工，张某与本村村民李某签订了土地承包经营权转包合同，约定由李某转包张某的3.5亩耕地，期限为15年，李某每年向张某支付转包款1 100元。2009年，该村集体28亩耕地被依法征收，张某的3.5亩耕地也在被征收的范围内。经村民会议决定，将土地补偿款中的70%用于被征地农户的补偿。经折算，3.5亩耕地可以获得10万元补偿款。张某和李某都主张获得该10万元补偿款，双方发生争议，诉至法院。

　　法院审理后认为，土地管理法所称的被征地农户，应当是依法享有土地承包经营权的农民。农户张某虽将其土地承包经营权通过转包的形式流转给李某，但张某与发包方的承包关系并未发生任何变化。李某基于转包合同的约定，占有、使用转包地并获得相应的收益。因此，李某除了根据法律规定取得青苗和地上附着物的补偿、相应的安置补助费用，以及基于其集体经济组织成员享有获得分配剩余土地补偿费的权利外，无权对本案中应当由土地承包经营权人取得的土地补偿费主张权利。张某虽将其承包土地转包给李某，但其土地承包经营权并未转移，因此应当认定张某有权获得10万元补偿款。

　　来源：《转包土地被征收10万元补偿款花落谁家》，中国法院网，http://www.chinacourt.org/article/detail/2011/04/id/446918.shtml.

刘律师解释："土地承包户把土地交给其他农户代耕代种，并不代表土地承包经营权转移给代耕代种的农户，承包人合法的农村土地承包经营权受法律保护，因此土地被国家征收的补偿经济利益应该归原承包户获得。"

刘律师给王宇和张勇介绍农村土地承包的民主议定程序："根据《农村土地承包法》规定，本集体经济组织成员家庭承包的承包方案应当经本集体经济组织成员的村民会议三分之二以上成员或者三分之二以上村民代表的同意。另外，个别农户之间承包地的适当调整，发包方将农村土地发包给本集体经济组织以外的单位或者个人承包，仍遵循三分之二民主议定程序，并经有关部门批准。"

法律小贴士

《农村土地承包法》部分条款

第二十七条 承包期内，发包方不得调整承包地。

承包期内，因自然灾害严重毁损承包地等特殊情形对个别农户之间承包的耕地和草地需要适当调整的，必须经本集体经济组织成员的村民会议三分之二以上成员或者三分之二以上村民代表的同意，并报乡（镇）人民政府和县级人民政府农业等行政主管部门批准。承包合同中约定不得调整的，按照其约定。

第四十八条 发包方将农村土地发包给本集体经济组织以外的单位或者个人承包，应当事先经本集体经济组织成员的村民会议三分之二以上成员或者三分之二以上村民代表的同意，并报乡（镇）人民政府批准。

刘律师最后特别给王宇和张勇指出农村土地承包权流转过程中的问题。眼下妨碍农村土地流转的现实原因很多。农民法律意识淡薄，对于土地流转的法律规定了解甚少。缺乏必要的土地流转中介组织，土地流转各方信息沟通有问题。农村土地流转不规范，许多农户之间的转包、互换、出租采用口头约定的方式，没有签订正式的合同，因而使得转包、互换、出租等行为的效力不确定，埋下了隐患。即使签订了书面流转合同，内容也不完整，存在概念不清、约定不明、权利义务不确定等问题，所以产生大量的土地流转纠纷。一些村民在土地流转中违背法律的强制性规定，最后给自己带来损失。例如，承包人在农村土地承包后擅自改变土地的农业用途，这是法律所禁止的，会因为违背法律规定而给自己造成损失。现实中在利益的驱动下，发包人往往默许承包方改变土地用途，将农田用来作为鱼塘、果园、林园或养殖基地；或者某些承包人勾结村干部假借流转之名变相将土地用于非农建设，把农用地变为建设用地用来修水泥路、建设商品房。这些违法行为都会给违法人带来不利的法律后果，比如要将土地改回农业用途，将新建的生产设施拆除，就会付出更大的代价。

土地承包，集体收益分配

刘律师解释这些违法违规行为泛滥的原因：一是由于缺乏法制宣传，农民缺乏法律意识，对于土地承包经营权流转的认识不够；二是虽然法律规定农户自愿进行土地承包经营权流转，但现实中，土地承包经营权的流转还有许多限制。另外，农民土地承包经营权容易受到侵害，没能完全享受土地的增值收益，一些乡镇、村干部为利益所驱使强行进行土地流转，使农民权利受损。目前，有关立法正在逐步完善，以保障农民土地承包经营权的全面实现。

三、集体建设用地使用权

听完刘律师对土地承包经营权和宅基地使用权的介绍之后，王宇感到自己对农村土地制度的理解大大加深，但他对另一个问题仍然不解，"有时听说村里利用集体建设用地修建农村公共设施，集体建设用地到底指什么呢？"刘律师耐心地告诉王宇："农村土地包括农用地、建设用地、未利用地，其中，集体建设用地包括（个人使用的）宅基地、乡镇企业用地和公益性公共设施用地，所以，农村建设用地的土地使用权包括：农民对宅基地的使用权，乡镇企事业单位对农民集体土地的使用权，乡镇和村公共设施、公益事业建设对农民集体所有土地的使用权等等。"

王宇又抛出一个问题："农用地可以转化为集体建设用地吗？经常听说农用地被国家征收，是不是一回事？"刘律师摇摇头，说："当然不是一回事。农用地需要通过征收和办理农地转用审批手续变为国有建设用地，进行建设。而农用地要变为集体建设用地，除了要办理农地转用审批手续外，还被严格限定在农民自用或以土地合伙或入股与他人办企业，以及进行农村公共设施建设和自建宅基地的范围，而且集体建设用地流转处于法律严格限制的范围。"王宇想起了曾听说过的一个案例，告诉了刘律师整个案情。

小故事

2000年1月1日,海淀区西北旺镇某村村民韩某与某村农工商合作社签订了《海淀区农村果树承包合同书》,韩某承包果园9.43亩,约合6 286.9平方米,承包期为30年。2005年春,韩某未经土地行政主管部门批准,擅自在承包的土地上建房、硬化地面、建大棚及围墙,其中建房17间,建房占地面积约355.7平方米,硬化地面占地面积88.5平方米,经现场勘验,目前该建筑作为采摘接待室、存放农具及工人宿舍使用。此地原归类为农用地(果园),规划地类为一般农用地。

在本案中,韩某建设占用的土地,原为农用地,已经涉及农用地转为建设用地,应当办理农用地转用审批手续。韩某在没有办理任何手续的情况下,擅自改变农用地用途,因此有关部门可以要求其拆除建筑物、构筑物,恢复土地原状。

王宇听了后,明白农用地转为建设用地的审批手续原来是如此重要。王宇愈发感兴趣,接着问:"可以利用农村集体建设用地搞商品房住宅开发吗?"刘律师立即回答:"当然不行,农村集体建设用地使用权不得用于商品住宅开发。"随后给王宇解释了相关法条。

法律小贴士

《土地管理法》部分条款

第四十三条 任何单位和个人进行建设,需要使用土地的,必须依法申请使用国有土地;但是,兴办乡镇企业和村民建设住宅经依法批准使用本集体经济组织农民集体所有的土地的,或者乡(镇)村公共设施和公益事业建设经依法批准使用农民集体所有的土地的除外。

前款所称依法申请使用的国有土地包括国家所有的土地和国家征收的原属于农民集体所有的土地。

第四十四条 建设占用土地,涉及农用地转为建设用地的,应当办理农用地转用审批手续。

省、自治区、直辖市人民政府批准的道路、管线工程和大型基础设施建设项目、国务院批准的建设项目占用土地,涉及农用地转为建设用地的,由国务院批准。

在土地利用总体规划确定的城市和村庄、集镇建设用地规模范围内,为实施该规划而将农用地转为建设用地的,按土地利用年度计划分批次由原批准土地利用总体规划的机关批准。在已批准的农用地转用范围内,具体建设项目用地可以由市、县人民政府批准。

　　本条第二款、第三款规定以外的建设项目占用土地，涉及农用地转为建设用地的，由省、自治区、直辖市人民政府批准。

　　刘律师告诉王宇："第四十三条实际上把任何单位和个人使用集体建设用地从事非农建设的路给堵住了，但给利用集体土地进行建设留了个口子，即可以利用农村集体土地兴办乡镇企业和村民建设住宅以及乡（镇）村公共设施和公益事业建设。另外，农用地转为集体建设用地实行严格的审批制度。所有建设占用土地，只要涉及农用地转为建设用地的，就要办理农用地转用审批手续，当然包括转为集体建设用地。立法还规定，任何单位和个人不得自行与农村集体经济组织或个人签订协议将农用地和未利用地转为建设用地。"

　　王宇又想起一个问题："既然土地承包经营权可以流转，那么集体建设用地使用权是不是也可以自由流转呢？"刘律师回答说："法律对于二者流转方面的规定不同，法律严格控制农民集体所有建设用地使用权流转范围。符合土地利用总体规划并依法取得建设用地的企业发生破产、兼并等情形时，所涉及的农民集体所有建设用地使用权方可依法转移。"

法律小贴士

　　《土地管理法》第六十三条规定，"农民集体所有的土地的使用权不得出让、转让或者出租用于非农业建设，但是，符合土地利用总体规划并依法取得建设用地的企业，因破产、兼并等情形致使土地使用权依法发生转移的除外。"

　　王宇联想到现实中许多农村集体经济组织将集体建设用地使用权出租、出让的情况，不由问道："如果村委会将集体建设用地使用权出租或出让，行为有效吗？"刘律师也关注过相关的案例，一些农村集体经济组织将村集体建设用地出租或出让，给他人作建设厂房使用，并与他人签订土地使用补偿协议。这样的协议效力如何呢？

　　对此，刘律师解释，农村集体经济组织将农村建设用地使用权出租的租赁合同的效力问题在司法实践中也存在争议。过去，一些司法工作者认为此种租赁合同无效。但随着我国土地制度改革的进行，法律对于农村建设用地使用权的流转限制逐渐放宽，政策允许农村集体经营性建设用地以出让、出租、入股等方式流转。因此，现在司法界的态度是倾向于认定此类租赁合同有效。

现实中，农村存在很多集体建设用地使用权流转的情况，集体经济组织将集体建设用地出租、出让的情况并不少见，这是农民追求经济利益的一种自然选择，因此民间认为法律对集体建设用地的严格限制显得过于僵化，建议放宽。

《中共中央关于全面深化改革若干重大问题的决定》中明确，"建立城乡统一的建设用地市场。在符合规划和用途管制前提下，允许农村集体经营性建设用地出让、租赁、入股，实行与国有土地同等入市、同权同价。缩小征地范围，规范征地程序，完善对被征地农民合理、规范、多元保障机制"。这意味着制度方面将放开对集体经营性建设用地流转的限制，集体经营性建设用地不必经过政府征地这一过程，与国有土地在同等条件下进入市场参加交易，其流转方式包括出让、出租、入股和抵押等多种形式。集体建设用地制度变革带来了集体建设用地和国有土地同等交易的希望，有希望打破过去集体建设用地和国有土地不同的利用方式和程序这种局面，并可能打破当前土地市场的高度垄断的状况。此外，改革将改变现在农村集体建设用地的利用方式，使农民生活产生巨大的变化。农村集体经济组织可用集体建设土地来吸引投资或者筹集资金，把农村集体土地资产、收入按照一定的标准量化到每一个集体经济组织内成员，形成股份共有的关系，这样农民可根据集体建设土地直接获得收入，享受城镇化和土地改革的成果。决定将改革的突破口放在了经营性建设用地的流转，农村集体经营性建设用地主要是乡镇企业用地，农村集体建设用地使用权改革应当是从农村集体经营性建设用地的流转起步。

建设用地市场

城

乡

王宇接着问道："如果关于土地使用产生纠纷，怎么解决？"刘律师回答道："有多种方式可供选择。可以双方自己解决，也可以通过法律途径解决。"

小知识

农村土地纠纷解决的方式

1. 协商解决。由发生纠纷的农民双方在平等自愿的基础上，对存在异议的土地进行协商，达成一致意见的，签订书面协议，并送当地人民政府土地行政主管部门备案。

2. 调解解决。双方当事人不能达成一致意见时，一方或双方可以向当地政府土地行政主管部门提出处理申请。土地行政主管部门接到申请后，先进行调解。调解达成协议的，制作调解书，经双方当事人签名或盖章，调解人员署名并加盖调解机关的印章。

3. 政府处理解决。当调解未达成协议，或者经调解达成协议，但在调解书送达前，一方或者双方当事人反悔的，土地行政主管部门应及时提出处理意见，报人民政府作出处理决定。

4. 行政复议解决。政府对土地权属争议的处理决定在性质上属于土地确权行为，即属于政府的一种具体的行政行为，所以，如果当事人对政府的处理决定不服，可以依法申请行政复议，通过复议方式解决争议。

5. 行政诉讼解决。如果当事人对有关复议机关的复议决定不服，还可以向人民法院提起诉讼，通过诉讼方式解决争议。由于行政复议不是行政诉讼的必经程序，所以，当事人如果对政府的处理决定不服，也可以不经行政复议程序，直接向人民法院起诉。

参考：《农民常用土地法律知识问答》，http://xxq.nxgtt.gov.cn/info/news/Info/125997.htm.

王宇终于对农村的土地制度有了系统的认识，非常感慨地说："原来农村土地制度有这么多内容，土地真是农民的大事啊！"

第二章 农产品市场流通制度

王宇告诉刘律师，除了关心土地问题，农民朋友还特别关心农产品生产、销售问题，尤其是农产品销售关系到农民的经济利益，关系到经营利润，但很多农民朋友对农产品的产销制度不太清楚，仍然是按照传统的产销模式经营，利润微薄，收入不见增长，因此许多农民朋友很希望了解国家关于农产品产销的政策。刘律师告诉王宇，农产品的销售涉及农产品的市场流通体制，现代的、畅通的市场流通体制可以促进农产品销售、流通，增加经济效益，对解决农民目前的生产销售方面的烦恼、增加农民收入有重要作用。

一、农产品市场准入制度

刘律师首先给王宇介绍农产品流通过程中涉及的市场准入制度。市场准入制度是指对符合农产品质量安全标准、经过包装和标识的农产品允许进入市场销售，而不符合农产品质量安全标准或未依法包装和标识的农产品禁止销售。

王宇问道："农产品指的是什么？""按照《中华人民共和国农产品质量安全法》（以下简称《农产品质量安全法》），农产品是指来源于农业的初级产品，即在农业活动中获得的植物、动物、微生物及其产品。"刘律师告诉王宇："《农产品质量安全法》中的农产品市场准入制度包括两方面：一是农产品必须符合质量安全标准，二是农产品应当进行包装和标识，标识的内容必须详细具体，特殊农产品还需要特别标识，比如转基因农产品需要特别标注。"王宇想知道农产品质量安全标准是怎样产生的，刘律师告诉王宇，国家建立农产品质量安全标准体系，且该标准是强制性的，也就是农产品的生产、销售过程中必须遵循这个标准。王宇问："供食用的农产品质量安全标准和一般农产品有没有区别？"刘律师回答："按照《中华人民共和国食品安全法》（以下简称《食品安全法》）规定，源于农业的初级产品（简称食用农产品）的质量安全标准要遵守《食品安全法》的规定。"

王宇不解："那农产品的质量安全如何保障？"刘律师答道："法律要求生产基地、批发市场、商场（超市）建立农产品自检制度，产品自检合格，才可进入市场销售。农产品生产企业和农民专业合作经济组织，应当自行或者委托检测机构对农产品质量安全状况检测，检测出不符合质量安全标准的禁止销售。法律要求从农产品的生产源头到流通各个环节都需要保证农产品质量。除了要求农产品销售者自检，国家建立农产品质量安全监测制度。县级以上人民政府农业行政主管部门应当对生产中或者市场上销售的农产品进行监督抽查。"

农业部将 2014 年定为全国农产品质量安全监管年，从严格投入品监管、严格源头管控和生产记录、严格监测抽查制度、推行产地证明和追溯管理制度等八方面着手，努力确保不发生重大农产品质量安全事件，保障食品安全。王宇问："如何进行投入品监管？"刘律师回答说："农业部将加强农药、肥料、饲料及饲料添加剂、兽药等农业投入品登记注册和审批管理，提高准入门槛。要求农业投入品生产经营主体进行备案许可，剧毒农药要求定点经营、实名购买。"王宇对追溯管理制度不解，刘律师为其解释："农产品质量安全追溯制度要实现'生产有记录、流向可追踪、质量可追溯、责任可界定、违者可追究'，对市场上销售的不符合质量安全标准的农产品追清来源，查明责任，依法处理。"王宇向刘律师请教农产品质量安全追溯制度如何建立，刘律师耐心解释："农产品生产基地、农业企业、合作组织要按照法律规定建立农产品生产档案，记载农业投入品的情况。农产品进入批发市场也要进行追溯记录。"王宇问道："是不是意味着农产品出现质量问题后，可以查到其生产者或销售者并追究责任？"刘律师回答："是的。"王宇接着问："这样对消费者有利，对农民来说是不是责任加重了呀？"刘律师告诉王宇："从另一角度看，农产品追溯管理对生产者同样有好的作用。实施追溯管理的农产品附有标识或条码，通过标识和条码可以直接追溯到产地，中间是不是使用了药物，使用的是什么药，都可以全程追溯。这种标识成本很低，但是有了这个标牌以后，销售价格大大提高，可以增加农民朋友收入，所以对生产者也有好处。"

无公害农产品标志　　　　绿色食品标志　　　　有机食品标志

法律小贴士

《农产品质量安全法》部分条款

第二十八条　农产品生产企业、农民专业合作经济组织以及从事农产品收购的单位或者个人销售的农产品，按照规定应当包装或者附加标识的，须经包装或者附加标识后方可销售。包装物或者标识上应当按照规定标明产品的品名、产地、生产者、生产日期、保质期、产品质量等级等内容；使用添加剂的，还应当按照规定标明添加剂的名称。具体办法由国务院农业行政主管部门制定。

第二十九条　农产品在包装、保鲜、贮存、运输中所使用的保鲜剂、防腐剂、添加剂等材料，应当符合国家有关强制性的技术规范。

第三十条　属于农业转基因生物的农产品，应当按照农业转基因生物安全管理的有关规定进行标识。

第三十一条　依法需要实施检疫的动植物及其产品，应当附具检疫合格标志、检疫合格证明。

第三十二条　销售的农产品必须符合农产品质量安全标准，生产者可以申请使用无公害农产品标志。农产品质量符合国家规定的有关优质农产品标准的，生产者可以申请使用相应的农产品质量标志。

禁止冒用前款规定的农产品质量标志。

第三十三条　有下列情形之一的农产品，不得销售：

（一）含有国家禁止使用的农药、兽药或者其他化学物质的；

（二）农药、兽药等化学物质残留或者含有的重金属等有毒有害物质不符合农产品质量安全标准的；

（三）含有的致病性寄生虫、微生物或者生物毒素不符合农产品质量安全标准的；

（四）使用的保鲜剂、防腐剂、添加剂等材料不符合国家有关强制性的技术规范的；

（五）其他不符合农产品质量安全标准的。

王宇问："如果销售了违反法律规定的不安全的食品，有什么后果？"刘律师回答："销售不符合质量安全标准的农产品需要承担法律责任。比如农业合作组织、农业企业销售的农产品不符合安全标准的，使用的保鲜剂、防腐剂、添加剂等材料不符合国家要求生产者必须遵守的技术规范的，责令停止销售，追回已经销售的农产品，对违法销售的农产品或违法添加有害添加剂的农产品进行无害化处理或者销毁；没收违法所得利益，同时处以二千元以上二万元以下罚款。"

刘律师补充道："后果特别严重的，触犯了刑法构成犯罪，还要承担刑事责任。"

刘律师讲了一个现实生活中的案例：

小案例

河北省昌黎县人民法院宣判一起"瘦肉精"案件。昌黎县龙家店镇西刁坨村38岁的农妇韩某违反我国食品卫生管理法规，明知"瘦肉精"是有毒、有害的非食品原料且国家明令禁止给家畜喂食，仍故意给其饲养的育肥羊投喂，结果被追究刑事责任。法院以生产、销售有毒、有害食品罪判处韩某有期徒刑5年，并处罚金人民币7万元。

来源：《新华网》，2011年7月29日，http://news.xinhuanet.com/legal/2011/07/29/c_121745566.htm.

二、农产品批发市场制度

王宇问刘律师："农民销售农产品往往通过批发市场，我对这方面不太了解，能不能给我讲讲批发市场的有关政策？"刘律师笑着说："当然可以。这个农产品批发市场是指经政府主管部门批准进行农产品现货集中批量交易的场所。也就是说批发市场是农产品集中交易并且是批发交易的场所，而不是农产品零售场所。另外，批发市场还提供信息发布、信用、运输、结算等服务功能。我国大部分农产品都是通过批发市场进入百姓的菜篮子。"王宇问："那农产品批发市场在农产品流通销售体系中的地位怎样呢？"刘律师回答："农产品批发市场是我国农产品销售流通体系的中心，我国农产品通过批发市场流通的比率为70% ~ 80%，也就是说我国大部分农产品都是通过批发市场销售的。"

王宇不了解我国农产品批发市场有哪些类型，刘律师解释道："最基本的分类就是将批发市场分为农产品综合型批发市场和专业型批发市场两种。综合型批发市场一般是指日常交易的农产品在三大类以上，专业型批发市场是指日常交易的农产品在两类以下，如蔬菜批发市场、水产批发市场、水果批发市场等。另外，按农产品市场的地理区位分布，农产品批发市场可按产地、销地、集散地分为三种类型。产地农产品批发市场是建在农产品产地的批发市场，销地农产品批发市场是在农产品消费量较多的地方建立的批发市场，集散地农产品批发市场是建在农产品产地和销地之间便于农产品集散的地方的批发市场。比如，山东寿光蔬菜批发市场就是产地批发市场，北京新发地、深圳布吉农产品批发市场就是销地批发市场。"

王宇继续问："批发市场的运作模式是怎样呢？"刘律师回答道："我国农户家庭、合作社、农业企业进行农产品生产，需要在主产区形成集货场所即产地批发市场，把商品农产品集中起来，经过远距离运输到达大中城市，经城市的销地批发市场再将这些商品分销到农贸市场或菜市场、超市和其他零售网点。简单说，就是农业生产者将农产品集中起来，运到批发市场，通过批发商进行批发销售，所以说批发市场是农产品销售的重要环节。"王宇问："为什么说批发市场是农产品流通的中心呢？"刘律师回答："农产品批发市场前连家庭农场、专业合作社、农业企业等供应商，后接社区直销店、农贸市场、连锁超市等消费大户，是农产品生产者和消费者之间的桥梁。"

王宇又问道："批发市场的交易方式有哪些呢？"刘律师回答："按照农产品价格形成的方式，农产品批发市场的交易方式包括协商交易、合约交易、订单交易和拍卖交易等形式。协商交易是比较传统的交易方式，是由交易主体之间通过协商确定最终价格的交易模式，就是俗称的'讨价还价'。我国农产品市场是以面对面的协商交易为主要的交易形式。"王宇很疑惑："农产品如何进行拍卖呢？"刘律师解释："批发市场的批发业者（一级代理批发商）接受卖方的委托，专职从事农产品批发拍卖业务，中间批发商和配送销售商等采购者是买方，中间批发商和配送销售商等买方竞价竞争，出价最高的买到商品，竞争非常激烈。"王宇问道："那么中间批发商指的什么？"刘律师说："中间批发商从批发商手里购买农产品，再销售给零售商或大消费客户。现在国家鼓励新兴的电子商务交易模式和'农超对接'等各类直销模式。电子商务交易模式是为农产品购销双方提供电子交易平台，由各方通过这个交易平台进行农产品购买和销售。交易平台会对农产品交易的数量、价格等信息进行实时公布，及时反映市场供需状况，另外还提供远程交易平台，支持买卖双方用网上银行完成交易，但是电子商务模式因为产品标准化、食品安全监管、买卖有效对接以及盈利模式几大问题的困扰实现起来有难度。农产品（比如蔬菜）实现质量、规格标准很困难，而且质量控制尤其是食品安全控制问题很难解决。直销模式就是由农民或农民团体，将农产品加工包装、处理之后，直接运输供应大型零售商（超市）或消费大户，这种方式可以节省流通费用，降低流通成本，帮助农民提高收入。直销模式是美国农产品流通体系中占据主导地位的交易模式。电子商务模式和直销模式都是农业现代交易模式，和传统的交易方式有较大区别。"

王宇问："农产品批发市场的功能是什么？"刘律师介绍："批发市场要实现大规模、快速配送农产品，形成透明、合理的农产品价格，及时收集和发布市场信息，保障食用农产品安全，调节农产品供求，提供电子结算、加工、配送、仓储、低温保鲜、冷链物流、信息发布、检验检测等服务。"刘律师滔滔不绝地说着："将来批发市场会更加现代化，交易方式从对手交易向代理制、拍卖交易转变，结算方式从分散的现金结算向统一的电子结算转变，建立网络服务平台，发展农产品电子商务，提供物流服务。"王宇感叹道："将来农产品买卖是这么现代化啊，看来需要学习新知识啊。"

王宇想知道批发市场上活跃的交易主体有哪些，刘律师回答："交易主体有农民（含农业生产合作组织）、大型供应商、批发商、贩运商、零售商和经纪人、大型采购者、小消费者等。现在状况是，批发商在市场中占据优势。"王宇接着问："农产品经纪人指的是什么？"刘律师回答："农产品批发市场鼓励实行经纪人代理交易制，由经纪人为农户代理销售行为。"

📖 小知识

农产品经纪人是指从事农产品收购、储运、销售以及销售代理、信息传递、服务等中介活动而获取佣金或利润的人员。农产品经纪人的类型：

（1）销售型。主要为当地农产品找市场，把农产品销售出去，即直接从事购销业务。从事这方面业务的，绝大多数属于初入市场的。

（2）信息型。主要提供需求信息，指导农民进行生产销售，经纪人本身不从事购销活动，其收入主要来自农民的销售提成。

（3）复合型。既从事农业生产，又利用自身信息优势搞销售；或者既搞加工储运业务，又从事农产品的购销业务。这一类的综合实力比较强。

参考：张元宗，《农产品经纪人发展报告》，http://finance.sina.com.cn/nongye/nyhgjj/20120712/171712551704.shtml.

刘律师继续说道："经纪人了解农产品供求关系，掌握价格、供求等重要信息，能够促进农产品流通、销售，并且促进农业生产。"王宇接着问："经纪人都是个人经营吗？"刘律师回答："以前主要是个人经营，但现在一些农产品经纪人开办农产品贸易公司，与农民、农户、生产基地合作，以后将通过创办农业专业协会、专业合作社、农产品贸易中心、批发市场等组织，或通过加入行业协会、农产品经纪人协会、专业合作社进行经纪行为。"

小故事

　　说起甘肃省敦煌市转渠口镇阶州村三组村民胡占新，村民们无不竖起大拇指。因为他不仅靠种葡萄一年挣17万元，而且将村里的葡萄远销到沿海城市，解决了葡萄种植户的"卖难"问题，成为远近闻名的产业带头人和葡萄经纪人。

　　胡占新与葡萄结缘还有一段故事。1999年，一个偶然的机会，胡占新来到敦煌阳关镇，看到大片大片的葡萄架，成串成串的葡萄穗，胡占新被震撼了，当得知这里的葡萄每亩产值7 000多元时，胡占新当即便下定决心要在自家的承包地里种植葡萄。

　　说干就干，2000年的春天，胡占新将自家12亩承包地全都种上了葡萄。从此，胡占新便整天围着葡萄转，施肥灌水、剪枝搭架，看长势，查资料，记录生长情况。功夫不负有心人，葡萄苗当年成活率达95%，三年后葡萄开始挂果增收。到2005年，12亩葡萄收入8万多元，亩均收入7 200元。

　　丰厚的收入，让胡占新的劲头更足了，钻研葡萄管理技术的热情猛增，何时出土、灌水、施肥，怎样剪枝、打尖、疏果，胡占新都一一记录在册，积累了一套红地球葡萄标准化管理技术，从刚开始的边学边干摇身变为葡萄种植的行家里手。有了标准化生产技术做后盾，2006年，胡占新又租种亲戚的10亩耕地，全都栽植葡萄。

　　榜样的力量是无穷的。在胡占新的带动下，阶州村村民种植葡萄的积极性高涨，很多村民纷纷来找胡占新询问种植技巧、管理技术，胡占新从不嫌麻烦，耐心讲解，并带领农户到自家的葡萄园里参观学习。

　　在葡萄销售过程中，胡占新发现一家一户单打独斗的销售模式吃亏的还是农民。胡占新便多次往返于湖北等地，跑市场、找销路、寻客商，搜集葡萄销售市场信息，当起了葡萄贩运经纪人。自2009年起，每年由他向湖北等省市外销葡萄就有100多万斤。

　　从身先士卒到产业带头，再到组织销售带领大家共同致富，胡占新凭借他的勤劳和胆识，赢得了乡亲们的一致称赞，也一步步实现着他的人生价值。

　　来源：《"门外汉"种葡萄的成功创业故事》，甘肃农民报，2013-2-19，http://www.21food.cn/html/news/32/727338.htm.

　　王宇问道："批发市场如何对农产品质量安全进行控制？"刘律师说："政策规定，农产品批发市场交易商品必须符合国家农产品质量安全要求。"为保证批发市场农产品的质量安全，政策规定批发市场应检测无有效质量证明文件的产品，检测结果及时公示。检测发现的不合格产品，应及时通知有关经销商，做好标示、记录，并按相关规定及食品安全保证协议处理。

法律小贴士

《农产品批发市场建设与管理指南》部分条款

第三十四条　农产品批发市场交易的商品必须符合国家法令和质量安全要求。下列物品禁止上市交易：

（一）国家和地方明文规定重点保护的珍稀植物、动物及其制品；

（二）未经检疫或检疫不合格的畜禽及其产品；

（三）经检测不合格，有毒、有害健康的产品；

（四）法律、法规禁止上市的其他物品。

三、农产品期货市场制度

期货交易最先开始于农产品市场，在期货市场产生之后的一百多年间，农产品期货成为期货市场的主流。农产品期货市场的功能就是帮助农民转移价格风险，解决农产品供应和需求之间的矛盾。在现货市场上，农产品价格随季节的变化涨跌：丰收季节，供应远远超过需求，市场饱和，农产品价格暴跌，农民经济利益受损；等来年供不应求时，价格上涨，消费者的利益又受到损害。所以需要建立一种远期定价机制以调节市场供求关系，帮助农民控制风险，农产品期货市场正是在这样的需求下产生的。在我国，农产品期货仍然是我国期货市场的主流。

王宇问刘律师："什么是期货交易？"刘律师回答："期货交易是投资者交纳一定的保证金后，在期货交易所内买卖各种商品标准化合约的交易方式。期货交易实质上就是对特定商品的期货合约进行交易。"王宇感到很陌生，问："那什么又是期货合约？"刘律师回答："期货合约是交易双方通过交易所达成的一项具有法律约束力的协议。期货合约对商品的买卖数量、预期交货时间和地点以及产品质量都有统一的规定，期货合约的所有方面都有统一的规定，当然除了价格。所以期货合约是标准化合同，只有期货价格是可变的，价格在交易所以公开竞价方式产生。"投资者通过买进和卖出期货合约的价格差可以获得利润。

王宇又问："我国有哪些专门的农产品期货交易所？"刘律师答道："我国四家期货交易所中，大连商品交易所与郑州商品交易所以农产品期货交易为主。大连期货交易所交易品种主要有大豆、玉米、豆粕、豆油、棕榈等，郑州期货交易所主要品种主要有硬麦、强麦、棉花、白糖、菜油等。大商所的大豆品种是目前国内最活跃的大宗农产品期货品种。"

王宇接着问："那么，农产品期货交易对我们有什么实在的好处呢？"刘律师回答道："首先就是转移风险的作用，农产品期货交易最先也就基于这个目的而设计。套期保值是农产品期货交易的一大功能。"

套期保值基本做法就是买进或卖出与现货市场交易数量相当，但交易方向相反的商品期货合约，希望在未来某一时间通过卖出或买进相同的期货合约，对冲平仓，结清期货交易带来盈利或亏损，以此来补偿或抵消现货市场价格变动所带来的实际价格风险或利益，使交易者的经济收益稳定在一定的水平。农业企业、粮食企业、加工商、油脂厂可以利用期货来更好地管理采购与销售，增加利润，减少损失。农场储存农产品时，如果担心价格下跌，可以利用期货市场锁定理想的卖价。饲料公司如果担心饲料原料价格上涨，可以利用农产品期货来限定最高买价，避免因为饲料原料或饲料价格上涨遭受过多损失。

卖出套期保值和买入套期保值是套期保值的基本方法。

期货可以避免现货价格波动带来的风险

（一）卖出套期保值

卖出套期保值是为了预防现货价格在交割时下跌的风险而先在期货市场卖出与现货数量相当的合约所进行的交易方式。经销商或加工商为防止货物购进而未卖出时价格下跌，可以先卖出相当的期货合约。农场主为防止收割时农作物价格下跌，可以采取卖出套期保值的方法。这种方式主要是为了防止价格下跌造成的损失，将利润维持在相应的水平。刘律师为王宇讲了一个用卖出套期保值办法转移价格波动风险的例子。

小故事

开春时候，甲粮食企业与农民签订了收购玉米 10 000 吨的合同，收购时间定在当年收割时。7 月份，甲企业预期收割时玉米价格可能会下跌，于是决定将玉米卖价锁定在 1 080 元 / 吨，甲企业在期货市场上以 1 080 元 / 吨的价格卖出 1 000 手期货合约进行套期保值。到收割时，玉米价格果然下跌到 950 元 / 吨，甲企业以此价格将现货玉米出售给饲料厂，在现货市场受到一定损失。但同时，期货价格也同样下跌到 950 元 / 吨，甲企业就以此价格买回 1 000 手期货合约，来对冲平仓，该企业在期货市场赚取的 130 元 / 吨正好用来冲抵现货市场上少收取的部分。这样，他们通过期货套期保值回避了价格涨跌的风险。

来源：《期货投资理论和技巧》，新华网，http://news.xinhuanet.com/futures/2012/02/16/c_122711293_4.htm.

（二）买入套期保值

买入套期保值是指交易者担心将来购买商品时价格上涨，先在期货市场买入期货合约，避免将来在现货市场购买现货时因商品价格上涨而给自己造成过多经济损失的一种套期保值方式。这种买入套期保值的做法能够将买价控制在一定水平，从而实现成本控制。

例如，某企业计划在将来一段时期购买饲料原料——玉米，该企业预计将来一段时间玉米价格会上涨，就可以预先买入玉米期货合约，进行买入套期保值。如果未来玉米的现货价格和期货价格都上涨，则该企业在现货交易中为购买玉米需要多支付更多资金，但该企业可以卖出期货合约平仓，该企业根据期货合约买进和卖出的价格差在期货市场获利，并且以此抵消或者部分抵消该企业为购买现货玉米而发生的损失。

最后刘律师补充道："期货合约具有套期保值的作用，同时还有风险投机的作用，已经成为一种投资工具。投资者通过买卖农产品期货，从预期的价格变化中获取利润，但同时也产生较大投资风险。"王宇感到进行大规模农业生产经营，期货交易的转移价格风险的作用确实非常显著。

第三章 农业支持保护制度

王宇和刘律师畅谈了很久仍兴致不减，过了一会，两人又聊起国家对农业的支持保护制度和政策。刘律师告诉王宇，"三农问题"受到国家的高度重视，国家在解决"三农问题"上花了很大的力气，出台了许多惠农支农的政策制度，农业生产政策环境有了很大的改善。

一、农业补贴制度

王宇问："国家对农业的支持当然涉及农业补贴政策，国家对农业的补贴政策具体包括哪些内容呢？"刘律师思索了一下，回答："这得听我慢慢道来。我国农业补贴政策较多，其中占重要地位的包括农作物良种补贴政策、粮食直接补贴、农资综合补贴、农机具购置补贴政策，是我国直接补贴的主要四项政策。这四项针对农民的直接补贴政策直接将财政对农业的补贴发放到农民手中，是现阶段我国农业补贴政策的重要组成部分。"

（一）直接补贴措施

1.粮食直接补贴政策

粮食直接补贴政策，简称为粮食直补，是为进一步促进粮食生产、保护粮食综合生产能力、调动农民种粮积极性和增加农民收入，国家财政按一定的补贴标准和粮食实际种植面积，对农户直接给予补贴。粮食直补把原有对购销环节的补贴转变为对农民的直接补贴，暗补变成了明补，增加农民收入的作用立竿见影。2014年，中央财政继续实行种粮农民直接补贴，安排151亿元，补贴资金原则上要求发放到从事粮食生产的农民，具体由各省级人民政府根据实际情况确定。

知识链接

粮食直接补贴原则

1. 按照谁种地补给谁的原则，承包地转包给他人的，按承包协议处理；

2. 抛荒地和非农业征（占）用的耕地不予补贴；

3. 补贴不得用于高效农业，成片粮田转为设施农业用地常年不种粮的，不予补贴。

补贴方式：粮食主产省、自治区（指河北、内蒙古、辽宁、吉林、黑龙江、江苏、安徽、江西、山东、河南、湖北、湖南、四川）原则上按种粮农户的实际种植面积补贴，如采取其他补贴方式，也要剔除不种粮因素，尽可能做到与种植面积接近；其他省、自治区、直辖市要结合当地实际选择切实可行的补贴方式；具体补贴方式由省级人民政府根据当地实际情况确定。兑付方式可以采取直接发放现金的方式，也可以逐步实行"一卡通"或"一折通"的方式，向农户发放储蓄存折或储蓄卡。

来源：《粮食直补》，德州农廉网，http://nlw.dzjjjczx.gov.cn/NewsDetail.aspx?newsid=235590.

2. 农资综合补贴

是指政府对农民购买农业生产资料（包括化肥、柴油、种子、农机）实行的一种直接补贴制度。农资综合补贴是 2006 年开始实施的，主要因为 2004 年以后农药、化肥、煤电等农业生产资料价格上涨，尤其是成品油价格节节上升，农民种粮成本增加，为了减轻农民负担，政府实施农资综合直补，同时也希望增加农民收入。

农资综合补贴按照动态调整制度，根据化肥、柴油等农资价格变动，遵循"价补统筹、动态调整、只增不减"的原则及时安排和增加补贴资金，合理弥补种粮农民增加的农业生产资料成本，也就是说补贴资金规模可以调整，但是不能低于往年的补贴规模。2014 年 1 月份，中央财政已向各省（区、市）预拨农资综合补贴资金 1 071 亿元，并要求争取在春耕前将补贴资金通过"一卡通"或"一折通"直接发放到种粮农民手中。

3. 农作物良种补贴政策

指国家通过建立良种推广示范区，对农民选用农作物良种并配套使用良法技术进行的资金补贴，目的是支持农民积极使用优良作物种子，提高良种覆盖率，增加农产品产量，改善产品品质，推进农业区域化布局、规模化种植、标准化管理、产业化经营。目前实施的作物品种包括水稻、小麦、玉米、大豆、油菜、棉花和国家确定的其他农作物品种。

2014年，良种补贴政策对水稻、小麦、玉米、棉花，东北和内蒙古的大豆，长江流域10个省市和河南信阳、陕西汉中和安康地区的冬油菜和藏区青稞实行全覆盖，并对马铃薯和花生在主产区开展试点。小麦、玉米、大豆、油菜、青稞每亩补贴10元。其中，新疆地区的小麦良种补贴15元；水稻、棉花每亩补贴15元；马铃薯一、二级种薯每亩补贴100元；花生良种繁育每亩补贴50元，大田生产每亩补贴10元。

王宇问道："良种补贴对象是谁？"刘律师回答："补贴对象是在农业生产中使用农作物良种的农民。"王宇接着问："那么这个良种补贴的覆盖范围有多广？有多少地区可以享受这种补贴？"刘律师说："水稻、小麦、玉米、棉花在全国31个省（区、市）实行良种补贴全覆盖，大豆在辽宁、吉林、黑龙江、内蒙古等4个省（区）实行良种补贴全覆盖。"王宇想知道良种补贴的方式，刘律师解释说："水稻、玉米、油菜补贴采取现金直接补贴方式，小麦、大豆、棉花可采取现金直接补贴或差价购种补贴方式，具体由各省自行确定。"

4. 农机具购置补贴

农机具购置补贴，又称农机购置补贴，是指为了提高农业机械化水平和农业生产效率，国家对农民个人、农场职工、农机专业户和直接从事农业生产的耕地作业农机作业服务组织，购置和更新农业生产所需的农机具给予补贴。

王宇问："农机购置补贴的对象怎么确定？"刘律师回答："2014年农机购置补贴对象为纳入实施范围并符合补贴条件的农牧渔民、农场（林场）职工、农民合作社和从事农机作业的农业生产经营组织。"王宇接着问："补贴资金如何兑付？"刘律师解释道："按照'全价购机、定额补贴、县级结算、直补到卡'的方法。"

知识链接

农机具购置补贴

2014年全国农机购置补贴种类范围不变，仍为12大类48小类175个品目。农业部有关负责人表示，2014年中央财政农机购置补贴资金继续实行定额补贴，即同一种类、同一档次农业机械在省域内实行统一的补贴标准。通用类农机产品最高补贴额由农业部统一确定；纳入多个省份补贴范围的非通用类农机产品最高补贴额由农业部委托牵头省组织，有关省份参加共同确定；其他非通用类和自选目录农机产品补贴额由各省自行确定。不允许对省内外企业生产的同类产品实行差别对待。

确定补贴额应遵循"分档科学合理直观、定额就低不就高"的原则。测算每档次农机产品补贴额时，总体不应超过此档产品近三年的平均销售价格的30%，重点血防区主要农作物耕种收及植保等大田作业机械和四川芦山、甘肃岷县漳县地震受灾严重地区补贴额测算比例不超过50%。严禁以农机企业的报价作为平均销售价格。相邻省份应加强沟通、相互协调，防止出现同类产品补贴额差距过大。

中央财政资金单机最高补贴额保持不变，一般机具单机补贴限额不超过5万元；挤奶机械、烘干机单机补贴限额可提高到12万元；100马力以上大型拖拉机、高性能青饲料收获机、大型免耕播种机、大型联合收割机、水稻大型浸种催芽程控设备单机补贴限额可提高到15万元；200马力以上拖拉机单机补贴限额可提高到25万元；甘蔗收获机单机补贴限额可提高到20万元，广西壮族自治区可提高到25万元；大型棉花采摘机单机补贴限额可提高到30万元，新疆维吾尔自治区和新疆生产建设兵团可提高到40万元。

来源：《八问2014年农机购置补贴政策》，山东农业信息网，http://www.sdny.gov.cn/art/2014/3/26/art_1186_363639.html.

（二）农业价格支持措施

2004年为促进粮食生产，保护种粮农民利益，国务院决定在粮食主产区对重点粮食品种实行最低收购价政策。粮食最低收购价政策，是政府为保护农民利益、保障粮食市场供应，避免谷贱伤农的情况，对粮食价格进行调控。一般

情况下，粮食收购价格由市场供求决定，国家在市场决定的基础上实行宏观调控，必要时由国务院决定对短缺的重点粮食品种，在粮食主产区实行最低收购价格。当市场粮价低于国家确定的最低收购价时，国家委托符合一定资质条件的粮食企业，按国家确定的最低收购价收购农民的粮食。最低收购价政策从2004年开始，国家规定稻谷的最低

收购价格，2006年小麦也被纳入最低收购价农产品范围。2008年10月中国政府开始了大规模连续的大豆收储行动。2008年、2009年临时收储玉米成为国家粮食调控政策的关注点。玉米临时收储是政府继稻谷、小麦之后的又一项重要的宏观调控政策。到2011年，国家已经先后执行多次玉米临时收储政策，有效地稳定了市场价格，维护了农民生产者利益。粮食最低收购价政策有助于稳定粮食市场价格，实现政府对农产品市场的调控，又能增加农民收入并为农民降低种粮风险。

知识链接

粮食收购价政策

　　为保护农民种粮积极性，促进粮食生产发展，国家继续在粮食主产区实行最低收购价政策。2013年生产的小麦（三等）最低收购价提高到每50公斤112元，比2012年提高10元，提价幅度为9.8%；2013年生产的早籼稻（三等，下同）、中晚籼稻和粳稻最低收购价格分别提高到每50公斤132元、135元和150元，比2012年分别提高12元、10元和10元，提价幅度分别为10.0%、8.0%和7.1%。2014年国家继续在粮食主产区实行最低收购价格政策，并适当提高最低收购价格水平。经国务院批准，2014年生产的早籼稻（三等，下同）、中晚籼稻和粳稻最低收购价格分别提高到每50公斤135元、138元和155元，比2013年分别提高3元、3元和5元。

　　来源：农业部产业政策与法规司，《2013年国家支持粮食增产农民增收的政策措施》《2014年国家深化农村改革、支持粮食生产、促进农民增收政策措施》。

　　王宇说道："这个粮食最低收购价政策作用不小啊。"刘律师点点头说："是啊，最低收购价保证了粮食的供应，避免了价格的大起大落。"刘律师同时也谈了谈这个政策执行中的问题：设置的收购点有限，农民"政策性"卖粮难；收购级别限制过严，托市收购政策不能完全使粮农得到优惠；国家给种粮农民在销售环节的政策好处，有一部分被中间商通过差价形式占有了。另外，预案启动时间过长，政府在收购后资金不能马上兑现的情况也有。也有学者认为

增产不跌价

国家最低收购价政策

最低收购价政策干扰了市场运行，违背了市场基础调节的规律。

王宇问："国家对粮食最低收购价政策运用的范围广吗？"刘律师回答说："国家对这个政策运用得还是比较谨慎的，这个政策如果实行的范围太广，就可能影响到市场的正常运行，市场对农产品的基础调节功能就会减弱，那农产品的市场化就无法实现了。"

（三）其他补贴

王宇想了解一下其他农业补贴政策。刘律师解释道："我国补贴政策很多，覆盖农产品生产、流通各个环节，前面提到的补贴措施是我国基本的补贴政策，除此之外还有多种补贴。比如国家对农业的一般服务支持，包含农业基础设施、粮食安全公共储备、农业保险、农业综合开发、畜牧良种、动物防疫等方面的补贴，同时实施种粮大县和生猪大县奖励、农业防灾减灾稳产增产关键技术补助政策。这些补贴是国家对农业支持的一般性补贴措施。"王宇问："最近中央鼓励的专业大户、农民合作社、家庭农场是比较新的经营组织，国家有没有提供补贴呢？"刘律师马上回答说："当然有了，为了扶持这些新型的农业经营组织，国家有相应的补贴措施。"王宇兴奋地说："国家的补贴政策这么全面呢。"

二、农业税收优惠制度

王宇和刘律师谈到国家对农民的税收优惠政策，王宇感慨地说："国家取消农业税对广大农民来说真是天大的好事，农民朋友们肩上的担子终于卸下了。"刘律师也感觉取消农业税对农民来说是直接的、看得见的实惠。

为减轻农民负担，激发农民生产积极性，我国从2000年开始进行农村税费改革试点，2006年最终在全国取消农业税，延续了2600年的按地亩向农民征税的制度从此退出历史舞台。

刘律师告诉王宇，国家出台了许多针对农业的税收优惠政策。这些优惠政策涉及所得税、增值税、营业税、印花税各个方面，非常全面，确实减轻了农民负担。

法律小贴士

农业的税收优惠政策

1. 在企业所得税方面

企业从事农、林、牧、渔业项目的所得，可以免征、减征企业所得税。

（1）企业从事下列项目的所得，免征企业所得税：蔬菜、谷物、薯类、油料、豆类、棉花、麻类、糖料、水果、坚果的种植，农作物新品种的选育，中药材的种植，林木的培育和种植，牲畜、家禽的饲养，林产品的采集，灌溉、农产品初加工，兽医、农技推广、农机作业和维修等农、林、牧、渔服务业项目，远洋捕捞。

（2）企业从事下列项目的所得，减半征收企业所得税：花卉、茶以及其他饮料作物和香料作物的种植，海水养殖、内陆养殖。

企业从事国家限制和禁止发展的项目，不得享受本条规定的企业所得税优惠。

2. 增值税方面

农业生产者销售的自产农产品免征增值税。

3. 营业税方面

（1）农业机耕、排灌、病虫害防治、植物保护、农牧保险以及相关技术培训业务，家禽、牲畜、水生动物的配种和疾病防治，免征营业税。

（2）农村、农场将土地承包（出租）给个人或公司用于农业生产，收取的固定承包金（租金），免征营业税。

（3）将土地使用权转让给农业生产者用于农业生产取得的收入，免征营业税。

（4）对农业科研单位和个人（包括外商投资企业、外商投资设立的研究开发中心、外国企业和外籍个人）从事技术转让、技术开发业务和与之相关的技术咨询、技术服务业务取得的收入，免征营业税。

（5）纳税人将土地使用权归还给土地所有者时，只要出具县级（含）以上地方人民政府收回土地使用权的正式文件，无论支付征地补偿费的资金来源是否为政府财政资金，该行为均属于土地使用者将土地使用权归还给土地所有者的行为，按照《国家税务总局关于印发〈营业税税目注释（试行稿）〉的通知》（国税发〔1993〕149号）规定，不征收营业税。

（6）对农村信用社金融保险业务收入的营业税按3%的低税率征收。

（7）对农村非营利性医疗机构按照国家规定的价格取得的医疗服务收入，免征各项税收；营利性医疗机构取得的收入，直接用于改善医疗卫生条件的，自其取得执业登记之日起，3年内免征营业税。

三、农业金融支持政策

（一）国家农村金融改革发展的工作成果

1. 金融机构涉农贷款明显增加

截至2013年末，银行业金融机构涉农贷款余额（不含票据）20.88万亿元，同比增长18.4%，高出同期各项贷款（不含票据）增速4.5个百分点。农村信用社资本和财务实力继续加强,连续9年实现利润大幅增长,支农能力不断增强。村镇银行、贷款公司和农村资金互助社三类新型农村金融机构不断发展,农村金融市场的竞争程度不断提高,截至2013年末,三类机构贷款余额3 651亿元,同比增长56%。全国所有省(区、市)均实现金融服务空白乡镇全覆盖。

2. 农村金融体系的改革

农村信用社改革不断深化。2003年以来,国家对农村信用社进行了全面改革。中央政府通过央行专项票据置换农信社不良资产和亏损挂账,同时调动社会各界参与农村信用社改革的积极性,激发社会资本投资参股。2011年,银监会提出五年时间内完成农村信用社股份制改革。目前,改革基本完成。另外,多层次农村金融组织体系基本形成。国家不断扩大农业发展银行的业务范围,开展新的涉农业务,重点保障粮棉油收购储备,积极支持农业农村基础设施建设。2007年以来,农业银行进行了股份制改革,进行"三农"金融事业部改革试点工作和"三农"产品和服务创新。2007年邮政储蓄银行正式挂牌以后,积极开展新的涉农业务,在大力发展小额信贷零售业务的同时,拓展农村金融、社区金融、小微企业金融等普惠金融业务。为了繁荣农村金融,中央培育发展村镇银行等新型农村金融机构,截至2013年末已组建村镇银行千余家,全国范围内,村镇银行、贷款公司、农村资金互助社等新型农村金融机构纷纷建立。

刘律师告诉王宇,全方位的农村金融体系的建立有希望逐渐解决农民的资金问题。农民资本金少,资金周转困难,以后可以通过这些金融机构融资,获取需要资金。各种村镇银行、贷款公司、农村资金互助社、农业发展银行、农村商业银行机构为农民融资提供了多种渠道。

3. 农村支付结算体系逐渐完善

全国约有3.8万个农村金融机构网点接入人民银行跨行支付系统,4万个农村地区银行营业网点开办农民工银行卡特色服务,方便外出打工农民的异地存取款。2005年12月,人民银行在贵州省率先开展农民工银行卡特色服务试点,农民工在打工地利用银行卡存入现金后,返乡后可以在家乡就近的农村信用社营业网点实现跨行柜台取现,并可享受比较优惠的费率。有了便捷的结算支付体系,农民的资金流动就比较容易了。

4. 金融产品和服务创新逐步推进

农民贷款融资的一个难题就是提供抵押品。农民容易提供的农机具、土地承包经营权都很难作为抵押担保物,所以要扩大金融产品的种类,为农民解决这个难题。目前,在全国范围内较有影响的创新产品和服务包括集体林权抵押贷款、大型农机具抵押贷款、农村特殊群体以创业促就业的小额担保贷款、"信贷＋保险"产品、中小企业集合票据和涉农企业直接债务融资工具等。

小案例

小微金融产品创新："大树抵押"也可银行贷款

走进江苏艺林园花木有限公司的种植地，占地120余亩的园区内，300多个品种，近万株以名、特、稀、奇、珍为主的花草大树，俨然是城市绿化中的一处风景。也正因为此，第八届中国花博会把艺林园指定为其中的一个分会场。可有着"大树王"美誉的艺林园负责人戴锁方却高兴不起来，他说："在花博会上把艺林园建设成为分会场是企业发展的好机会，我们很想参加，可资金缺口很大啊！"

"我想利用自身资产，也就是我的这些名贵树木做抵押贷款！大树不会被搬走，我以为贷款是有希望的，可接洽了多家银行都没成功。"戴锁方苦恼极了。用大树做抵押贷款给涉农企业，在江苏省的确没有这样的先例。

但并不是所有银行都把戴锁方拒之门外。华夏银行在了解了艺林园面临的困难后，派人上门洽谈方案，根据大树抵押这一特殊情况，总分行联动为其量身制定金融服务方案，该方案得到了工商局的认可和支持，同时银行又为艺林园协调了物流公司的监管以及保险公司的财产保险，全力解决艺林园的资金困难。目前，该行已成功办理了56棵树木的抵押登记，为艺林园放款1 500万元。

此外，根据第八届花博会的特殊情况，华夏银行还推出了商圈贷、租金贷、连锁按揭贷、宽限期还本付息贷、知识产权质押、小额信用贷等30多个小微企业金融专项产品和服务方案，并为近十家花博会配套企业累计发放贷款2亿元。

来源：任烽、陈婷，新华网，2013年8月12日。http://news.xinhuanet.com/fortune/2013/08/12/c_116910252.htm.

5. 农业保险不断推广

农业生产受季节、天气等因素影响很大，具有很大风险，农业保险就是规避风险减少损失的办法。近年来，农业保险覆盖面越来越宽，农业保险市场经营主体数量越来越多，为农民提供了更为充足的风险保障。在一些保险覆盖面高的地区，农业保险赔款已成为灾后恢复生产的重要资金来源。农业保险已由试点初期的5个省（自治区、直辖市）覆盖到全国。从保险品种看，2012年中央财政补贴的品种已达到15个。从保险覆盖范围来看，我国农业保险基本覆盖农林牧渔各主要农业产业，并沿着农业产业链向前向后延伸，除了保障生产中的自然灾害、疫情风险，还逐渐把流通过程中的市场风险、农产品质量风险纳入保险范围。2012 年，农业保险主体共计向 2 818 万农户支付赔款 148.2 亿元，发挥了减低损失、增进农民收入的作用。2012 年，我国开展农业保险业务的保险公司已由试点初期的 6 家增至 25 家。针对农业保险的政策扶持力度不断加大。2012 年，我国享受财政保费补贴政策的农业保险保费规模达到 235.28 亿元，占总保费规模的 97.98%，财政补贴型险种仍是我国农业保险的主要险种，大大减轻了农民在保费方面的负担。2013 年，中央财政农业保险保费补贴范围扩大，有更多地区自主开展、自愿申请并按规定新纳入中央财政农业保险保费补贴范围，实现地区扩围的险种主要涉及养殖业保险和森林保险。

（二）农村金融的财税、货币政策

1. 财税政策

（1）农村金融机构定向费用补贴政策：新型农村金融机构定向费用补贴是指财政部对符合规定条件的新型农村金融机构，按上年贷款平均余额给予一定比例的财政补贴。所谓新型农村金融机构，是指经中国银行业监督管理委员会（简称银监会）批准设立的村镇银行、贷款公司、农村资金互助社 3 类农村金融机构。2014 年，财政部发布《农村金融机构定向费用补贴资金管理办法》，按照规定符合条件的新型农村金融机构和基础金融服务薄弱地区的银行业金融机构（网点），可获得财政补贴资金支持，由财政部门按其当年贷款平均余额的 2% 给予补贴。补贴资金由中央和地方财政按照规定的比例分担。

（2）县域金融机构涉农贷款增量奖励政策：县域金融机构涉农贷款增量奖励，是指财政部门对上年涉农贷款平均余额增长幅度超过一定比例，且贷款质量符合规定条件的县域金融机构，对余额超增的部分给予一定比例的奖励。

2008 年起，中央财政对试点地区符合条件的县域金融机构涉农贷款平均余额增量超过 15% 的部分，按 2% 给予奖励，奖励资金由中央和地方财政按规定的比例分担。近年来，试点范围扩展至 18 个省（区），包括了全部 13 个粮食主产省（区）和广西、云南、陕西、甘肃、新疆等 5 个西部省（区）。2014 年，福建、山西、海南、重庆、贵州、青海和西藏 7 省（区、市）纳入县域金融机构涉农增量奖励政策试点范围。

（3）农业保险保费补贴政策：2007 年实施了中央财政农业保险保费补贴政策，在补贴品种上，中央财政补贴险种逐步由最开始的 5 个增加至 15 个，基本覆盖了关系国计民生和粮食安全的大宗农产品，并鼓励地方开展特色险种。

在补贴区域上，2012年，将现有中央财政补贴险种推广至全国，各地均可按规定申请开展。在补贴比例上，中央财政先后多次提高农业保险保费补贴比例。如，种植业保险保费补贴比例由25%提高至中西部40%、东部35%。在资金支持上，截至2012年末，中央财政累计投入农业保险保费补贴资金361亿元，带动参保农户7.6亿户次，提供风险保障2.7万亿元，撬动比例超过70倍，为及时恢复农业再生产提供了有力资金保障。山东省财政厅下发了《关于进一步扩大农业保险保费补贴品种的通知》，决定从2014年开始，在全省扩大农业保险保费补贴品种和范围。

（4）税收优惠和绩效考核机制：中央实施国家农村金融机构税收优惠政策，对5万元以下的小额农户贷款免征营业税，利息收入减按90%记入应纳税所得额，对县域的农村合作金融机构和新型农村金融机构减按3%征收营业税。另一方面，允许金融企业对单笔贷款额在500万元及以下的，经追索1年以上确实无法收回的涉农不良贷款，可按照账销案存的原则自主核销。同时，财政部在金融企业绩效评价办法中明确提出了涉农贷款加分政策，让金融机构的支农力度直接与经营绩效和人员收入水平挂钩。

2.货币政策

人民银行运用多种货币政策工具加大对农村金融进行扶持，支持农村经济发展。

（1）差别化存款准备金率政策：国家针对不同类型金融机构执行差别化存款准备金率。目前，农村商业银行、农村合作银行、农村信用社、村镇银行存款准备金率比大型商业银行较低。为加强对"三农"发展的金融支持，中国人民银行决定从2014年4月25日起下调县域农村商业银行人民币存款准备金率2个百分点，下调县域农村合作银行人民币存款准备金率0.5个百分点。

（2）支农再贷款政策：支农再贷款是指人民银行为解决农村信用社发放农户贷款的合理资金需要而对其发放的贷款，支农再贷款发放范围由农村信用社扩大到农村合作银行、农村商业银行、村镇银行等设在县域和村镇的存款类金融机构法人，并将支农再贷款的用途范围由发放农户贷款扩大到其他涉农贷款。2013年3月，在前期试点的基础上，将支农再贷款的对象由现行设在县域和村镇的农村商业银行、农村合作银行、农村信用社和村镇银行等存款类金融机构法人，拓宽到设在市区内涉农贷款占其各项贷款比例不低于70%的上述四类机构。

（参考：2013年《国务院关于农村金融改革发展工作情况的报告》）

第四章 农村社会保障制度

王宇还向刘律师详细请教有关农村社会保障制度，了解农民获得保障的途径，刘律师耐心回答："我国农村社会保障制度主要包括四个方面的内容，农村社会保险、农村社会救助、农村社会福利、农村社会优抚。"

一、农村社会保险

这是农村社会保障的核心，是较高层次的社会保障，包括养老、医疗、失业、工伤和计划生育等许多方面。现阶段，我国农民最迫切需要的社会保险主要是养老保险和医疗保险。实行新型农村合作医疗制度，有利于解决农民看病难、看病贵问题，使农民也能享受较好的医疗条件和资源。国家推动新型农村社会养老保险，促进农民养老方式转变，改变过去养儿防老的旧观念，重视社会养老保险对老年人晚年的保障作用。

新型农村社会养老保险是以保障农村居民老年基本生活为目的，建立个人缴费、集体补助、政府补贴相结合的筹资模式，养老待遇由社会统筹与个人账户相结合，与家庭养老、土地保障、社会救助等其他社会保障政策措施相配套，由政府组织实施的一项社会养老保险制度，简称"新农保"。2009 年，国务院发布《国务院关于决定开展新型农村社会养老保险试点的指导意见》，并开始新农保试点。

老有所养

胜过养儿来防老 农村养老保险好

刘律师耐心解释，我国农村新型社会保险采取社会统筹与个人账户相结合的基本模式，同时实行个人缴费、集体补助、政府补贴相结合的筹资方式。采用"社会统筹加个人账户"这个说法是为了与城镇养老保险制度相衔接，但实际上用"基础养老金"来代替"社会统筹"可能更加准确。新农保养老金待遇由基础养老金和个人账户养老金组成。王宇问道："新农保基金从何而来？"刘律师解释，新农保基金由个人缴费、集体补助、政府补贴构成。个人按照缴费档次缴费，有条件的村集体应当对参保人缴费给予补助，补助标准由村民委员会召开村民会议民主确定。政府补贴部分，中央财政对中西部地区按照中央确定的基础养老金标准给予全额补助，对东部地区给予 50% 的补助；地方政府应当对参保人缴费给予补贴，补贴标准不低于每人每年 30 元。也就是说，政府补贴分为两部分，一是政府对基础养老金给予全额补贴，二是地方政府对参保人缴费给予补贴。王宇明白了基础养老金由国家财政全部保证支付，继续问："参加新农保的农村居民个人缴费的标准是什么？"刘律师回答："2009 年《国务院关于决定开展新型农村社会养老保险试点的指导意见》中，设定缴费标准为每年 100 元到 500元 5 个档次，地方可以根据实际情况增设缴费档次，也就是说各个地区可以根据实际情况多设几个档次。参保人自己选择适当的档次缴费，多缴多得。"王宇问："社会保险经办机构如何为参保人建立个人账户？个人账户由哪些资金构成？"刘律师说："国家为每个新农保参保人建立终身记录的养老保险个人账户。个人缴费，集体补助及其他经济组织、社会公益组织、个人对参保人缴费的资助，地方政府对参保人的缴费补贴，全部记入个人账户。个人账户由个人缴纳的养老保险费和集体补助、政府补贴、社会捐助及利息构成。个人账户记账利率按同期中国人民银行一年期存款利率计息。"王宇问："基础养老金发放标准是多少？个人账户的发放标准是什么？"刘律师解释道："中央确定的基础养老金标准为每人每月 55 元，地方政府可以根据实际情况提高基础养老金标准，基础养老金将由中央和地方财政分担。个人账户养老金的月计发标准为个人账户全部储存额除以139。"王宇问道："新农保的参保范围是什么？"刘律师回答："年满16周岁（不含在校学生）、未参加城镇职工基本养老保险的农村居民，可以在户籍地自愿参加新农保。"王宇继续问道："新农保缴费年限是多长？"刘律师回答说，最低缴费年限是15年。王宇又问："那么新农保的规定和过去有什么不同？"刘律师解释道："新农保的亮点主要有两个方面：一是实行基础养老金和个人账户养老金相结合的养老待遇，国家财政对基础养老金全额支付；二是实行个人缴费、集体补助、政府补贴相结合的筹资办法，地方财政对农民缴费实行补贴。过去的老农保主要是农民自己缴费，实际上是自我储蓄的模式，而新农保是个人缴费、集体补助和政府补贴相结合，中央财政对地方进行补助，并且会直接补贴到农民头上。"

刘律师为王宇详细讲解新农保政策的发展，王宇听后感觉很受鼓舞。2013年，山东省公布《山东省人民政府关于建立居民基本养老保险制度的实施意见》，将新型农村社会养老保险和城镇居民社会养老保险制度（简称城居保）合并实施，设置每年100元、300元、500元、600元、800元、1 000元、1 500元、2 000元、2 500元、3 000元、4 000元、5 000元12个缴费档次，最高每年缴费5 000元。调整后的缴费档次全省统一为100元至5 000元，基础养老金最低标准为每人每月60元。

2014年，国务院颁布《国务院关于建立统一的城乡居民基本养老保险制度的意见》，将新农保和城居保合并，在全国范围内建立统一的城乡居民基本养老保险制度。根据这一规定，对参保人员的范围进行了整合，年满16周岁（不含在校学生）、非国家机关和事业单位工作人员及不属于职工基本养老保险制度覆盖范围的城乡居民，可以在户籍地参加城乡居民养老保险。并且对个人缴费标准大幅度提高。养老保险待遇领取条件也有了变化，现行的政策是参加城乡居民养老保险的个人，年满60周岁、累计缴费满15年且未领取国家规定的基本养老保障待遇的，可以按月领取城乡居民养老保险待遇。新农保或城居保制度实施时已年满60周岁，在本意见印发之日前未领取国家规定的基本养老保障待遇的，不用缴费，自本意见实施之月起，可以按月领取城乡居民养老保险基础养老金；距规定领取年龄不足15年的，应逐年缴费，也允许补缴，累计缴费不超过15年；距规定领取年龄超过15年的，应按年缴费，累计缴费不少于15年。

新型农村合作医疗，简称"新农合"，是指由政府组织、引导、支持，农民自愿参加，个人、集体和政府多方筹资，以大病统筹为主的农民医疗互助共济制度，采取个人缴费、集体扶持和政府资助的方式筹集资金。2013年，山东推出新农合大病保险，利用新农合基金购买商业机构大病保险，在新农合报销的基础上，对参合居民大病患者发生的高额医疗费用再给予补偿，新农合大病保险的补偿实际支付比例将不低于50%。按照医疗费用高低分段制定支付比例，原则上医疗费用越高支付比例越高。2013年1月1日起，大病保险资金对20类重大疾病参合患者住院发生的高额合规医疗费用给予补偿，个人最高年补偿限额为20万元。

王宇询问新农合的参保对象，刘律师解释说："未参加城镇居民医疗保险或城镇职工医疗保险的农村居民（含农村中小学生），以户为单位参加户籍所在地的新型农村合作医疗。"王宇问道："农民参加新农合是以人为单位还是以户为单位？"刘律师回答："是以户为单位。"刘律师特别强调参加城镇居民或职工医疗保险的不能再参加新农合保险，也就是说不能重复保险。王宇接着问："家庭账户基金结余可以冲抵个人参合缴费资金吗？"刘律师否定说："不行。"王宇问："那么农民缴费标准是多少？"刘律师解释，《关于提高2014年新型农村合作医疗和城镇居民基本医疗保险筹资标准的通知》中要求，农民和城镇居民个人缴费标准在2013年的基础上提高20元，全国平均个人缴费标准达到每人每年90元左右；个人缴费应在参保（合）时按年度一次性缴清。各级财政对新农合和居民医保人均补助标准在2013年的基础上提高40元，达到320元。王宇问："参合农民享有哪些医疗保障制度？"刘律师回答："参保可以享有新农合保障和新农合大病医疗保障。新生儿出生当年，就随父母自动获取参合资格并享受新农合待遇，同时享受大病保险待遇，需要自第二年起按规定缴纳参合费用。"

2014年，山东开始实行城镇居民基本医疗保险和新型农村合作医疗合并，将城乡居民基本医疗保险并轨，使社会保障的城乡统筹逐步实现。承继新农合的大病保险制度，居民基本医保也将建立大病补充保险。合并后，居民基本医疗保险总体待遇不降低，住院费用报销最高可报人均收入8倍以上。政策要求适当拉开不同级别医疗机构基金支付比例差距，差额不低于10%。政策范围内住院费用基金平均支付比例不低于70%，门诊费用基金支付比例不低于50%。刘律师在介绍新农合制度发展的同时，也道出了农村医疗制度存在的一些问题，比如医疗报销比例偏低，报销手续繁杂，基层医疗设施简陋，都是阻碍新农合推广的消极因素。

二、农村社会救助

农村社会救助制度是国家及各种社会群体运用掌握的资金、实物、服务等手段，通过一定机构和专业人员，向农村中无生活来源、丧失工作能力者，向生活在"贫困线"或最低生活标准以下的个人和家庭，向农村中遭受严重自然灾害和不幸事故的遇难者，实施的一种社会保障制度，以使受救助者能继续生存下去。农村社会救助制度包括农村社会互助和农村社会救济两个方面，具体包括最低生活保障、特困人员供养、受灾人员救助、医疗救助、教育救助、住房救助、就业救助、临时救助等8项制度。农村社会救济的对象主要是五保户、贫困户、残疾人以及其他困难群众。

在农村各项社会救助制度中，引人关注的是农村最低生活保障制度，是指由地方政府为家庭人均纯收入低于当地最低生活保障标准的农村贫困群众，按最低生活保障标准，提供维持其基本生活的物质帮助。建立农村最低生活保障制度的目标是：通过在全国范围建立农村最低生活保障制度，将符合条件的农村贫困人口全部纳入保障范围，稳定、持久、有效地解决全国农村贫困人口的温饱问题。

王宇问："农村最低生活保障对象包括哪些？"刘律师回答："农村最低生活保障对象是家庭年人均纯收入低于当地最低生活保障标准的农村居民，主要是因病残、年老体弱、丧失劳动能力以及生存条件恶劣等原因造成生活常年困难的农村居民。"王宇紧接着问："怎么确定农村最低生活保障标准呢？"刘律师解释："农村最低生活保障标准由县级以上地方人民政府按照能够维持当地农村居民全年基本生活所必需的吃饭、穿衣、用水、用电等费用确定，并报上一级地方人民政府备案后公布执行。农村最低生活保障标准要随着当地生活必需品价格变化和人民生活水平提高适时进行调整。"

全国农村低保制度

政府来帮忙，日子好过多了！

知识链接

农村最低生活保障的管理方法

（一）申请、审核和审批。申请农村最低生活保障，一般由户主本人向户籍所在地的乡（镇）人民政府提出申请；村民委员会受乡（镇）人民政府委托，也可受理申请。受乡（镇）人民政府委托，在村党组织的领导下，村民委员会对申请人开展家庭经济状况调查、组织村民会议或村民代表会议民主评议后提出初步意见，报乡（镇）人民政府；乡（镇）人民政府审核后，报县级人民政府民政部门审批。乡（镇）人民政府和县级人民政府民政部门要核查申请人的家庭收入，了解其家庭财产、劳动力状况和实际生活水平，并结合村民民主评议，提出审核、审批意见。在核算申请人家庭收入时，申请人家庭按国家规定所获得的优待抚恤金、计划生育奖励与扶助金以及教育、见义勇为等方面的奖励性补助，一般不计入家庭收入，具体核算办法由地方人民政府确定。

（二）民主公示。村民委员会、乡（镇）人民政府以及县级人民政府民政部门要及时向社会公布有关信息，接受群众监督。公示的内容重点为：最低生活保障对象的申请情况和对最低生活保障对象的民主评议意见，审核、审批意见，实际补助水平等情况。对公示没有异议的，要按程序及时落实申请人的最低生活保障待遇；对公示有异议的，要进行调查核实，认真处理。

（三）资金发放。最低生活保障金原则上按照申请人家庭年人均纯收入与保障标准的差额发放，也可以在核查申请人家庭收入的基础上，按照其家庭的困难程度和类别，分档发放。要加快推行国库集中支付方式，通过代理金融机构直接、及时地将最低生活保障金支付到最低生活保障对象的账户。

（四）动态管理。乡（镇）人民政府和县级人民政府民政部门要采取多种形式，定期或不定期调查了解农村困难群众的生活状况，及时将符合条件的困难群众纳入保障范围；并根据其家庭经济状况的变化，及时按程序办理停发、减发或增发最低生活保障金的手续。保障对象和补助水平变动情况都要及时向社会公示。

参考：《国务院关于在全国建立农村最低生活保障制度的通知》。

三、农村社会福利

农村社会福利是指为农村特殊对象和社区居民提供除社会救济和社会保险外的保障措施与公益性事业，其主要任务是保障孤、寡、老、弱、病、残者的基本生活，同时对这些特困群体提供生活方面的上门服务，并开展娱乐、康复等活动，逐步提高其生活水平。

刘律师告诉王宇，农村社会福利主体应包括综合性社会福利院、老年福利院、农村敬老院、儿童福利院、社区服务设施等实体，需要关注农村社会弱势群体的需求。我国因为城乡割据、农民外出打工造成的空巢老人、留守儿童问题是目前严峻的社会问题，农村社会福利应从保障这些弱势群体基本的生存和尊严入手，并逐步提高其生活标准。但我国现在农村福利发展不太理想，社会福利服务设施匮乏，许多农村的社会福利服务设施只有敬老院，而且生活条件较差，都是目前面临的困难。

四、农村社会优抚

农村社会优抚是指优待、抚恤和安置农村退伍军人，以及对农村从军家属给予物质精神方面的补助，包括优抚对象抚恤补助、优抚对象医疗补助、义务兵优待等方面。农村社会优抚是一项特殊的保障，已列入国家整个社会保障体系之中。

刘律师为王宇解释，优抚对象比较窄，针对为革命事业和保卫国家安全做出牺牲和贡献的特殊社会群体，例如现役军人及其家属、退役军人、伤残军人、烈士家属等，社会优抚主要由国家财政支出，其标准比一般保障标准要高。

最后，王宇高兴地对刘律师说："今天真是收获多多啊，从您这儿学了很多东西，非常感谢。"刘律师非常谦虚地说，通过和王宇的交谈，自己也获益良多，随时欢迎王宇前来咨询。王宇感觉自己度过了非常有意义的一天。

第二篇 "三资"篇

张林书记早就听说过"三资"是农村管理的重要内容，他决定好好充充电，于是，他带好了资料来到镇里负责"三资"管理的镇长助理高杰办公室，让他给上上课。由于是早早约好的，高杰把整理好的资料，还有一些宣传彩页给张林，让他先学习一下。

第五章 "三资"入门

一、什么是"三资"

农村集体"三资"是指农村集体资金、农村集体资产和农村集体资源。

农村集体资金是指村集体经济组织所有的货币资金，包括现金、银行存款及有价证券等。

农村集体资产是指村集体经济组织投资兴建的房屋、建筑物、机器、设备等固定资产，水利、交通、文化、教育等基础公益设施以及农业资产、材料物资、债权等其他资产。

农村集体资源是指法律法规规定属于集体所有的土地、林地、山岭、草地、荒地、滩涂、水面等自然资源。

"通俗讲，'三资'就是农民的'集体家底'，加强'三资'管理，有利于维护农民的合法权益，促进农村经济发展与社会和谐稳定。"高助理说。

二、村集体经济"三资"监管机构

张林点点头，"是啊，管理好'三资'是我们的职责，那咱乡现在是如何管理的？"高助理告诉张林，当前"三资"的监管机构是依托乡镇农经站，在原建立农村会计委托代理服务中心基础上，建立了农村集体"三资"监管中心。同时，依托镇司法所建立的农村项目竞标服务中心，形成农村集体"三资"监督管理工作领导小组。"小张，来看看咱们乡镇的'三资管理制度'，目前主要由乡镇农经站代理记账。"高助理指着彩页说。

"那么，乡镇农经站有哪些主要职责？"张林接着问。

高助理拿出文件，告诉他："乡镇农经站负责的工作比较多，具体包括：

农民负担的监督管理工作，认真抓好农村税费改革后的政策落实；规范农村土地承包管理，稳定和完善土地承包关系，保护好农民生产经营自主权；负责村级一事一议筹资筹劳的审计、监督和管理；加强乡财务和集体资产管理工作，规范村级财务公开制度，完善民主管理、民主监督；开展对镇村组的审计；配合有关部门落实农村富余劳动力转移政策，做好信息服务、组织和统计工作；指导农村合作经济组织和

村集体经济组织的"三资"

一、村集体经济组织"三资"

包括村集体经济组织所有的资金、资产和资源。

1.资金：农村集体经济组织所有的现金、银行存款、有价证券等流动资产。

2.资产：农村集体经济组织所有的，除货币资金以外的其他资产。

3.资源：属于集体所有的土地、林地、山岭、草地、荒地、滩涂、水面等自然资源。

二、村级"三资"管理的主体

村民委员会是村级"三资"的管理主体。"三资"管理实行民主经营、民主管理、民主监督、民主决策。村级要成立由干部和村民代表组成的村集体资产管理小组，负责对集体资产的管理和监督。凡是涉及村集体资产处置的决定必须由村集体资产管理小组集体讨论或村民代表会议研究决定，不能由少数人说了算。村集体经营性资产的运作、收益等应当接受村民代表民主监督。

三、村级"三资"的监管

乡纪委、经营站负责对村集体"三资"的运行情况进行监督，及时发现和纠正存在问题，保证集体资产的安全运营和保值、增值。乡纪委、经营站要把村集体经营性资产的收入和使用等情况，纳入年度正常的财务检查和责任审计的内容。村民主理财小组要对村集体经营收益和分配使用情况进行监督。

农民经纪人建设；加强农经干部队伍建设；组织、指导农经干部及村级干部培训工作，努力造就一个熟悉农村政策、热心为群众办事的专职队伍，提高农村经营管理工作水平等。"

三、村集体"三资"监管的依据和监管的目标任务

了解了"三资"的监管机构，高助理接着介绍了"三资"的监管依据。改革开放以来，国家一直非常重视农村工作，先后用了14个"一号文件"来关注"三农"问题。同样，为加强农村集体资金、资产、资源管理，稳定和完善农村基本经营制度，切实维护农村集体经济组织和农民群众的合法权益，农业部于2009年下发了《农业部关于进一步加强农村集体资金资产资源管理指导的意见》，成为农村集体"三资"监管的重要依据。

我国政府通过建立健全制度规范、加强监督管理、提高服务水平，渐渐形成产权明晰、权责明确、经营高效、管理民主、监管到位的管理体制和经营机制，真正能够推动农村集体"三资"管理的制度化、规范化，实现农村集体"三资"的保值增值，防止农村集体"三资"流失，保障群众的合法权益，为促进农村社会和谐、稳定、发展创造良好的环境。

"明白了监管的依据与目标任务，接下来咱了解一下监管工作应坚持的原则。"高助理接着讲起来。

四、村集体"三资"监管工作要坚持的原则

强化"三资"监管的规范化和有效性，需要坚持以下原则：

1. 坚持"五权"不变的原则

强化农村集体"三资"监督管理，必须坚持农村集体"三资"所有权、使用权、监督权、处置权和收益权"五权"不变原则，任何组织和个人不得非法侵占、截留和挪用农村集体"三资"，维护村集体和村民涉及"三资"的合法权益。

2. 坚持民主管理的原则

强化农村集体"三资"监督管理，必须坚持民主管理的原则，保障村民以及民主理财小组对村集体"三资"占有、使用、收益和分配的知情权、反映权和监督权。

3. 坚持公开的原则

强化农村集体"三资"监督管理，必须坚持公开原则，及时将村集体"三资"的使用和收益向全体村民公开，资产和资源的承包、租赁、出让必须实行招投标或公开竞价。

4. 坚持成员受益的原则

强化农村集体"三资"监督管理，必须坚持成员受益原则，通过完善收益分配制度，让农民群众随着集体经济壮大得到更多的实惠。

讲完原则后，高助理出去办了点事，让张林自己看看资料。

第六章 村集体经济组织的会计工作

张林仔细阅读高杰为他准备的资料后，对村集体"三资"的范围和内容有了充分了解，高助理回来后，他开始询问集体经济中会计工作的开展。高助理恰好是学农村经济的，对会计很熟悉，讲起来头头是道。

按照《村集体经济组织会计制度》的指导，村集体应该根据具体情况进行相应的会计账户设置，并对发生的业务进行会计处理，如实反映村集体的资产、负债、收支等情况。会计科目表如下表所示。

为适应农村税费改革，搞好村务公开和民主管理，加强村集体经济组织的会计工作，规范村集体经济组织的会计核算，根据《中华人民共和国会计法》及国家有关法律法规，财政部于 2004 年 9 月制定了《村集体经济组织会计制度》，自 2005 年 1 月 1 日起在村集体经济组织执行。《村集体经济组织会计制度》对开展村集体经济组织的会计工作起到指导作用，其中会计原理，与现行的工业企业的会计基本一致。在会计科目设置上，考虑了农村集体经济组织会计从业人员、关注会计信息的广大村民或社员的具体情况，科目名称尽量做到通俗易懂，例如"现金""应收款"和"应付款"等科目的名称都做了简化，此外，还加入了农村会计特有的"牲畜资产""林木资产""一事一议资金""农业税附加返还收入"等科目。

顺序号	科目编号	科目名称	顺序号	科目编号	科目名称
		一、资产类	18	221	长期借款及应付款
1	101	现　金	19	231	一事一议资金
2	102	银行存款			三、所有者权益类
3	111	短期投资	20	301	资　本
4	112	应收款	21	311	公积公益金
5	113	内部往来	22	321	本年收益
6	121	库存物资	23	322	收益分配
7	131	牲畜（禽）资产			四、成本类
8	132	林木资产	24	401	生产（劳务）成本
9	141	长期投资			五、损益类
10	151	固定资产	25	501	经营收入
11	152	累计折旧	26	502	经营支出
12	153	固定资产清理	27	511	发包及上交收入
13	154	在建工程	28	521	农业税附加返还收入
		二、负债类	29	522	补助收入
14	201	短期借款	30	531	其他收入
15	202	应付款	31	541	管理费用
16	211	应付工资	32	551	其他支出
17	212	应付福利费	33	561	投资收益

一、会计记账原理

提到会计记账原理，高助理对张林书记说，村集体经济组织的会计记账原理与常用的工业企业会计记账原理基本一致。

（一）会计工作的职能

在会计工作所发挥的职能和作用上，像一般企业会计的作用一样，村集体经济组织的会计工作同样具备会计核算和会计监督的职能，旨在连续、全面、系统地记录经济组织发生的经济活动，反映经济组织的财务状况及一定期间的经营成果，及时为会计信息使用者提供会计信息，并对经济组织的管理起到监督作用。

（二）会计工作的对象

会计以会计主体所发生的能以货币表现的经济活动作为会计对象，为方便会计工作能够详细地记录会计主体所发生的业务，保证会计信息的真实、准确和可靠。村集体经济组织会计将会计对象分为六大类，称为会计要素，包括资产、负债、所有者权益、收入、费用和利润。

听到这里，张林好奇地问："会计要素是什么？"

"会计要素是会计大家庭的六个成员，会计要素是组成会计报表的基本单位，是对会计对象进行的基本分类。其中，资产、负债和所有者权益三项会计要素是组成资产负债表的会计要素：资产是指由过去交易或事项形成的，为村集体经济组织拥有或控制的，预期会给村集体经济组织带来经济利益的资源；负债是指过去交易或事项形成的现实义务，履行该义务预期会导致经济利益的流出；所有者权益是指所有者在村集体经济组织中所享有的权益，在数值上它等于资产扣除负债后金额。收入、费用和利润三项会计要素是组成收益及收益分配表的会计要素：收入是经济活动中经济利益的总流入；费用是经济活动中经济利益的总流出；收入与费用相配比，即形成经济活动的利润。"

（三）会计记账方法

在记账方法上，采用可以反映经济业务来龙去脉的复式记账法。复式记账的好处在于每项业务发生时，都以相同的金额，在相互联系的两个或两个以上账户中同时进行登记，来反映经济业务引起的资金增减变动的情况。传统的单式记账法往往比较看重现金的收付，例如：

2014年7月25日，收到村民上缴的上半年的土地承包收入4 000元。如果利用单式记账法，仅仅记录"现金"增加的4 000元，日后再来看会计记录时，反映不出4 000元的现金因何而来；如果采用复式记账法，在记录"现金"增加4 000元的同时，记录"发包及上交收入"增加4 000元，这样就可以清楚地反映一笔业务的来龙去脉。

为方便记录经济业务引起的会计账户的增减变动以及结存情况，引入以"借""贷"为记账符号的借贷记账法。讲到这里，高助理说，借贷记账法也是目前世界上使用最普遍的记账方法。它借助于"资产＝负债＋所有者权益""收入－费用＝利润"的会计恒等式，根据各类账户不同的结构和记账规则来实现"有借必有贷，借贷必相等"的会计平衡，方便对会计工作的正确性进行核对和验证。根据借贷记账法的记账规则，资产类的账户，增加时记借方，减少时记贷方，期初、期末有余额的一般情况会在借方，如下图所示：

借方	资产类账户	贷方
期初余额　×××		
本期增加额　×××	本期减少额　×××	
……	……	
期末余额　×××		

　　负债和所有者权益类账户的结构，恰好与资产类的结构相反，增加时记贷方，减少时记借方，期初、期末有余额一般是在贷方。

借方	负债和所有者权益类账户	贷方
	期初余额　×××	
本期减少额　×××	本期增加额　×××	
……	……	
	期末余额　×××	

　　根据"资产＝负债＋所有者权益"的会计恒等关系，以及资产与负债和所有者权益类账户的结构相反、每一个账户的增减记录方向相反的记账规则，可以实现每一笔业务"有借必有贷，借贷必相等"的平衡，以及期初、期末余额的借贷平衡。例如，2013 年 8 月 1 日取得一笔银行的短期贷款 5 000 元，存入村集体在银行开设的账户中备用。发生这样的经济业务，应该做如下分录：

借：银行存款　　　　　　　　　　　　　5 000

　　贷：短期借款　　　　　　　　　　　　　　　5 000

　　资产和负债的同时增加，通过借贷记账法的记账原理，巧妙地实现有借有贷、借贷平衡。损益类的账户包括收益类和支出类两类账户，可以这样理解："收益的取得能够使所有者权益增加，因此收益类的账户的记录方向与权益类的相同；而支出的发生会导致所有者权益减少，因此支出类的账户的记录方向与权益类的是相反的。由于损益类账户的发生额到期末都要结转入'本年利润'账户计算利润，所以期末无余额。"具体的结构如下：

借方	收益类账户		贷方
本期减少额或结转金额 ××× ……		本期增加额 ××× ……	

借方	支出类账户		贷方
本期增加额 ××× ……		本期减少额或结转金额 ××× ……	

听了高助理的介绍，张林书记对会计记账的原理有了清楚的了解，原来借贷记账法是这样实现借贷平衡的。接下来，高助理开始详尽地介绍村集体经济组织涉及经济活动的具体会计处理。

二、村集体经济组织常见业务的会计处理

考虑到张林书记比较关注村集体经济组织的收入情况，高助理从收入事项开始介绍。

（一）收入的核算

村集体经济组织的收入主要包括经营收入、发包及上交收入、农业税附加返还收入、补助收入以及其他收入。

经营收入是指村集体经济组织进行生产或服务等经营活动取得的收入。例如，李家庄在农闲时期将农机设备参加跨区作业，取得了租金收入 14 000 元，款项同时存入银行账户。应该做如下会计处理：

借：银行存款 14 000

　　贷：经营收入——租赁收入 14 000

再如，李家庄出售已入库的大豆一批，价格为 6 000 元，款项已存入银行，这批大豆的成本为 5 000 元。发生这样的业务，应该在确认"营业收入"的同时结转成本，高助理强调说。

借：银行存款 6 000

　　贷：经营收入——农产品销售收入 6 000

借：经营支出——农产品销售支出 5 000

　　贷：库存物资——农产品 5 000

发包及上交收入主要是指农户或其他单位承包集体耕地、果园、鱼塘等上交的承包金以及村办企业上交的利润等。对于我们乡镇的村组，涉及本项收入的业务主要有以下情况：

李家庄的村办企业每年都会上交利润，去年上交利润有 36 000 元，款项通过转账完成。收到款项时李家庄的会计处理为：

借：银行存款　　　　　　　　　　　　　36 000

　　贷：发包及上交收入——企业上交利润　　36 000

李家庄收到一农户上交的鱼塘承包租金 3 000 元，直接存入银行。会计处理应该是：

借：银行存款　　　　　　　　　　　　　3 000

　　贷：发包及上交收入——承包金　　　　3 000

随着国家全面取消农业税，村集体收到财政部门的补助收入逐渐增加，当收到财政拨来的补助款（30 000 元）时，应该做如下会计处理：

借：银行存款　　　　　　　　　　　　　30 000

　　贷：补助收入　　　　　　　　　　　　30 000

（二）资产的会计核算

资产是村集体经济组织核算的重要内容之一，在会计提供的资产负债表上，资产是按照流动性由强到弱的顺序来列报的，分别是货币资金、应收款项、存货、农业资产、固定资产。咱们就按这个顺序，简单介绍一下村集体经济组织的各项资产吧，高助理说。

1. 货币资金和应收款项

货币资金主要包括现金、银行存款等，会计核算上简单明了。款项的收付使得货币资金增减变动的，作相应的会计处理。会计处理上记借方，表示货币资金的增加；款项的支付使得货币资金减少，应该记在贷方。由于现金的流动性非常强，因此对于村集体经济组织来讲，做好现金的日常管理是很重要的。

村集体经济组织的应收款项，可以分为两种：外部的应收款项和内部的应收款项，分别用"应收款"和"内部往来"两个账户来核算，这样可以方便区分组织外部和内部的业务。比如，李家庄将一批农产品出售，价格为 5 800 元，款项尚未收到，应该做如下会计处理：

借：应收款　　　　　　　　　　　　　5 800

　　贷：经营收入　　　　　　　　　　　5 800

如果，同样是出售农产品，但是出售给了本村集体兴办的食品加工厂，那么，应收的款项就应该计入"内部往来"：

借：内部往来 5 800

贷：经营收入 5 800

2. 存货

> 存货是指村集体经济组织在正常的生产经营过程中持有以备出售的产成品，或者为了出售仍处在生产过程中的在产品，或者将在生产过程或提供劳务过程中耗用的材料、物料。主要包括农产品、工业产成品、在产品、原材料、农药、种子、化肥等。

我们应该始终明确，会计是为了连续、全面、系统地记录组织所发生的经济业务，向信息使用者提供相应的会计信息。对于存货的核算，应该是根据存货的流转，在会计记录中进行相应的价值流转。根据生产资料的存放地点和实物形态的不同，在会计核算中主要使用"库存物资"和"生产成本"两个账户。例如，李家庄从农资供应超市购买了玉米种子 200 公斤，单价 3 元，直接用现金支付了价款，种子已存放仓库中。

借：库存物资——种子 600

贷：现金 600

待种子使用时，从仓库领用玉米种子 200 公斤。随着种子的领用出库，它的形态由仓库存放待用，转作生产耗用，因此会计应该做如下会计处理：

借：生产成本 600

贷：库存物资——种子 600

当种植的玉米成熟时，根据种植过程发生的成本，再由"生产成本"转作"库存物资"。假设今年李家庄收获玉米 30 000 公斤收获入库，共发生生产成本 25 000 元。

借：库存物资——玉米 25 000

贷：生产成本 25 000

听了高助理的讲解，张林明白了：原来，会计处理是为了反映组织的经济活动的实际情况而设计的，根据实物流动，对价值运动进行记录和报告。

3. 农业资产

提到农业资产，高助理说：农业资产一直是村集体经济组织非常重要的资产，根据《村集体经济组织会计制度》的界定，农业资产主要包括牲畜（禽）资产和林木资产。

在牲畜（禽）资产的核算上，应该注意的是根据牲畜（禽）的生长阶段和作用，分设"幼畜及育肥畜"和"产役畜"两个二级账户进行明细核算。成年之前的产役畜或准备成年直接出售的育肥畜，购买以及饲养过程的饲料消耗和人工费都在"牲畜（禽）资产——幼畜及育肥畜"账户中记录或归集。达到成龄的产役畜按实际成本转入"牲畜（禽）资产——产役畜"，并开始对其成本扣除预计残值的价值进行分期摊销，作为各期的成本计入"经营支出"，产役畜投产后发生的饲养费用同样计入"经营支出"。举例说明：

李家庄正在进行蛋鸡的养殖，2013年1月购入1万只蛋鸡苗，单价5元，款项尚未支付。

借：牲畜（禽）资产——幼畜及育肥畜　　　　50 000

　　贷：应付款　　　　　　　　　　　　　　　　50 000

小鸡在饲养过程中共发生饲养费用140 000元，其中包括饲料费用100 000元，饲养员的工资40 000元。在饲养费用发生时，应该做如下记录：

借：牲畜（禽）资产——幼畜及育肥畜　　　　140 000

　　贷：库存物资　　　　　　　　　　　　　　　100 000

　　　　应付工资　　　　　　　　　　　　　　　40 000

到2013年4月鸡苗达到成年鸡状态，开始产蛋。这时应该将本期成本转入"牲畜（禽）资产——产役畜"账户进行核算，并开始进行价值摊销。正常的情况下，成年鸡的产蛋周期为9个月，处置时作为肉食鸡出售平均每只价格为10元。在2013年4月份，应该做如下会计处理：

借：牲畜（禽）资产——产役畜　　　　　　　190 000

　　贷：牲畜（禽）资产——幼畜及育肥畜　　　190 000

5月发生饲养成本共计60 000元，包括饲料费用45 000元，饲养员的工资15 000元。

借：营业支出　　　　　　　　　　　　　　　60 000

　　贷：库存物资　　　　　　　　　　　　　　　45 000

　　　　应付工资　　　　　　　　　　　　　　　15 000

每月应该摊销的成本＝（190 000－100 000）÷9＝10 000（元）。按照这样计算，蛋鸡产蛋期间每月应该做如下会计处理：

借：营业支出　　　　　　　　　　　　　　　10 000

　　贷：牲畜（禽）资产——产役畜　　　　　　　10 000

至2014年1月，将蛋鸡出售，获得价款104 000元，应该做如下会计处理：

借：银行存款   104 000

  贷：营业收入   104 000

同时，按照该批蛋鸡的账面价值结转成本：

借：营业支出   100 000

  贷：牲畜（禽）资产——产役畜   100 000

听了高助理对牲畜（禽）资产的讲解，张林不禁说："牲畜资产的核算是比较繁琐的，听你这么一讲，豁然开朗了。那咱接着看一下林木资产是怎么进行会计核算的。"

林木资产包括非经济林木和经济林木两种，因此在"林木资产"总账账户下应设置"非经济林木"和"经济林木"两个明细账户，分别进行明细核算。

"那什么是经济林木呢？"张林问。

"像枣树、苹果树等果树就属于经济林木，而杨树、松树等就是非经济林木了。"高杰说。"林木资产——非经济林木"主要核算因购买、营造等取得该林木所付出的成本，以及郁闭前发生的培植费用。对于经济林木的核算，原理与刚才我们说到的产役畜有些类似，经济林木投产前因为购买或营造林木所发生的成本，以及培植费用都在"林木资产——经济林木"账户中归集。投产后发生管护费用作为当期的费用处理，同时还应该对其成本进行摊销。

4. 固定资产的核算

固定资产是指村集体经济组织拥有或控制的房屋、建筑物、机器设备、工具、器具和农业基本建设设施等劳动资料。

说起固定资产，它具备两个特点，高助理说，一个是寿命期比较长，使用年限在一年以上的都属于固定资产；另一个是价值比较大，单位价值在500元以上的列为固定资产。因为固定资产使用年限比较长，其价值会在使用过程中逐渐损耗，为了清楚地反映固定资产的原值和账面净值，会计上设置了"固定资产"和"累计折旧"两个账户：用"固定资产"账户来反映固定资产的原值，即取得时的价值；用"累计折旧"来核算固定资产价值的损耗，用"固定资产"账户的借方余额减去"累计折旧"的贷方余额即为固定资产的账面净值。

我们用李家庄为农业生产购置的联合收割机为例，来看一下它的会计处理。去年4月份，为迎接麦收，李家庄购买了1台大型的联合收割机，价值250 000元。预计可以使用10年，处置时预计可以获得10 000元的残值收入。那么，购买时应该做如下会计处理：

借：固定资产   250 000

  贷：银行存款   250 000

折旧如果按月计提的话，每月的折旧额为（250 000 － 10 000）÷10÷12 ＝ 2 000（元），会计处理：

借：生产成本   2 000

  贷：累计折旧   2 000

到处置固定资产时，应该将"固定资产"和"累计折旧"进行清理。假设，刚才我们说到的联合收割机，使用 8 年后，李家庄为了购置更先进的机器，将它出售，出售所得 30 000 元存入银行。应该进行下列会计处理：

借：固定资产清理   58 000

  累计折旧   192 000

  贷：固定资产   250 000

借：银行存款   30 000

  贷：固定资产清理   30 000

借：其他支出   28 000

  贷：固定资产清理   28 000

"这就是资产的会计处理方法。"高助理说。张林一直认真地听着高助理的讲解，不禁说："听君一席话，胜读十年书啊。"

（三）负债和所有者权益的会计核算

村集体经济组织的负债主要包括短期借款、应付款、应付工资、应付福利费、长期借款及应付款、一事一议资金。所有者权益主要包括资本、公积公益金、本年收益和收益分配等。其中，"一事一议资金"是村集体经济组织特有的一个会计账户。

> 一事一议资金是村集体经济组织兴办生产、公益事业，按一事一议的形式筹集的专项资金。通过筹资或筹劳的形式兴建村民受益的农田水利设施、村级道路、植树造林等公益事业。通过一事一议方式兴建村级公益事业的，筹资筹劳方案要通过村民大会或村民代表大会审议通过，并且经过相关监管部门的审批、备案，资金不得随意挪用。

一事一议资金是负债类的账户，我们就以去年李家庄兴建村内公路的例子，来看一下它的使用吧。

2013 年刚开春，李家庄就决定通过一事一议方式兴建村里的公路，通过对全村村民的动员，决定按每人 200 元的标准筹集资金，共有村民 900 人，同时向有能力的村民筹劳。方案通过时，应该做下面的会计处理：

借：内部往来　　　　　　　　　　　　　　180 000

　　贷：一事一议资金　　　　　　　　　　　　　　180 000

收到村民上交的集资款时，做下面的会计处理：

借：现金　　　　　　　　　　　　　　　　180 000

　　贷：内部往来　　　　　　　　　　　　　　　　180 000

修建公路，发生劳务投入时，直接增加"公积公益金"。李家庄的公路修建过程中，共投入了 800 个工，参照咱们本地的劳动价格，每个工为 40 元。劳务投入应该进行下面的会计处理：

借：在建工程　　　　　　　　　　　　　　32 000

　　贷：公积公益金　　　　　　　　　　　　　　　32 000

支付修建公路的相关款项时，根据支付金额（假设本次支付 50 000 元工程款）逐笔做如下会计处理，直至专项资金用尽（共计 180 000 元）。

借：在建工程　　　　　　　　　　　　　　50 000

　　贷：现金　　　　　　　　　　　　　　　　　　50 000

经过几个月的路基整理和公路修建，2013 年秋天项目完工，可以正常使用了，在固定资产完工的同时，将"一事一议资金"转作"公积公益金"。

借：固定资产　　　　　　　　　　　　　　212 000

　　贷：在建工程　　　　　　　　　　　　　　　　212 000

借：一事一议资金　　　　　　　　　　　　180 000

　　贷：公积公益金　　　　　　　　　　　　　　　180 000

"看来'一事一议'真的符合我们村集体经济组织对特殊事项进行一事一议的特点呢！"张林书记听完高助理的介绍后说。

三、会计工作的成果

会计工作就是将村集体经济组织发生的能够用货币计量的经济活动，进行确认、计量、记录并且报告出来，用来反映村集体经济组织的财务状况和经营成果等。会计工作的成果就表现为会计凭证、会计账簿和会计报告，其中会计凭证和会计账簿是序时和分类地对经济活动进行连续、系统、全面的记录，但是由于其反映的会计信息比较分散，无法从整体上直观地显示会计主体的财务状况和经营成果。为了方便会计信息使用者全方位地了解村集体经济组织的情况，必须定期编制财务报告。财务报告是对外报送的会计信息的主要内容，包括会计报表、会计报表附注和财务情况说明书。

财务报表是财务会计报告的主要组成部分，对于村集体经济组织来讲，财务报表应该按月、季度和年度编制，月度报表和季度报表包括科目余额表和收支明细表，每年结束时应该编制年度资产负债表和收益及收益分配表。

听到这里，张林书记说："那会计报表应该是会计工作中非常重要的部分了！""对啊，"高助理接着说，"资产负债表主要反映村集体经济组织的财务状况，即我们有多少资产、分别以什么形式存在，负债和所有者权益的情况是怎么样的；收益及收益分配表，主要反映村集体经济组织一定会计期间的经营成果。"

（一）资产负债表

> 资产负债表是反映某一特定日期村集体经济组织财务状况的报表。它反映村集体经济组织在某一特定日期控制的资产、承担的债务和所有者权益的状况。

资产负债表是反映"财务状况"的报表，反映各类资产、负债或所有者权益在某一时点（一般是月末或年末）的状态，是静态的报表。账户是分类反映相应的经济内容的增减变动以及结存情况的工具，账户结构如下图所示。发生额反映的是在某一期间的增减变动情况，而余额反映的是结存情况，即在某一时点"存在"多少，因此，资产负债表主要根据资产、负债和所有者权益类的总账账户和明细类账户的期末余额直接或计算填列。

资产负债表的格式如下：

资产负债表

村会01表

编制单位：   年   月   日   单位：元

资　产	行次	年初数	年末数	负债及所有者权益	行次	年初数	年末数
流动资产：				流动负债：			
货币资金	1			短期款项	35		
短期投资	2			应付款项	36		
应收款项	5			应付工资	37		
存货	8			应付福利费	38		
流动资产合计	9			流动负债合计	41		
农业资产：				长期负债：			
牲畜（禽）资产	10			长期借款及应付款	42		
林木资产	11			一事一议资金	43		
农业资产合计	15			专项应付款	44		
长期资产：				长期负债合计	46		
长期投资	16						
固定资产：				负债合计	49		
固定资产原价	19						
减累计折旧	20						
固定资产净值	21			所有者权益：			
固定资产清理	22			资本	50		
在建工程	23			公积公益金	51		
固定资产合计	26			未分配收益	52		
无形资产	27			所有者权益合计	53		
拨付所属单位资金	28						
资产总计	32			负债和所有者权益合计	56		

根据各项目的重要性，各账户在报表上列报的详略程度不同，转化为报表项目，具体的填列方法有下面几种：

1. 根据某个总账账户的期末余额直接填列。例如，林木资产、应付职工薪酬和应交税费等项目都是根据相应总账账户的期末余额直接填列的。

2. 根据若干个总账账户的期末余额分析计算填列。例如，货币资金、存货等项目是根据若干个总账账户的期末余额计算填列的。

货币资金项目＝"库存现金"期末余额＋"银行存款"期末余额

存货项目＝"存货物资"期末余额＋"生产成本"期末余额

3.根据有关总账账户所属的明细分类账户的期末余额分析计算填列。例如，应收款项项目是根据"应收款"和"内部往来"各明细账户期末的借方余额计算填列的。

应收款项项目＝"应收款"各明细账户借方余额＋"内部往来"各明细账户借方余额

4.根据有关总账及其明细分类账户的期末余额分析计算填列。

（二）收益及收益分配表

> 收益及收益分配表是反映村集体经济组织年度内收益实现及其分配的实际情况的报表。它反映村集体经济组织在某一特定期间的损益状况，用以判断村集体经济组织的经营成果。

如前所述，资产负债表是反映"财务状况"的报表，而收益及收益分配表是反映经营成果的报表，因此，它属于动态的报表，反映村集体经济组织一定期间取得了多少收益，发生了多少成本、支出，要根据损益类账户的本期发生额分析填列。格式如下：

收益及收益分配表

年度   村会 02 表

编制单位：   单位：元

项　目	行次	金额	项　目	行次	金额
本年收益			收益分配		
一、经营收入	1		四、本年收益	21	
加：发包及上交收入	2		加：年初未分配收益	22	
投资收益	3		其他转入	23	
减：经营支出	6		五、可分配收益	26	
管理费用	7		减：1.提取公积公益金	27	
二、经营收益	10		2.提取应付福利费	28	
加：农业税附加返还收入	11		3.外来投资分析	29	
补助收入	12		4.农户分配	30	
其他收入	13		5.其他	31	
减：其他支出	16				
三、本年收益	20		六、年末未分配收益	35	

第七章 "三资"管理制度解读

了解了具体业务的会计处理，高杰就指着镇里的宣传彩页详细讲起"三资"管理制度。

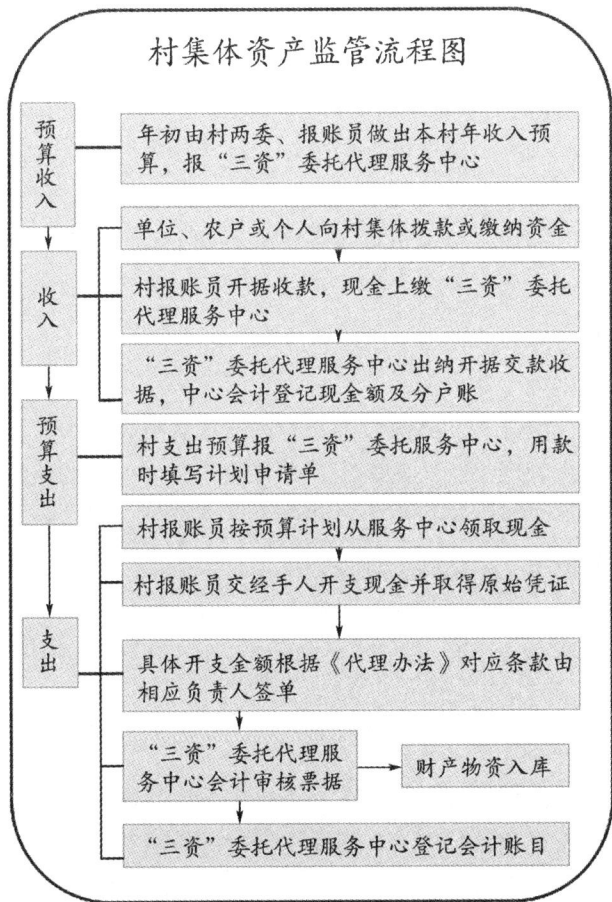

村集体资产监管流程图

预算收入	年初由村两委、报账员做出本村年收入预算，报"三资"委托代理服务中心
收入	单位、农户或个人向村集体拨款或缴纳资金
	村报账员开据收款，现金上缴"三资"委托代理服务中心
	"三资"委托代理服务中心出纳开据交款收据，中心会计登记现金额及分户账
预算支出	村支出预算报"三资"委托服务中心，用款时填写计划申请单
支出	村报账员按预算计划从服务中心领取现金
	村报账员交经手人开支现金并取得原始凭证
	具体开支金额根据《代理办法》对应条款由相应负责人签单
	"三资"委托代理服务中心会计审核票据 → 财产物资入库
	"三资"委托代理服务中心登记会计账目

一、农村集体资金管理制度

（一）财务收入管理制度

集体经济组织的经营、发包、租赁、投资、资产处置等集体收入，上级转移支付资金以及补助、补偿资金，社会捐赠资金，"一事一议"资金，集体建设用地收益等，应当及时入账核算，做到应收尽收。严禁公款私存、私设小金库。要加强票据管理，杜绝"白条"抵库。要定期与开户银行核对账目，定期盘点库存现金，做到日清月结，账款相符，账实相符。

实行村级财务委托管理以后，收款更加及时，有效防止各种"白条"的出现，财务人员对于资产、收入的核算都更加清楚明了。例如某村收到农业税的返还收入 10 000 元，应该进行如下会计处理：

借：银行存款   10 000

贷：农业税附加返还收入   10 000

（二）财务开支审批制度

日常开支按规定程序审批，重大事项开支应当走民主程序。财务开支事项发生时，经手人必须取得合法的原始凭证，注明用途并签字（盖章），报经主管财务负责人审批同意并签字（盖章），定期交村务监督委员会集体审核。审核同意后，由村务监督委员会负责人签字（盖章），由会计人员审核记账。财务流程完成后，要按照财务公开程序进行公开，接受全体成员监督。规范的监督制度，使得开支更加合理透明，给老百姓算一个明白账。

为提高民主程度，使重大事项民主程序制度化，村集体应成立民主管理小组（或民主理财小组），一般由村主任和群众代表组成。与村建设和管理有关的重要问题由民主管理小组讨论决定，并且接受全体村民的监督，每个村民均可对村里建设、财务开支等提出建议和意见，真正做到民主管理。资金支出票据须使用正式规范统一票据和正式税务发票，票据需经村民主理财小组、村委会负责人、经办人、证明人签字，大额支出还需经村乡镇领导及"三资"委托代理服务中心办公室主任或中心主任审核后报账。严禁村级组织坐收坐支、私设小金库、白条报支等行为。

（三）财务预决算制度

年初应当编制全年资金预算方案，按民主程序形成决议并张榜公布；预算调整时，要严格履行相关程序。年终应当及时进行决算，并将预算执行情况和决算结果向全体成员公布。

年度预算方案应包括预算年度的各项收入、预算年度的各项支出以及年度收益和分配情况。预算年度的各项收入应包括：村办企业承包上交的利润，集体资产出租收入，本组织进行各项生产、服务等经营活动取得的收入，对外投资取得的收益，大户承包集体耕地、果园、鱼塘等上交的承包金和其他收入等。预算年度的各项支出应包括经营性支出、管理费用（办公费、招待费等）和其他支出等。年度收益情况应包括可分配收益以及年度收益分配。

年终依据财务收支预算的具体执行情况，编制财务决算报告。决算报告要经村集体经济组织成员或代表会议审定，并接受村民主理财监督小组的监督。

财务收支预决算内容要列入村务公开内容，及时、真实、完整地进行公开。民主理财监督小组要定期对财务预算执行情况进行监督、检查，并自觉接受区、镇街乡两级农村集体资产管理办公室的指导、检查和监督。

（四）资金管理岗位责任制度

明确各财务管理岗位的职责、权限，实行账、钱分管，支票、财务印鉴分别保管。要按照会计核算主体分设账户（簿），应当尊重村集体经济组织的资产所有权和财产管理自主权，不得改变集体资金的性质。

村级资金由乡镇农村集体"三资"委托代理服务中心统一代管，资金收支实行账、权、钱分管制度。资金收支上应形成规范化的审核制度，村委会、村民主理财小组、村民代表大会、乡镇"三资"委托代理服务中心等各级组织应明确审核权限和责任。

（五）财务公开制度

应当将财务活动情况及有关账目，定期逐笔逐项向村集体经济组织全体成员公布，接受群众监督。年初公布财务收支计划，每月或每季度公布各项收入、支出情况，年末公布各项财产、债权债务、收益分配等情况。

财务公开的主要内容应包括：财务预决算内容；各项收入，包括"一事一议"筹资收入、发包及上交收入、集体统一经营收入、财政对村级转移支付收入、集资入股款、征地补偿费、救济扶贫款、上级部门拨款和其他收入；各项支出，包括生产性建设支出、村组干部工资报酬、村级管理费用、集体统一经营支出、救济扶贫专项支出和其他支出；财产状况，包括现金及银行存款、产品物资、固定资产、对外投资和其他财产；债权债务情况；农民承担的各项费用以及各项支农惠农资金的发放情况。财务公开要按照既定的程序进行，在村民（或社员）便于观看的地方设立固定的公开栏，定期、及时进行财务公开，接受全体村民监督。

二、农村集体资产管理制度

（一）资产清查制度

村集体经济组织应定期进行资产清查，一般要在每年年底或下年初进行一次资产清查，清查核实各种资产、负债和所有者权益，做到账实、账款相符。资产清查由村"三资"管理工作站负责实施，村务监督委员会全程进行监督。清查结果经村民会议或村民代表会议确认后，在村务公开栏内公示 7 天，报乡镇农村集体"三资"委托代理服务中心备案。

（二）资产台账制度

集体所有的房屋、建筑物、机器、设备、工具、器具和农业基本建设设施等固定资产，要按资产的类别建立固定资产台账，及时记录资产增减变动情况。村集体经济组织所有的资产，凡使用年限在一年以上、单位价值在500 元以上的应列为固定资产。实行承包、租赁经营的，还应当登记承包、租赁单位（人员）名称，承包费或租赁金，以及承包、租赁期限等。村集体经济组织仍然拥有通过租赁方式租出固定资产的所有权，达到租赁期限的固定资产要根据商议决定续租或归还集体经济组织。以经营租赁方式租出的固定资产仍然属于自有固定资产，按照规定的折旧方法和年限提取折旧；以经营方式租入的固定资产不属于自有固定资产，不计提折旧。已出让或报废的，应当及时核销。

固定资产应有专门人员进行管理，负责固定资产的增加或减少等手续的办理，填制和管理固定资产卡片，做到账、卡、物相符。

固定资产台账

村（社区）：

固定资产	型号	取得日期	原值	累计折旧	净值	保管人或使用人	处置情况		备注
							方式	时间	

（三）资产评估制度

集体经济组织以招标投标方式承包、租赁、出让集体资产，以参股、联营、合作方式经营集体资产，集体经济组织实行产权制度改革、合并或者分设等，应当进行资产评估。评估由乡镇农村经营管理部门或具有资质的单位实施。评估结果要按权属关系经集体经济组织成员会议或成员代表会议确认。

村集体资产的评估必须遵循真实、科学、公正、可行的原则，依照国家统一规定的标准、程序和方法进行。发生下列情形之一的，必须进行资产评估：资产拍卖、出售、转让、兼并、租赁；实行联营、股份经营及改组股份合作制；以股份的形式将存量资产量化折股或折股出售，与国外、境外公司、企业和国内其他经济组织或个人开办中外合资、合作经营企业；企业破产、清算；其他需进行资产评估的情形。村委会、村民主管理小组、村民代表大会、乡镇"三资"监管组织应分别明确各自对资产评估的权限和责任，按照申请、立项、资产清查、评定估算、验证确认等程序进行，经审核、验证确认的评估价值，由乡镇"三资"监管领导小组下达确认通知书。

（四）资产承包、租赁、出让制度

集体资产实行承包、租赁、出让应当制定相关方案，明确资产的名称、数量、用途，承包、租赁、出让的条件及其价格，是否招标投标等事项，同时履行民主程序。集体资产承包、租赁、出让经营时，应当签订经济合同，明确双方的权利、义务、违约责任等，并向全体成员公开。经济合同及有关资料应当及时归档，并报乡镇农村经营管理部门备案。

（五）资产经营制度

集体资产实行承包、租赁、出让经营的，要加强合同履行的监督检查，公开合同履行情况；收取的承包费和租赁金归集体经济组织所有，纳入账内核算。集体经济组织统一经营的资产，要明确经营管理责任人的责任和经营目标，确定决策机制、管理机制和收益分配机制，并向全体成员公开。集体经济组织实行股份制或者股份合作制经营的，其股份收益归集体经济组织所有，纳入账内核算。要定期对集体资产的使用、维护和收益进行检查，确保集体资产的安全和保值增值。

三、农村集体资源性资产管理制度

（一）资源登记簿制度

法律规定属于集体所有的土地、林地、草地、荒地、滩涂等集体资源性资产，应当建立集体资源性资产登记簿，逐项记录。资源性资产登记簿的主要内容包括资源的名称、类别、坐落、面积等。实行承包、租赁经营的集体资源性资产，还应当登记资源承包、租赁单位（个人）的名称、地址，承包、租赁资源的用途，承包费或租赁金，期限和起止日期等。农村集体建设用地以及发生农村集体建设用地使用权出让事项等，要重点记录。

为清晰、明了地核算资源性资产，应设置《村集体资源性资产登记表》《村集体资源性资产总账》《村集体资源性资产明细账》等登记资料，主要格式如下：

村集体资源性资产登记表

资源类型	类　别	期初面积	增减变动情况					
			变动年份	期末面积	变动年份	期末面积	变动年份	期末面积
农用地	耕　地							
	林　地							
	水　面							
	其　他							
	小　计							
建设用地	村办公用地							
	居民宅基地							
	乡村交通用地							
	其　他							
	小　计							
未利用土地	荒　山							
	荒　坡							
	荒　滩							
	荒　地							
	其　他							
	小　计							
合　计								

村集体资源性资产总账账页

权属单位：

资源类型： 单位：亩

年		摘　要	期初面积	新增面积	减少面积	期末面积
月	日					

（二）公开协商和招标投标制度

集体所有且没有采取家庭承包方式的土地、林木、山岭、园地、荒地、滩涂、水面等资源性资产的承包、租赁，应当采取公开协商或者招标投标的方式进行。以公开协商方式承包、租赁集体资源的，承包费、租赁金由双方议定。以招标投标方式承包、租赁集体资源的，承包费、租赁金应当通过公开竞标、竞价确定。招标方案必须履行民主程序。在招标中，同等条件下，本集体经济组织成员享有优先中标权。招标投标方案、招标公告、招标合同和相关资料应当报乡镇农村经营管理部门备案。

（三）资源承包、租赁合同管理制度

集体资源的承包、租赁应当签订书面合同或协议，统一编号，统一管理。合同应当使用统一文本，明确双方的权利、义务、违约责任等。上交的收入归集体经济组织所有，纳入账内核算并定期公开。经济合同及有关资料应及时归档，并报乡镇农村经营管理部门备案。

村集体经济组织的资源性资产有偿使用必须依法签订书面承包或租赁合同，合同签订后，应及时将相关资料上报乡（镇）村级资产管理办公室进行鉴证、备案。所有村集体资源的承包、租赁合同必须纳入档案管理，明确专人负责，专盒、专柜存放。合同管理人员必须及时将纳入管理的合同资料，按要求进行收集、整理、登记、归档管理，防止资料的散失和损毁。

（四）集体建设用地收益专项管理制度

农村集体建设用地是集体资产和资源的重要组成部分，其收益归集体经济组织所有，主要用于发展生产、增加集体积累、集体福利和公益事业等方面，改善农民的生产生活条件，不得用于发放干部报酬、支付招待费用等非生产性开支。农村集体建设用地收益要纳入账内核算，严格实行专户存储、专账管理、专款专用、专项审计监督。

高助理告诉张林，在国家惠农政策大力向农村倾斜、全市"居改社"工程加快推进的前提下，农村家底成为百姓关注的焦点。从去年3月开始，县里由县纪委牵头，农业局、财政局、审计局等10多个部门参与展开了全县农村集体"三资"清查工作。这次清理是改革开放以来第一次大规模清查，摸清从1982年农村实行联产承包责任制以来30年的农村家底，共历时1年，目前全部完成。通过核实底数，明晰产权关系，建立健全管理台账，完善管理制度，全面摸清现状，推进了农村集体"三资"规范管理，巩固了农村改革成果，促进了农村社会经济和谐发展。

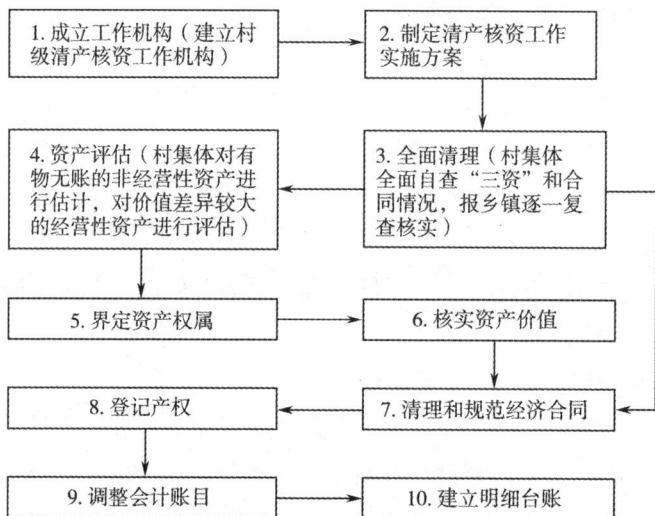

```
┌─────────────────────┐      ┌─────────────────────┐
│ 1.成立工作机构（建立村  │ ───→ │ 2.制定清产核资工作    │
│ 级清产核资工作机构）   │      │ 实施方案            │
└─────────────────────┘      └─────────────────────┘
                                        │
                                        ↓
┌─────────────────────┐      ┌─────────────────────┐
│ 4.资产评估（村集体对有 │ ←── │ 3.全面清理（村集体    │
│ 物无账的非经营性资产进 │      │ 全面自查"三资"和合    │
│ 行估计，对价值差异较大 │      │ 同情况，报乡镇逐一复  │
│ 的经营性资产进行评估） │      │ 查核实）            │
└─────────────────────┘      └─────────────────────┘
         │                            │
         ↓                            ↓
┌─────────────────────┐      ┌─────────────────────┐
│ 5.界定资产权属       │      │ 6.核实资产价值       │
└─────────────────────┘      └─────────────────────┘
                                        │
                                        ↓
┌─────────────────────┐      ┌─────────────────────┐
│ 8.登记产权          │ ←── │ 7.清理和规范经济合同  │ ←─
└─────────────────────┘      └─────────────────────┘
         │
         ↓
┌─────────────────────┐      ┌─────────────────────┐
│ 9.调整会计账目       │      │ 10.建立明细台账      │
└─────────────────────┘      └─────────────────────┘
```

清产核资流程

"那清理的内容主要是什么，资产、资金、资源？"张林问。

"对，咱们乡镇实行了村级财务委托管理，财务公开已经好几年了，到去年年底咱们县全部村庄实行了财务公开，乡镇成立了农村审计机构。而此次'三资'清查是改革开放30年来，我县规模最大、力度最大、清查最彻底的一次。本次'三资'清查工作对象是县里所有村居，'三资'清查工作范围为集体经济组织所有的资金、资产和资源，包括资金项目的收支节余和债权、债务情况，房产、机械设备等资产情况，集体土地、水面、滩涂、果园、矿山、林木等自然资源情况等。此次清查，最大的特点是消除呆账死账。在清产核资过程中发现，有的居委会挂账不良债权多，或有的挂账库存物资多，但是账实不符。这些不良债权形成的主要原因是居民外迁户、死亡绝户、特困户和五保户欠款。对此，按照规定，对其中的死账一律消除，既往不咎。据统计，本次共清查农村集体资金9 054.03万元，资产74 068.36万元，村集体所属资源356 757.86亩，核销不良资产2 040.48万元，核销呆账死账2 022.6万元。给农民亮出了一个明白家底，让'三资'晒在阳光下，农民都很满意。"高助理自豪地说。

张林对"三资"有了深入的认识，他不禁自言自语："手工清查这么多账可是够麻烦的。"高助理笑了，"咱们县先进着呢，'三资'清查工作结束，我们就引进先进的信息化管理平台，工作人员只需要一台能上网的电脑，连接县里服务器上的信息化平台即可。实现了'村—乡镇—区县—市—省'五级'三资'管理平台，每个层级只能按照各自的管理权限，查看或审批本行政辖区内的'三资'委托代理服务业务。以后县内每个村的开支、账务，都要到乡镇、街道农村集体'三资'管理服务中心登记，区县、市、省的工作人员按照自己的权限，通过管理网络平台可以对其所辖的镇村'三资'进行动态监察。这样做可明确权属，建立台账，为下步工作打下基础，使农村集体资产管理更趋制度化、规范化和信息化。你看，这是咱省五级管理的平台（图1）。这是三资监管平台各级的功能说明（图2）。"高助理指着宣传资料向张林做了详细介绍。

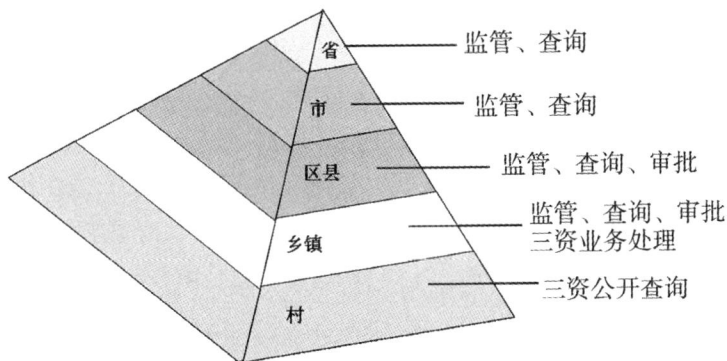

图1

三资监管平台的功能

省级功能说明

省级通过系统，对省、市、县、乡、村所有"三资"管理人员权限进行管理、规划、设置和分配。

市级功能说明

市级通过系统，定期监督、检查所属县、乡、村"三资"管理工作最新运行情况。同时，对和县进行业务指导，及时总结和推广其他各地的经验和好的做法。

县级功能说明

县级根据各村的实际情况，制定相应的大额度资金标准，并且对超出大额度资金标准的业务进行审批。同时，通过系统对所属乡、村"三资"管理数据进行实时监督，并进行统计分析。

乡级功能说明

乡级通过系统，对"三资"相关数据资料进行整理、规范和导入。

村级功能说明

农民通过村级设置的电子终端，可以对本村"三资"管理情况进行自助查询。

图2

高助理接着说："年底前，咱县各镇、街将普遍建立'三资'委托代理服务中心等委托代理服务机构，代理农村集体经济组织财务收支，从根本上防止资产流失和资源浪费，确保资产保值增值和资源的合理开发利用。全面布局的'三资'监管平台网络终端将覆盖全县，它纵向对接各镇（街）、居委会，横向联通纪检、农业、财政等多个部门，以进行监管、查询与审批。相关部门可利用系统进行实时动态监管，农民也可直接上网查询村级'三资'状况，财务公开，阳光透明，从而全面提升农村'三资'管理水平。"

张林："呵呵，咱县真先进！那为什么要实行'三资'委托代理机制？这个制度有什么好处呢？"高助理开始耐心地给他解释起来。

第八章 "三资"委托代理

农村"三资"管理的问题一直是村民（社员）最关心的问题，从由村委会自己管理到"村账乡管"再到"三资"委托代理，逐渐探索实行更加合理、规范、公开公平的管理方法。村级会计委托代理制即根据自愿原则，在保证村级集体资金的所有权、使用权、审批权、监督权、收益权等权利不变的前提下，经村民（村经济合作社社员）代表大会同意，与乡镇设立挂靠农经站的委托代理服务机构签定委托记账协议，对村级财务实行统一制度、统一审核、统一记账、统一公开、统一建档的"五统一"服务，实行三级监督，建立统一的村级财务管理机制。乡镇通过代理机构的服务行为参与村级财务监督管理，具有指导、监督、审计、反映等多种功能，由政府无偿、强制代管变成村组织自愿委托。这种模式目前在山东大多数地区实行，青岛、淄博、东营、泰安、莱芜、德州等地 100% 实行村级会计委托代理制，效果显著。

一、村级会计委托代理的流程

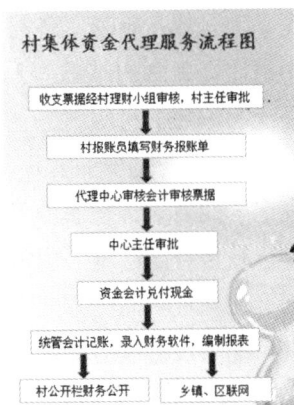

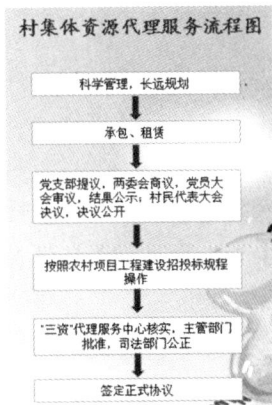

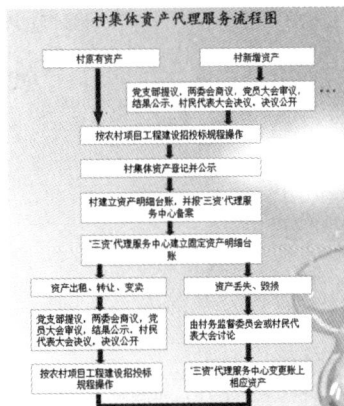

村集体资金代理服务流程图

收支票据经村组财小组审核，村主任审批 → 村报账员填写财务报账单 → 代理中心审核会计审核票据 → 中心主任审批 → 资金会计兑付现金 → 统审会计记账，录入财务软件，编制报表 → 村公开栏财务公开 / 乡镇、区联网

村集体资源代理服务流程图

科学管理，长远规划 → 承包、租赁 → 党支部提议，两委会商议，党员大会审议，结果公示；村民代表大会决议，决议公开 → 按照农村项目工程建设招投标规程操作 → "三资"代理服务中心核实，主管部门批准，司法部门公正 → 签定正式协议

村集体资产代理服务流程图

村原有资产 / 村新增资产 → 党支部提议，两委会商议，党员大会审议，结果公示，村民代表大会决议，决议公开 → 按农村项目工程建设招投标规程操作 → 村集体资产登记并公示 → 村建立资产明细账，并按"三资"代理服务中心备案 → "三资"代理服务中心建立固定资产明细账 → 资产出租、转让、变卖 / 资产丢失、毁损 → 党支部提议，两委会商议，党员大会审议，结果公示，村民代表大会决议，决议公开 / 由村务监督委员会或村民代表大会讨论 → 按农村项目工程建设招投标规程操作 / "三资"代理服务中心变更登记相应资产

"你看，这是咱乡镇的代理服务流程图，"高助理指着墙上的宣传画说。

二、村级会计委托代理制的主要内容

（一）清账理财

在实行委托代理制之前，由乡镇组织有关人员对村级财务进行全面清理，妥善处理财务清理中发现的问题，查清相关债权债务，对清理结果向群众公开，接受群众监督，并由县级农业行政主管部门确认。

（二）办理委托

由本村集体经济组织将村级财务书面委托给乡镇经管站，统一实行规范化管理。书面委托协议一般由社员代表大会讨论通过，充分尊重群众意愿，体现了民主管理村级财务的原则。村级不再设立专职会计，只设一名助理会计或出纳，协助乡镇经管站管理本村财务。乡镇经管站设立若干名代理会计，负责记账，每个代理会计负责多个村。

（三）严格审核，三级监督

一是群众监督，每村建立3～5人的民主理财小组，对经过村领导签字、手续齐备后的原始单据进行审核后加盖村民主理财章；二是业务监督，代理中心根据有关制度从技术上、手续上对单据进行进一步的审核，不符合规定或手续不齐全的票据退回村里补办，每月定期对村库存现金进行盘点，确保业务的正确性、规范性；三是审计监督，各乡镇落实专人对村级财务进行定期和专项审计。

（四）五项统一

一是统一财务制度。根据有关村级财务规章制度，由县级农业行政主管部门制定财务预决算、货币资金管理、财务审批、结算资金管理、财产物资管理、承包合同管理、民主理财和档案管理等方面的财务制度。二是统一审核。各村的票据、凭证在村经济合作社领导审批、村财务监督小组监督盖章的基础上，每月（季）一次由乡镇经管站统一进行严格审核。三是统一记账。村级财务在两级审核的基础上，由代理会计负责记账，定期编制会计报表。四是统一公开。根据农业部、监察部《村集体经济组织财务公开暂行规定》的要求，每季度至少公开一次，每次公开时间不少于半个月，由县级农业行政主管部门统一规定村级财务公开的内容、时间、程序和形式，由村出纳负责在规定时间内和规定地方贴出。五是统一建档。在乡镇建立村级财务档案室，统一对村级财务资料实行建档管理，便于查阅。

三、实行"三资"委托代理的好处

"实施这个制度主要是为了规范财务，进行财务公开。"高助理接下来解释了该制度的优越性：

（1）实行村级会计委托代理制从机制上保证了财务公开的透明度，形成群众参与的监督机制。实行财务公开是促进农村社会稳定、政治安全的有力保证，是村务管理的一项基本原则，是村级民主监督制度的基础。实行村级会计委托代理制后，需要对各村的资产、负债进行全面清查，成立民主理财小组，建立严格的民主理财监督制度、财务公开制度等，有利于农村财务管理的程序严格、制度规范、公开透明，便于监督，排除了村干部的干预，在不改变村集体经济组织资产所有权、审批权、使用权、收益权的前提下，将村级的理财权和会计人员的监督权适当分离，使会计人员更好地依法行使会计职能，从机制上创造了敢于监督、便于监督和有效监督的条件，从根本上确保了农村财务收支的公开、公正、真实，满足了群众参与民主管理、民主监督的要求和愿望，形成群众参与的监督机制，有力推进了农村民主政治建设。

（2）实行村级会计委托代理制为实行电算化创造了条件，有效地规范了会计行为。该制度下的区域集中、管理集中、应用集中有利于实现电算化。电算化可以规范农村财务管理，克服人为主观因素的影响，既提高了工作效率，又摆脱了会计对村干部的依附，使账目更清晰、更客观，为农村数据和业务规范化提供了一个解决办法，使农村各级财务更具透明度和时效性；可以利用电算化进行预算控制和流程控制，避免各种人为因素的影响，有利于堵塞各种漏洞，遏制乱收滥支；可以利用电算化对农村集体资金、资产、资源的"三资"进行动态监管，防止集体资产的流失；可以标准会计科目代码、资产编码，为实现业务标准化打下基础；电算化下可以实时查询，有利于上级部门实时监控、远程查询、及时决策；有利于完善财务公开内容与形式，可以进行触摸屏查询、电话查询、网上查询；电算化有利于实行网上审计，提高了审计质量与效率……总之，会计电算化可以有效地规范会计行为，达到有效监管、支持农村决策的目的。

（3）实行村级会计委托代理制有利于财务人员队伍稳定，提高业务素质，从而为农村财务管理规范化做好人力资源准备。农村财务管理是一项业务性较强的工作，稳定财务人员队伍、提高人员素质至关重要。传统村账自管模式下，选拔财会人员任人唯亲，全凭个人意志，致使一些素质低下、不具备会计条件的人被调到会计岗位上来，账务处理不及时，程序手续不清楚，会计科目使用混乱，大多只能记记简单的流水账，很难满足农村财务管理规范化的要求。村级会计委托代理制下公开选拔农村会计，对农村财务人员的任用、免职等必须履行公开选拔、考核、审报手续，持证上岗，定期进行业务培训，健全监管和考评机制，从机制上使会计人员认真负责、敢于监督，不因村委会换届和村干部变动而变动，形成一支稳定、精干的农村会计队伍，有利于促进会计核算的规范化，确保会计核算质量。

（4）实行村级会计委托代理制有利于完善各项农村财务管理制度，严格资金管理，提高农业财政专项资金的安全性和有效性。建立健全规章制度，使财务工作有章可循，是搞好财务管理规范化的重要保证。委托代理制下统一制度、统一审核、统一记账、统一公开、统一建档，有利于严格执行各项收支管理制度、资产管理制度、基金管理制度、收益分配决算制度等，有利于集体资产安全完整、保值增值，有利于严格按照农业财政专项资金管理办法的规定管理、使用资金，有利于规范财政专项资金会计核算和财务管理，认真落实好专账管理和县级报账制的有关要求，严格支出管理。

（5）实行村级会计委托代理制有利于强化监督，完善民主理财制度，完善农村财务审计制度，促进财务规范化。该制度下可以实行多层监督。一是群众监督，负责对村级管理全过程进行监督。二是乡镇代理会计监督。代理会计对村里上报的原始凭证进行严格审查监督，审核是否符合规章制度，手续是否齐全等。三是审计监督。各乡镇落实专人对村级财务进行定期和专项审计，对村干部实行任期和离任责任审计。通过多层监督，完善了民主理财制度与财务审计制度，有效促进财务规范化。

"咱们市实行农村财务制度改革，有效解决了多年来农村财务不清造成的种种矛盾，理顺了干群关系，堵塞了财务漏洞，取得了明显成效。2011年，全市实现国内生产总值144亿元，地方财政收入7.06亿元，农民人均可支配收入4 156元，同比增长分别为16.1%、25.7%和7.9%，全市农村出现了百业俱兴、政通人和的良好局面。"高助理自豪地说。

"咱县太先进了，我学到了很多东西，太庆幸来这里锻炼了。"张林开心地回答。

第三篇 农民专业合作社篇

　　小王可算是远近闻名的能人，拥有高中文凭，能说会算，高中毕业以来养过猪、喂过鸡，最后看中了养蜂，这一干就是10年，不光掌握了过硬的养蜂技术，也实现了经济上的大翻身。日子越过越好后，他希望带领大家一起致富的念头越来越强烈。听说张书记这几天要回省城开会，这不，他早早就来到了张书记的办公室，有一肚子的问题要问呢。

第九章　初识合作社

"小王啊，今年的蜂蜜产量不错吧？"

"还可以吧，但是拼不过商场里那些包装好看、价格又便宜的大牌子啊。我的成本都不止人家的售价。更让人头疼的是市场上有很多销售假冒伪劣产品的，消费者失去了对蜂蜜产品的信任，我们也受到影响，所以虽然产量提高了，但总收入比去年还少了呢。"

"你的问题很有代表性啊。像你一样的农户太多了，你们单打独斗，成本高，产品单一，无影响力，分散经营很难产生经济效益啊！有没有思考过怎么样克服小生产和大市场之间的矛盾呢？"

"是啊，就是感到需要改变经营模式呀！"

张书记招呼小王坐到电脑前，"我们先来看看几个信息，了解一下情况吧。这个是河南省花源蜂业农民专业合作社，是全国首批蜂农合作社示范社，成立于2007年底。他们从事蜂蜜养殖、生产、加工和销售，对所有入社养蜂户提供同一品牌、统一技术培训及服务，按照统一质量标准收货、包装，再由合作社统一进行产品销售，产品销往全国多个大中城市。"

小王不住地点头。

"再来看这家。我们村的豆腐制作全县闻名吧，可是首家注册豆制品商标的合作社却是济南长清的双泉豆制品合作社。2010年他们组织成员34人，投入资金100余万元，注册了'双泉'商标，以生产豆腐皮为主。合作社统一商标、统一产品、统一包装，成员根据合作社分配任务进行加工，由合作社统一销售。当年豆腐皮销售额即达到了500多万元呢，每年为社员增收5万元以上，可谓一张豆腐皮致富啊。

"我们村很多人家掌握种植香椿的技术，可人家淄博市淄川区的卧虎山椿芽专业合作社，从 2007 年成立到现在，已经从单纯的鲜椿芽生产销售，扩展到椿芽咸菜、椿芽酱、椿芽咸蛋等系列产品的开发销售，产品销往全省乃至全国各地。入社成员已达 1 300 人，带动了 7 个村、1 500 余户啊。你看 2013 年合作社固定资产已经高达 1 200 万元，发展可谓惊人啊。"听到这，小王的心里激情澎湃。

"张书记，我今天来找您就为这个事，听说国家鼓励发展农民专业合作社，我想问问，您有没有时间给我们辅导呢？"小王憨厚地笑笑。

"我正想找个专家给你们这些骨干能人讲讲呢。"张书记顺手把一些材料交给小王，"你先发给大家学习一下。"

小案例

福建省永春县湖洋合兴鹌鹑专业合作社经验介绍

永春县湖洋合兴鹌鹑专业合作社注册于 2007 年 9 月 9 日，2009 年被农业部授予"农民专业合作组织示范单位"，2011 年获得泉州市"市级示范合作社"称号。

一、生产方面

合作社建立了"六统一分"的运行机制。

1. 统一调种。人工饲养鹌鹑很怕近亲繁殖，影响产量。合作社每年从北京、江西等地引入"朝鲜龙城系"新品种 2 万羽，既保证了鹌鹑鸟和蛋的产量，又保证其质量，维护消费者的利益和本社的声誉。

2. 统一孵化。鹌鹑的孵化技术比较复杂，在温度、湿度、通风、翻蛋、凉蛋、照蛋、落盘、出雏、清盘等环节都有严格的程序。合作社集中配置 5 台电脑全自动控温湿孵化机，每天出壳 3 000 多羽，保证了合作社成员的饲养供应。

3. 统一饲料。鹌鹑对饲料变化敏感性强。合作社统一向厂家订购相关饲料，同时要求成员按统一的配方，将豆饼、鱼粉、鼓皮、骨粉、槐树粉等进行科学配制，保证了饲料质量，降低了生产成本，确保了鹌鹑正常生长。

4. 统一防疫。鹌鹑防疫技术尤为重要。接受瘟疫教训，合作组织向县农业局畜禽服务中心统一购买防疫苗，并专人管理，建立台账，督促饲养户按时、按量防疫，同时委托县农业局畜牧兽医站进行抽血化验，确保防疫面达 100%。

5. 统一运输。合作社配备 5 台运输车辆，对饲料、疫苗、蛋等实行统一承运，降低生产成本，保障销路畅通。

6. 统一销售。合作社在大中城市设立 55 个销售点，对产品统一配送、价款统一结算、统一分配报酬。

7. 分散饲养。根据饲养的不同阶段，实行相对独立场管理方式。在统一安排生产规模、生产方式的基础下，各场独立管理、独立核算，调动各生产场的积极性与主动性，奖惩结合，最大限度提高效益。

二、管理方面

1. 运转方式。内部管理上，实行社员代表大会、理事会和监事会"三会"制度。社员代表由社员直接选举产生，社员代表大会每年召开一次。理事会和监事会直接由社员代表选举产生，理事会由7名理事组成，由理事会选举理事长1人、副理事长1人、秘书长1人、理事4人，理事长任期五年，可连选连任。理事会是合作社的执行机构，主持日常工作。监事会是合作社的监察机构，代表全体成员监督和检查理事会的工作，监事由成员大会选举产生。监事会由3人组成，由监事会选举监事长1人。监事长任期五年，可连选连任。合作社下设5个小组，即办公室（包括财务室）、孵化组、销售组（包括运输组）、生产组（下设若干个生产场）、饲料组。各组业务独立，财务统一核算。各组生产、销售指标每月由办公室下达，工资每月结算付清。

2. 三项制度。一是会费及股金制度。凡要加入合作社的社员，申请经理事会研究同意后，每股交纳股金2 000元，入股者享受合作社保险机制，参加本合作社的股金分红，同时承担亏损风险。二是定期会议制度。每月月底，定期召开理事会议，总结本月生产、销售情况，部署下个月生产、销售计划，解决生产、销售存在的问题。三是培训交流制度。每季度以小组、分专业进行一次培训交流，就交流生产、销售环节中存在的问题，提出解决办法，若遇到难以解决的问题就邀请专家进行现场指导。

三、主要成效

1. 抓规模，拓市场。为了提高市场的占有率，合作社根据"章程"规定，有计划地吸收新社员。合作社创建时只有15个场，现在发展到28个场；年产量由30万斤发展到现在的135万斤；产值由原来的70万元上升到现在的750万元；原来代销网点只有8个，现在有55个，本省市场占有率由35%上升到60%；目前已在仙游、莆田等地成功进入超市。国内市场不断开拓，产品流通渠道进一步拓展，社会效益和经济效率进一步提高，合作社步入了良性循环轨道。

2. 抓服务，促规范。合作社每年两次邀请专业技术人员定期到场进行技术培训，面对面解决问题，提高了饲养成活率和出栏率。同时，每年派出相关人员到外地参观学习，借鉴先进技术和营销策略，不断提高本地产品的质量，巩固了顾客群体。

3. 抓科技，提质量。合作社增强对下属专业组的服务职能，去年两次从北京、江西调入"龙城系"自分鹌鹑鸟4.5万羽，在本社进行试验，现已成功，公母鹌鹑分清率达99%，不仅赶上了销售旺季，同时也提高了鹌鹑产蛋率。

4. 抓管理，增效益。合作社下设5个专业组，各部门专业分工明确，操作程序相对独立。其利润分配方案，既保护各组的利益，又确保各专业组成员收益相差不会过大，最大限度调动了生产积极性和创造性，确保合作社协调、有序发展。

四、主要体会

合作社坚持"自愿、合作、集约、共赢"经营理念，使全体社员共享技术、共打市场、共创品牌、共得实惠。

1. 当好组织者。随着市场经济的不断完善，新形势下一家一户的格局难以形成规模，防疫环节较为薄弱，导致生产销售不畅、效益不高，卖难现象制约着农村经济发展，影响社员增收。合作社通过专业分工，形成规模，真正成为风险共担、利益均沾的统一体，体现了民有、民营、民管、民享的特色。

2. 当好引导者。一是品种落实。原来一律外调品种，现在自己制种成功，防止近亲繁殖。二是防疫落实。统一向县兽医服务中心定购防疫苗，统一抽血化验。三是销售落实。根据市场供求信息，及时调剂生产数量，既确保市场供应，又不使产品积压。四是清洁落实。合作社对鹌鹑粪统一烘干，统一销售，既不破坏环境，又增加销售利润。

3. 当好服务者。合作社始终坚持"靠服务赢得信誉，靠信誉赢得支持，靠支持赢得发展，靠发展强化服务"的原则，在引导社员生产、管理、技术培训、产品销售等方面，充分发挥合作社的服务功能，实实在在为社员服务。

4. 当好调控者。合作社通过对饲料、品种、生产、销售等一体化经营，使鹌鹑饲养业过程中所需要的资金、人才、技术、劳力等生产要素得到优化配置，发挥最大效益。

来源：福建省永春县经管站，《福建省永春县湖洋合兴鹌鹑专业合作社工作总结》，中国农经信息网 http://www.caein.com/index.asp?xAction=xReadNews&NewsID=49964.

一、农民专业合作社的发展历程

周末到了，小王和刚子等九个骨干终于盼来了张书记从省城邀请的学校同事刘教授，刘教授到达村委会办公室后就马上开始了授课。

"我们就先从农民专业合作组织的发展讲起吧。合作社这种组织已经有 200 多年的历史。1760 年世界上第一个消费合作社在英国诞生，到 1810 年美国诞生了第一个农民营销合作社。大约在新中国成立前合作社的思想就开始传入中国。1918 年北京大学创办了中国第一个消费合作社。20 世纪 50 年代，我国掀起农业互助合作运动，并出台了相关规范促进其发展。十一届三

快来加入农民专业合作社吧！

现代农业 科学化 商品化 集约化 产业化

中全会以后，国家开始进行农村经济体制改革，1982 年我国实行农民家庭联产承包经营责任制。家庭联产承包责任制是中国农民的伟大创造，既调动了广大农民的积极性，又发挥了集体统一经营的优越性，但是单家独户经营方式无法解决分散经营和现代农业规模经济之间的矛盾。在这样的背景下，全国开始了合作组织的探索，农民专业合作社得以孕育并受到政府高度重视，各地纷纷试点推进。2000 年，我国第一家经工商登记的农民专业合作社——温岭市石桥头蔬菜专业合作社诞生了。2004 年中央财政拨出巨资，由农业部牵头在全国组织实施了‘农民专业合作组织示范项目’，全国 508 家示范单位借助财政补助资金展开了品种改良和引进、购置仪器设备、建设营销网络、进行人员培训、举行产品推介、制定生产技术规程等工作。当时全国各地的农村能人、大户，趁着这股东风牵头成立了一些专业协会和专业合作社，把一部分农户联合起来，较好地解决了农民组织化程度低、生产规模小和难以适应市场需求的问题。

　"实践证明，农民专业合作社的建立和发展，是农业现代化和推动农业转型升级的客观要求，它的兴起对于推动农业结构调整、发展农村经济发挥着重要作用。在此背景下，农民专业合作社立法相继出台。 2006 年 10 月 31 日第十届全国人民代表大会常务委员会第二十四次会议审议通过《中华人民共和国农民专业合作社法》（以下简称《农民专业合作社法》），这部法律于 2007 年 7 月 1 日生效。2010 年为贯彻落实国务院 1 号文件提出的‘大力发展农民专业合作社，深入推进示范社建设行动’要求，农业部制定了《农民专业合作社示范社创建标准（试行）》。2012 年 2 月 1 号，国务院出台了《关于加快推进农业科技创新持续增强农产品供给保障能力的若干意见》，这就是中央一号文件，在政府补贴、农村金融服务、种业科技创新、农村实用人才培训、农业机械化、农产品流通等八个方面再次加大对农民专业合作社的扶持力度。2013 年中央一号文件中，再次明确提出大力支持发展多种形式的新型农民合作社，并提出抓紧研究修订农民专业合作社法。这说明农民合作社即将迎来新一轮的发展前景。2014 年中央一号文件中，国家更从财政资金、用地指标、银行贷款、人才培训、产业流通以及气象服务等方面，全面加强对农民合作社的扶持，解决合作社发展中的各项困难。2014 年 3 月 1 日重新修订后的《农民专业合作社登记管理条例》生效施行，增加了电子营业执照、农民专业合作社年度报告制度等新规定。根据国家工商总局发布的数据显示，2014 年 1 月，全国农民专业合作社已达 6 108.59 万户，注册资本（金）102.74 万亿元，涉及种植、养殖、林业、植保、农机、技术信息、编织、农家乐等各个产业。对于你们来说，抓

住国家政策红利，解放思路，在这片广阔土地上大干一番事业，确实到了最好时机。"

课间休息时，大家纷纷邀请刘教授以后要常来指导大家的工作，刘教授当场承诺以后周末会尽量到村里跟大家交流。性急的小王又忍不住插话："刘教授，我对农民专业合作社的概念理解还不是很清楚，您能详细讲讲吗？"

"接下来，我们就说说如何认识和理解农民专业合作社。"刘教授又开始继续讲解。

二、农民专业合作社的定义和特点

"你们翻到《农民专业合作社法》第二条第一款，法律是这样规定的，农民专业合作社，是在农村家庭承包经营基础上，同类农产品的生产经营者或者同类农业生产经营服务的提供者、利用者，自愿联合、民主管理的互助性经济组织。怎么正确理解这个概念呢，我认为大家需要抓住以下几个重点：

"第一，农民专业合作社是经济组织。处于市场竞争环境中，农民专业合作社服务于内部成员，还要发展与非成员的交易，壮大实力，寻求发展。合作社要在市场竞争中立足、存续下去，需要遵循市场经济规律，以市场为导向，积极获取利润。那些只提供技术、信息等服务，不进行营利性经营活动的农民专业技术协会、农产品行业协会都不是农民专业合作社。

"第二，农民专业合作社建立在农村家庭承包经营基础之上。合作社成员由享有农村土地承包经营权的农村集体经济组织成员组成，合作社的成立并不会改变和影响成员的承包经营权。你们不但可以放手组建合作社，还可以不断更新观念，打破村与村、镇与镇的界限组建合作社呢。"

大家点点头，刘教授继续解释：

"第三，农民专业合作社是由具有共同经济需求的农民组建的实体型专业合作经济组织。首先，合作社的组建必须是同类农产品的生产经营者或者服务的提供者、利用者基于自愿而组织起来的，这里的'同类'是指以《国民经济行业分类》规定的中类以下的分类标准为基础，提供该类农产品的销售、加工、运输、贮藏、农业生产资料的购买，以及与该类农业生产经营有关的技术、信息服务等，实质上强调的就是大家的共同利益需求。所以啊，就某一个单独的合作社来看，其经营服务内容还是具有很强的专业性的，因此大家可以根据自己专业特长以及项目特点来选择合作社的类型。既可以组建生产类、加工类、经营类合作社，也可以组建科技服务型、中介服务型合作社。比如你们可以申请设立某某种植专业合作社，也可以是更具体一些的香椿种植、金银花种植等专业合作社。此外，农民专业合作社具有独立的法人资格，享有自主经营权，依法进行的相关生产经营活动受法律保护。

"第四，农民专业合作社是成员自愿联合、民主管理的自治性经济组织。农民专业合作社按照'入社自愿，退社自由'的原则吸纳成员，任何单位和个人不得违背农民意愿强迫参加农民专业合作社。每位成员在组织中地位平等，内部实行'民办、民有、民选、民管、民享'的民主管理。

"第五，农民专业合作社是互助型经济组织。设立农民专业合作社首先要解决农民个体力量薄弱、农业组织化程度不高的问题。合作社将农民联合起来，能够实现资源互补，提高农业产业化、规模化程度。合作社以组织的形式为农户提供支持，帮助农户提高市场竞争力和经济效益，实现 $1+1>2$ 的效果。

"依托于合作社这个利益共同体，社员确确实实感受到了组织的力量，踊跃参加。再加上政府对农民专业合作社的鼓励和支持，例如注册门槛低、不收费、没有注销机制，近年来合作社的发展可谓'忽如一夜春风来，千树万树梨花开'啊。"

刘教授通俗的讲解和诙谐的风格让几位农业骨干受益匪浅，听得舒心过瘾。

三、农民专业合作社的宗旨与功能

刘教授特别为大家强调，农民专业合作社的宗旨区别于企业及其他纯粹的营利性组织，"农民专业合作社成员是从事同类业务的农业生产经营者，他们的目的就是通过合作互助提高规模效益，完成单个农民办不了、办不好或者办了但不划算的事。这种互助性特点，决定了农民专业合作社以服务成员为宗旨以及对成员服务不以营利为目的的原则。同时，农民专业合作社作为经济组织，对外追求利润的最大化，这是合作社发展的动力，只有这样才能实现成员利益的最大化。"

> 农民专业合作社的宗旨和目标

大家休息了一会儿，又开始兴奋地讨论起农民专业合作社的好处来。刘教授也被大家的热情感染着，清清嗓子又继续讲解：

"合作社的好处很多啊。首先，合作社可以提高成员生产经营的组织化程度，实现规模经济效益。通过专业合作这一形式，可以把分散的一家一户组织起来，使农民抱团面对市场。比如媒体报道的由家庭妇女组建的'老粗布布衣专业合作社'，成员由掌握老粗布纺织、印染、制衣等技术的八名妇女组成，集体决策布衣布品，按照统一品牌销售产品，大大增强了市场竞争力。其次，合作社为农民架起产前、产中、产后服务桥梁，提高了农民抵御风险的能力。农民专业合作社统一为成员发布市场信息，如产品销售、生产资料购买、农机具使用、农业技术培训等信息，降低了成员信息搜集、销售竞争、洽谈合同等环节的交易成本。通过与成员签订供货合同、提供稳定的销售或供货渠道，降低了因价格波动带来的市场风险，从而有效解决了小生产和大市场之间的矛盾。再次，合作社能够更好地解决融资问题。国家为促进合作社发展出台了很多金融支持政策，合作社贷款融资渠道拓宽，贷款手续也逐步简化，使合作社能够充实发展所需资金。第四，农民专业合作社为政府与农民之间搭建了桥梁，是落实惠农、强农政策的新渠道。第五，合作社成为培养新型农民的平台。通过对入社成员开展专业性培训、手把手地示范指导，把农户培养成市场意识较强的新型农民，为推动农村经济发展培育了优质人力资源。"

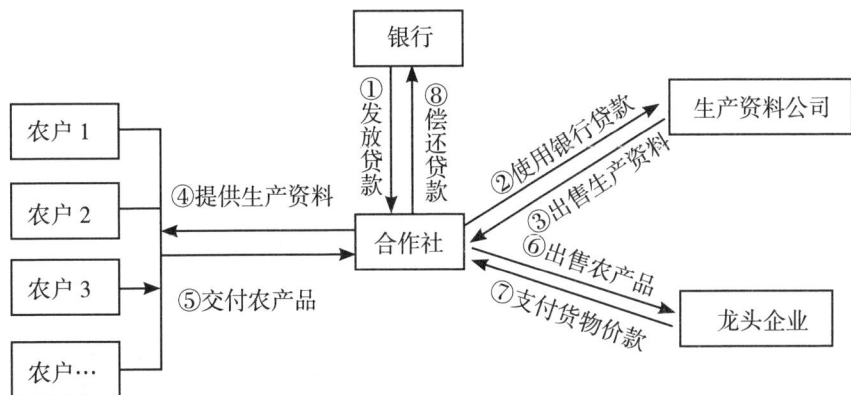

四、农民专业合作社的类型

"刘教授，关于合作社的类型你能详细说说吗？"一旁的养牛专业户大钢插了一句。

"这要看我们的分类标准是什么。如果按照生产、再生产环节划分，我们可以将农民专业合作社分为生产合作社、流通合作社、服务合作社等形式。生产合作社是指从事种植、养殖、采集、渔猎、加工等生产活动的各类合作社。

比如种植合作社，由以种植业为主业的农户组成，对成员实行'统一品种种植，统一技术管理，统一品牌包装销售'，如各种果蔬及中药材种植合作社都属于这一类。流通合作社，即从事采购、运输、储存、销售等流通领域服务业务的合作社。流通合作社一般采取'合作社＋基地＋农户＋流通'模式，将地方名优农产品的专业种植、储藏、深加工、流通集于一体，通过示范基地建设，带动农户发展特色农产品种植，通过深加工和同一品牌销售，实现合作社、农户共同发展。服务合作社，即为社员的生产生活提供劳务、服务等便利条件的合作社，例如为农户提供技术培训服务、信息咨询服务、收割服务、禽畜防病治疗服务等。"

"那还有别的分类标准吗？"

"有啊！根据农民专业合作社所处的产业类别不同，可以分为种植业合作社、林业合作社、畜牧业合作社、渔业合作社、服务合作社等。根据我国农业法的规定，农业是指种植业、林业、畜牧业和渔业等产业，包括与其直接相关的产前、产中、产后服务。种植业合作社是以种植业为基础开展生产经营活动的合作社，畜牧业合作社即是以畜牧业生产经营为主的合作社。随着休闲农业和观光农业的兴起，各地也涌现出农家乐合作社等新形式。

"按照组织管理和发起人划分，又分为乡村精英领导型、龙头企业带动型、集体经济依托或改制型及政府部门引导型合作社。乡村精英领导型合作社一般由多年从事生产、运销、技术推广和村镇管理的乡村专业大户、经纪人、技术员和村干部等精英牵头，联合从事同种专业生产的农民自发创立。龙头企业带动型合作社则采取'企业＋专业合作社＋农户'的生产经营模式，由农户负责农业生产，专业合作社侧重联系和服务，公司侧重产品营销和加工。集体经济依托或改制型合作社通过集体经济改制，依托村或乡镇、社区组织优势，以社区组织的人力、物力为后盾，吸收本村及周围农村从事同一专业生产的农民建立合作社，发展专业化生产，实行社会化服务和企业化管理。政府部门引导型合作社通常是指政府相关部门为了贯彻农业发展战略，利用政府行为号召农民联合起来，并具体指导和帮助农民组建具有合作性质的农村经济组织的一种模式。"

"今天先讲到这里吧，有问题等我下次来的时候再一起讨论。"刘教授结束了当天的培训。

第十章 深入解读合作社

一、农民专业合作社的创办和设立

等到刘教授再次来到的时候，几个年轻人已经迫不及待了。"刘教授，今天就给我们讲讲如何设立农民专业合作社吧。"看到大家期待的眼神，刘教授滔滔不绝地讲起来。"这合作社设立，大约可以分为十步吧。"

第一步，发起筹备工作。首先要进行可行性分析，判断成立合作社的优势、劣势，面临的机遇与挑战，然后成立筹备委员会，制定筹备工作方案。

"筹备方案咋写啊？"向来急性子的大伟插了一句。

"这个筹备工作方案呢，一定要写清为什么筹建这个组织，谁牵头发起，成员入会需具备什么条件，以及筹备的程序有哪些。

"然后发起人拟定社名，向工商局取得合作社名称预先核准通知书，确定业务范围，分析发起成立的缘由，估计会员人数及筹集资金数额。"

第二步，召开筹委会会议，吸收社员。凡从事与本社同类或相关产品，有一定的生产规模或经营、服务能力，具有民事行为能力的公民，以及从事与农民专业合作社业务直接有关的生产经营活动的企业、事业单位或者社会团体，能够利用农民专业合作社提供的服务，承认并遵守农民专业合作社章程，履行章程规定的入社手续的，就可以成为本社的成员。其中农民至少应当占成员总数的80%。

成员总数20人以下的，可以有一个企业、事业单位或者社会团体成员；成员总数超过20人的，企业、事业单位和社会团体成员不得超过成员总数的5%。生产性合作社中从事生产的社员占社员总数的一半以上。

第三步，起草合作社章程。要由发起人根据农民专业合作社示范章程，结合本社实际拟定本组织章程。

第四步，召开设立大会。设立大会要求全体设立人参加，职能是通过本社章程，章程应当由全体设立人一致通过；选举产生理事长、理事、执行监事或者监事会成员；审议其他重大事项。

第五步，组建工作机构。成立办事机构，理事长主持常务理事工作会议，业务量大的可由理事长聘任总经理；聘任办事机构业务部门负责人；召开业务会议，布置开展业务工作。

第六步，办理工商登记注册。登记机关应当自受理登记申请之日起20日内办理完毕，向符合登记条件的申请者颁发营业执照。登记事项主要包括五条：名称、住所、成员出资总额、业务范围、法定代表人。

刘教授解释道："合作社名称依次由'行政区划＋字号＋行业特点＋组织形式'组成，比如小王可以申请平原县（行政区划）信达（字号）蜂业（行业特点）专业合作社（组织形式），大刚就可以申请平原县刚强西瓜种植专业合作社。

搞明白这些事情，大家到时候准备好以下材料到工商管理机构办理登记就可以了：设立登记申请书，全体设立人签名、加盖印章的设立大会纪要，合作社名称预先核准申请书，全体设立人签名、盖章的章程，法定代表人、理事的任职文件和身份证明，全体出资成员签名、盖章予以确认的出资清单，法定代表人签署的成员名册和成员身份证明复印件，住所使用证明，指定代表或者委托代理人的证明，业务范围涉及前置许可的文件。"

第七步，办理合作社公章。在公安局办理，同时应准备好以下材料：合作社法人营业执照复印件，法人代表身份证复印件，经办人身份证复印件。

第八步，申领组织机构统一代码。办理部门是技术监督局，提交材料包括：合作社法人营业执照副本原件及复印件一份；合作社法人代表及经办人身份证原件及复印件一份；如受他人委托代办的，须持有委托单位出具的代办委托书面证明。

第九步，申领税务登记证。带好以下材料到税务机关办理：法人营业执照副本及复印件，组织机构统一代码证书副本及复印件，法定代表人（负责人）居民身份证或者其他证明身份的合法证件复印件，经营场所房屋产权证书复印件，成立章程或协议书复印件。

第十步，办理银行开户和账号。在银行办理时需要提交下列材料：法人营业执照正、副本及其复印件，组织机构代码证书正、副本及其复印件，农民专业合作社法定代表人的身份证及其复印件，经办人员身份证明原件、相关授权文件，税务登记证正、副本及其复印件，合作社公章和财务专用章及其法人代表名章。

到此，一个农民专业合作社就成立了，就可以根据核准的经营范围开展生产经营了。

"刘教授，发起设立合作社的事务一般都是什么人来做呢？"李兵举手提了个问题。

"发起人就是发起并创办农民专业合作社的创始人。在农民专业合作社的筹备阶段，主要的工作都是由发起人来做的。发起人一般都是什么人呢？他既可以是自然人，也可以是企业法人、社团法人。发起人大概包括这样几类：像小王这样的农村种植养殖大户，技术过硬，能为社员提供技术培训和指导；像李兵这样的农产品营销大户，对市场熟悉，可以为产品销售提供渠道；像大娃这样的农业技术推广人员，懂技术，掌握市场信息，可以发挥积极作用；还有一些龙头企业，可以扩展上游资源，为社员增加生产投入，解决销售问题。"

"刘教授，我还有一个问题：合作社成员的出资是怎么规定的呢？"小王举手示意。

"合作社成立之初的财产源于成员的出资。成员按照自己在章程中规定的出资方式和数额出资，既可以用货币出资，也可以用实物或知识产权等能以货币估值且可以依法转让的非货币财产作价出资，但是非货币出资必须经过全体成员评估作价。此外，法律规定任何成员不得以劳务、信用、商誉、特许经营权或者已经设定担保的财产出资。至于出资数额，法律没有给出最低限制，这个只要成员间相互协商一致就可以了。

合作社成员如何出资？

"关于合作社的设立程序，大家可能还想了解有关章程问题吧？

"我们先来谈谈什么是章程。合作社章程是调整合作社与成员之间权利、义务关系的契约性文件，规定合作社的成立基础和经营管理制度，是全体社员的行为准则。"

知识链接

　　章程所记载的事项分为必备事项和任意事项。《农民专业合作社法》第十二条规定了农民专业合作社章程的十条必备事项：

　　1. 名称和住所。任何农民专业合作社都必须有自己的名称，且只能使用一个名称。农民专业合作社的名称应当明确行政区划、拟定字号、体现本社的经营内容和组织形式，在登记机关辖区内不得与已登记注册的同行业农民专业合作社名称或者企业名称相同或者近似。名称是农民专业合作社区别于其他农民专业合作社以及其他组织的标志，所以一定要认识到名称的重要性。

　　农民专业合作社的住所是其主要办事机构所在地。合作社住所可以是专门的场所，也可以是某个成员的家庭住址。合作社的住所应当在登记机关管辖区域内，经登记机关登记确认的农民专业合作社的住所只能有一个，合作社变更住所，必须办理变更登记。

　　2. 业务范围。业务范围就是指章程中所明确的合作社经营的产品或服务的内容，也是工商登记时确定经营范围的依据。业务范围包括为同类农产品的生产经营者提供农业生产资料的购买，农产品的销售、加工、运输、贮藏以及与农业生产经营有关的技术、信息等服务。法律规定在登记前须批准的经营项目，需要按照国家有关部门许可或批准的经营项目核定业务范围；如果不涉及前置许可，根据申请人的申请，可以按照《农民专业合作社登记管理条例》规定的内容核定，也可以参照《国民经济行业分类和代码表》规定中的中下类核定。

　　3. 成员资格及入社、退社和除名。在《农民专业合作社法》第十四条、第十五条关于成员资格要求的框架之下，合作社可以在章程中对本社成员的资格、入社、退社和除名做出更为具体、明确的规定。

　　4. 成员的权利和义务。合作社可以根据《农民专业合作社法》第十六条、第十八条的规定，具体规定其他适应本社的权利和义务。

　　5. 组织机构及其产生办法、职权、任期、议事规则。农民专业合作社成员大会是权力机构，成员代表的产生办法和任期、代表比例、代表大会的职权、会议的召集等由章程规定。是否设立理事会，是否设立执行监事或者监事会等，由章程决定。理事长或者理事会、执行监事或者监事会的职权，他们的任期以及议事规则，也由章程规定。

　　6. 成员的出资方式、出资额。章程规定成员具体的出资方式、出资期限、出资额，除了以货币出资外，库房、加工设备、运输设备、农产品实物、知识产权都可作价出资。不能作价出资的包括劳务、信用等。

　　7. 财务管理和盈余分配、亏损处理。章程应当对本社的财务管理制度以及盈余分配和亏损处理的办法、程序作出规定。

8. 章程修改程序。法律规定，修改章程要经成员大会讨论，并经成员表决权总数的三分之二以上通过。章程可以对修改章程的表决权数作出更高的规定。同时，修改章程的具体程序，也须在章程中明确规定。

9. 解散事由和清算办法。当法定事由或者约定的条件出现时，合作社即应解散，比如约定存在期间届满或者约定的业务活动结束。解散时对合作社的财产及债权债务应当依法妥善处置。因此，章程对于解散的事由要加以规定，并依据《农民专业合作社法》第六章的相关规定，对清算办法作出规定。

10. 公告事项及发布方式。出于公平的考虑和民主管理的需要，为保证社员和合作社的交易相对人及其他利害关系人及时了解合作社生产经营状况，章程应当对有关情况的公告事项和方式作出规定。

在法定事项之外，示范章程还列出了一些任意事项，农民专业合作社可以在上述事项以外作出其他规定，以供合作社自主选择。成员权利方面，规定成员可对本社工作进行质询、批评和建议，提议召开临时成员大会等。成员义务方面，规定成员不得从事损害成员共同利益的活动，对特定技术保密等。附加表决权的数量及行使范围和规则方面，明确什么事项可以行使附加表决权，什么事项不可以，规定要根据出资额和交易量来规定。退社规定方面，比如发现成员泄露技术标准或私卖新品种的情况时，可将其除名。

二、农民专业合作社组织机构

接下来，刘教授重点讲解了有关合作社运营管理、机构设置的内容。

"我们根据前面讲过的内容，不难总结合作社的基本原则包括这样几点：以农民为主体；以服务成员为宗旨；成员入社自愿，退社自由；成员地位平等，实行民主管理；盈余按照成员与合作社的交易量（额）比例返还。遵照这个原则，为加强合作社组织管理，首先要明确职责，健全组织机构。合作社管理机构一般包括成员大会、理事会、监事会及经理层。"

（一）成员大会

成员大会由全体社员组成，是合作社的最高权力机关。合作社的重要事项由成员大会决策，体现了合作社民主管理的原则。成员大会行使下列职权：选举和罢免理事长、理事、执行监事或者监事会成员，决定聘用经营管理人员和专业技术人员的数量、资格和任期；决定重大财产处置、对外投资、对外担保和生产经营活动中的其他重大事项；批准年度业务报告、盈余分配方案、亏损处理方案；对修改章程、合作社合并、合作社分立、合作社解散、清算作出决议，听取理事长或者理事会关于成员变动情况的报告以及章程规定的其他职权。从立法可以看出，成员大会的职权范围比较广，合作社成员大会每年至少召开一次，但在法律规定或者章程约定的情况下可以召开临时会议。

小刚问道："如果社员人数很多，那召开成员大会不是很难吗？"刘教授笑着回答："这个不难。合作社法规定合作社成员超过150人的，可以按照章程规定设立成员代表大会。这是针对合作社成员较多、召开全体大会较困难的情况而允许的一种变通的方式。成员代表是合作社成员按照章程民主选举的代表全体成员意愿的人员。成员代表大会按照章程规定可以行使成员大会的部分或者全部职权。"

（二）理事长或理事会

刘教授接着为大家介绍合作社的执行机构，即理事长或理事会。合作社设理事长一名，理事长为本社的法定代表人。不管合作社的规模大小、成员多少，也不管合作社有无理事会，都要设理事长。但理事会可以设立，也可以不设立。合作社规模较小，成员人数很少的，可以不设理事会，由理事长来负责合作社的经营管理工作。理事会职权包括：组织召开社员大会并报告工作，执行社员大会决议；制订本社发展规划、年度业务经营计划、内部管理规章制度等，提交社员大会审议；制订年度财务预决算、盈余分配和亏损弥补等方案，提交社员大会审议；组织开展社员培训和各种协作活动；决定内部业务机构设置；管理本社的资产和财务；决定社员入社、退社、继承、除名、奖励、处分等事项；决定聘任或者解聘本社经理、财务会计人员和其他专业技术人员以及章程规定的其他职权。理事长的职权体现为主持社员大会，召集并主持理事会会议，组织实施社员大会和理事会决议，对外代表合作社签订合同等方面。

方强举手示意，问道："我们合作社准备聘经理，经理的工作是什么？"刘教授耐心讲解："合作社可以聘经理。设经理的，经理由理事长或者理事会决定聘任或者解聘。理事长和理事会对合作社的工作主要是决策性的，而经理则是具体执行日常管理事项，执行理事会决议，完成理事会交给的任务，维持合作社正常运转。理事长或者理事可以兼任经理。"

（三）执行监事或者监事会

执行监事或者监事会是监督机构。合作社是互助型经济合作组织，强调全体成员的直接监督，因此法律规定，执行监事或者监事会不是必设的机构，是否设执行监事和监事会由合作社自行决定。通常，合作社如果设执行监事，可以不再设监事会。合作社如果设立执行监事或监事会，则授予其监督权限，包括监督、检查合作社的财务状况和业务执行情况，包括对本社的财务进行内部审计，对理事长或者理事会、经理等管理人员的职务行为进行监督，提议召开临时成员大会等职权。理事长、理事、经理和财务会计人员不得兼任监事。

合作社组织架构：

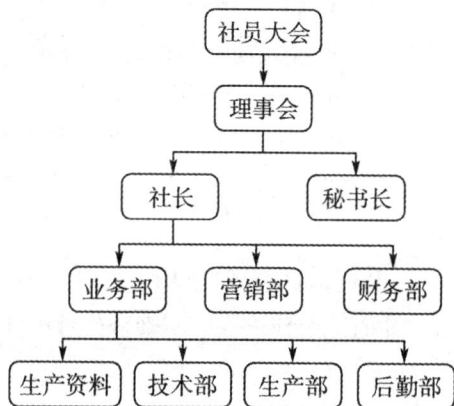

刘教授讲完了合作社组织机构设置，大家感觉对于合作社的内部结构有了比较深入的理解。铁蛋在思考的过程中又想起一个问题："刘教授，合作社的机构按照什么规则形成决定呢？"刘教授笑着说："这个问题很重要呀！关系到合作社事务决策，关系合作社的经营方针、政策和未来发展方向如何确定的问题。"

"农民专业合作社实行民主管理，凡涉及成员切身利益的大事，都必须由成员大会讨论决定，任何个人和组织都不能强加干预。《农民专业合作社法》明确了'一人一票'的表决权制度，成员大会选举与表决，理事会、监事会会议的表决，都是实行'一人一票'制。合作社成员大会'一人一票'表决制度显示出合作社民主、互助、合作色彩，具有显著的特点。在成员大会上，成员按人头而不是按照出资额多少平等享有表决权，体现成员地位的平等，充分、有效地保障了成员决策权的实施，体现了合作社民主管理原则和服务于合作社成员的宗旨。"

铁蛋疑惑地问道："那么成员大会'一人一票'表决制度和公司股东会、股东大会表决制度有什么不同呢？"刘教授详细地解释了区别："公司组织制度中，公司股东按照出资比例或持有的股份行使表决权，体现了资本对于公司的重要意义和作用，也显现出股东的资本话语权。合作社坚持民主管理原则，排斥资本对这一原则的侵蚀，确保合作社的民主合作性质。随着时代的发展，合作社的运营模式发生了变化。合作社因为制度设计而缺乏对资本的吸引力，造成合作社规模小、规模难以扩张、竞争力弱等问题。合作社处于市场竞争当中，要想求得生存和发展，需要吸引更多的资本。为了一定程度体现资本的地位，对贡献较大的社员保障其权益，合作社法规定，成员大会表决时，出资额和与本社交易额较大的成员可以享有附加表决权，附加表决权可以设置也可以不设置。附加表决权，就是成员在享有'一人一票'的基本表决权之外，额外享有的投票权。附加表决权总票数不得超过合作社基本表决权总票数的20%，章程还可以对附加表决权行使的范围进行限制。此外，附加表决权不适用理事会、监事会的表决。"

紧接着，刘教授为大家介绍合作社法关于成员大会的决议办法。"合作社召开成员大会有出席人数的要求，出席人数应当达到成员总数三分之二以上。针对不同的决议事项，法律规定了不同的决议方法：一是普通决议方法，是指对选举或者作出决议的一般事项只需本社成员表决权的简单多数通过，即成员大会选举或者作出决议，应当由本社成员表决权总数过半数通过；二是特殊决议方法，是指对特别事项要求特别的程序，即修改章程或者合并、分立、解散的决议应当由本社成员表决权总数的三分之二以上通过。"

立法体现了合作社自治这一亮点。例如法律规定，章程对表决权数有较高规定的，从其规定。也就是说，合作社可以在章程中对上面讲到的普通和特殊决议事项的表决权数在法律规定的基础上作出更高的规定，如章程可以规定修改章程或者合并、分立、解散的决议应当由本社成员表决权总数的四分之三以上通过。

"这下就清楚多了。"

大家用掌声表达了他们对刘教授的感谢。

三、农民专业合作社盈余分配制度

第三周，刘教授一来，大家立即围上来问了很多问题，刘教授被大家的热情感染着一一解答，又接着开讲："我们接下来聊聊合作社盈余分配的问题吧。合作社盈余分配很重要。要理解合作社的盈余分配制度啊，首先必须了解合作社的财产构成。合作社法人财产主要包括三部分。"

（一）合作社的财产构成

1. 出资额

社员出资其实就是股金。股金是社员对合作社的原始投资，股金决定投资者的社员资格，形成合作社生产运营的基础。股金属于社员个人所有，入社时投入，退社时退出。合作社一般对每位社员的股金持有量有限制，主要是为了避免一股独大、合作社被控制的情形。许多合作社规定股金分红方式，体现了股金的资本属性和"按资分配"的色彩。

2. 公积金

公积金是合作社资产的组成部分。由于合作社社员的资金投入有限，以及合作社入股的限制，合作社规模较小，成长空间有限；"门户开放、自愿进出"原则也对合作社的资金稳定性造成威胁。为了储存资本、保持资本的稳定性，法律要求合作社从盈利中提取公积金。公积金提取非常必要，可以储备必要的资本以支持合作社的发展壮大和应对突发状况。公积金的用途在于弥补亏损、扩大生产经营或者转为成员出资。农民专业合作社法规定，公积金量化到成员个人账户。但在合作社存续期间，公积金由合作社统一使用，只有到了社员资格终止时，社员公积金份额才能返还。至于是否提取公积金，也把决定权留给了合作社章程。合作社是否提取公积金，由其章程或者成员大会决定，法律没有强制性的规定。公积金提取比例也由合作社章程规定。

3. 国家财政直接补助、他人捐赠以及合法取得的其他资产所形成的财产

国家对农民合作社实施财政补助，国家财政补助和他人捐赠及其他财产也属于合作社的财产范围。合作社对政府的扶持资金拥有支配使用权，并可以量化

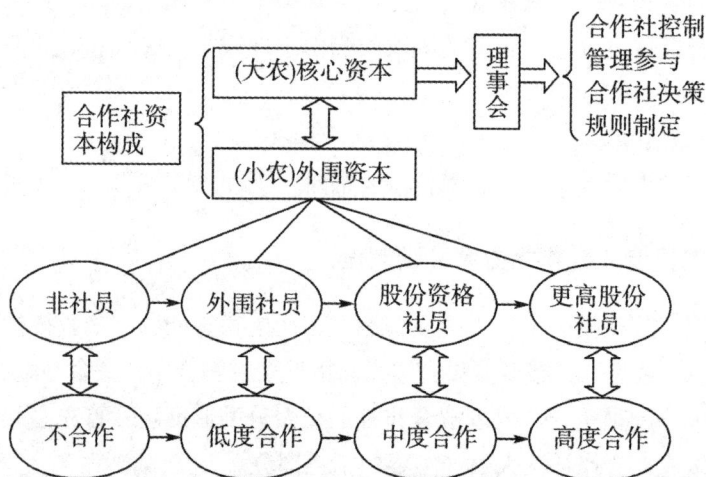

至成员名下，但不是成员个人财产。国家财政直接补贴是国家为了扶持农民专业合作社发展而提供的，这种扶持是为支持合作社发展，而不是用来对合作社成员进行分配。农民专业合作社法规定，农民专业合作社接受国家财政直接补助形成的财产，在解散、破产清算时，不得作为可分配剩余资产分配给成员处置。

（二）盈余的分配顺序

大家听了之后，觉得心里明白多了。李丰又接着提出一个问题："那合作社产生的盈余是按照什么顺序分配的呢？这可是关系每个社员切身利益的大事啊！"刘教授微笑着说："这个问题必须讲清楚，盈余分配制度直接体现合作社的宗旨和原则。

"农民专业合作社在运营一段时间后会有营利。这个营利一般不叫'利润'，而称为'盈余'，主要是为了区别于纯粹的营利性企业。合作社盈余分配关系到各方利益，包括社员、合作社带头人、债权人等。合作社法关于盈余分配制度的规定也是尽量兼顾各方利益，并考虑我国具体国情。"

第一步，合作社盈余在缴纳税款后，应首先用来弥补亏损。合作社作为经营主体，需要保持一定的资本为前提。如果在弥补年度亏损之前就进行盈余分配，合作社的财产基础就会减少，其还债能力也就随之下降，债权人和其他利害关系人的利益就可能受到损害。

第二步，提取公积金。公积金是合作社为弥补亏损、转增股金以及发展扩大合作社等目的而从合作社税后盈余中提取的累计资金。公积金可以壮大合作社的资金规模，为合作社扩大规模提供基础。合作社法规定，合作社对于是否提取公积金以及提取比例以章程加以确定。

接下来的步骤就是对成员进行盈余分配了。合作社法规定应该先按照惠顾额进行分配，这种分配方式体现了合作社互助合作的特点。具体做法是按照成员与本社的交易量（额）比例返还盈余，合作社法规定返还总额不得低于可分配盈余的60%。按照交易量进行利润返还又包括按照成员购买合作社提供的生产资料返还利润、按照成员向合作社销售农产品的交易量返还利润及根据成员接受合作社服务返还利润。按交易额（量）进行盈余分配是合作社的经典原则，是合作社的重要特征之一，许多国家合作社立法都明确这一原则。成员与合作社的交易增加了合作社的交易量，反映成员对合作社的贡献大小，因此是成员分配盈余的重要依据。按交易额（量）进行分配体现了合作社服务于成员，而不是服务于资本，大大激发了成员与合作社交易的热情。

在对成员按照交易量（额）比例返还利润之后还有剩余的，还应当对农户再进行分配。合作社法规定，合作社可以根据自身情况，按照成员账户中记载的出资和公积金份额，以及本社接受国家财政直接补助和他人捐赠形成的财产平均量化到成员的份额，按比例分配部分利润。这种分配方式通常称为股金分红，股金分红是资本的生利模式，主要是按照成员出资比例进行分红，成员账户中记载的公积金份额、本社接受国家财政补助和捐赠形成的财产量化到成员的份额，也都应当作为盈余分配时考虑的依据。股金分红鼓励成员出资，壮大合作社资金实力，能够一定程度解决合作社资金缺乏的难题，同时兼顾了各方利益，照顾了合作社带头人如大户、能人、企业的利益要求，因而在合作社中被广泛采纳。但是，股金分红是按资分配的方式，和合作社传统的按照惠顾额分配盈余的模式相背离。如果在盈余分配中大量实行股金分红，会使股金成为入社的"进入费"，而且合作社将逐步资本化而违背公平合作等宗旨，因此通常法律会对股金分红方式进行限制。比如，根据我国合作社法，社员股金只能在可分配盈余的40%的范围内按帐户金额比例获得分红。

绿雅蔬菜合作社成员交易及盈余返还表

成员姓名	单 位	交易量（额）		盈余返还金额	剩余盈余返还金额	成员签名
		产品1	产品2			
李　磊	斤	480		787.2	177.6	
张　峰	斤	501		821.6	185.3	
王晓红	斤	522		856	193.1	
国　英	斤	603		988.9	223.1	
李　兰	斤	426		698.6	157.6	
王　霞	斤	455		746.2	168.3	
崔晓芳	斤	621		1 018.4	229.7	
王　泽	斤	566		928.6	209.4	
毛尚峰	斤	461		756	170.5	
辛　乐	斤	601		985.6	222.3	
杨晓鑫	斤	562		921.6	207.9	
刘　佳	斤	376		616.6	139.1	
王凤英	斤	276		452.6	102.1	

（续表）

成员姓名	单位	交易量（额）		盈余返还金额	剩余盈余返还金额	成员签名
		产品1	产品2			
黄福明	斤	306		501.8	113.2	
李 军	斤	486		797	179.8	
张 耀	斤	362		593.6	133.9	
宋 健	斤	488		800	180.5	
邓 林	斤	472		774	174.6	
张 林	斤	522		856	193.1	
郝晓辉	斤	372		610	137.6	
李芬兰	斤	466		764.2	172.4	
马 春	斤	263		431.3	97.3	
陈光耀	斤	377		618.2	139.4	
周小天	斤	355		582.2	131.3	

（三）盈余的分配模式

刘教授在为大家讲解了合作社盈余的分配顺序之后，又为大家介绍了实践中几种主要的盈余分配模式。根据分配具体办法的不同，可以分为以下几种分配模式。

1. 隐性式分配

合作组织不直接对社员分配利润，而是以契约方式和社员交易，以低于市场的价格向成员销售生产资料，或者以高于市场的价格收购成员生产的农产品，并利用组织销售网络统一对外销售，帮助社员解决购销问题，使社员直接受益。这种分配方式在实践中称为"一次让利"，能够充分利用合作组织的组织优势，为社员打通流通环节，降低交易成本，提高社员经济效益。刘教授同时指出，实践中一些合作社以"一次让利"取代"二次返利"，没有按照社员惠顾额进行利润返还，违背了合作社利润分配原则，是不规范的分配形式。

2. 返利式分配

合作社与社员建立稳定购销关系，进行交易，将销售环节的利润按产品交易量返还一部分给社员，在实践中称为"二次返利"。这种分配方式是传统的分配方式，鼓励成员和合作社交易，成员和合作社交易量越大，能够对成员返还的利润也就越多。这种分配体现了合作社按惠顾额分配的原则，对社员能够产生激励作用，有利于合作社集中社员产品，形成规模优势。

3. 返利分红结合式分配

合作各方以土地、资本、劳动力和技术等生产要素入股组建合作社，合作社实行按股分红与按惠顾额分配相结合的分配方式。采用这种分配方式既体现了合作社的按惠顾额分配原则，又体现了资本的收益，可以帮助合作组织发展筹措资金，有利于合作社长远发展。

小案例

"这么厚的一沓钞票拿在手里，心里自然是那个美啊！去年没有白干，今年更要好好干。"说这话的人是莱芜市莱城区明利特色蔬菜种植专业合作社（以下简称"明利合作社"）的社员丁玉安。

3月10日，明利合作社召开第六届社员代表大会，同时给社员们分红。社员丁玉安领到了17 000多元的分红。62岁的丁玉安去年在合作社基地务工的工资收入达到3万元，加上分红，一年拿到近5万元。他说，自己这个年纪，外出务工已经干不了重活了，在家门口就能有这么好的收入，很满足。

据明利合作社理事长陈明利介绍，2012年度合作社的盈余为29万多元，提取16%的公积金后，按照合作社的章程，65%的盈余按照社员的交易量分红，剩余的19%按照股金分红。丁玉安除了按照交易量分得17 000多元的红利外，入股5 000元的股金今年也有580多元的分红。

与此同时，合作社还出台了土地入股的新模式：按照土地不同等级，每亩地以1 000元到1 800元不等的价格入股。土地入股后具有相同的分红资格，每年10月份发放土地本金，来年3月到5月分红。去年，社员亓洪建以0.96亩土地入股，一年下来，他不但拿到了1 440元的土地本金，还拿到168元的分红。

明利合作社成立6年来，累计向社员分配盈余71万元。"加入合作社后，分红一年比一年多。"社员亓召信说，他今年的分红收入有11 000多元。

在陈明利看来，合作社之所以能发展到今天，很关键的一条是找准了合作社与社员的利益结合点，调动起社员的积极性。全体社员在种植蔬菜时脑子里都绷紧一根弦：严格按照蔬菜生产流程操作，确保蔬菜质量和安全，让蔬菜卖高价。目前，明利合作社生产的蔬菜成为多家高档酒店的专供蔬菜，可生食芹菜芽56元一公斤供不应求；去年，合作社生产的芹菜和山药获得第十届中国国际农产品交易会金奖；合作社获得绿色认证的蔬菜品种达到14个；合作社的示范基地内，可生吃芹菜亩均产值达到了 14 万元，韭菜亩产值达到 10.6 万元。

陈明利常说的一句话就是："我本事再大，最多也就是能种几亩地。合作社要做大做强，永远都离不开社员和老少爷们的支持，只有让大伙儿得到实惠，大伙儿才愿意跟着我干！"

来源：李伟、张双双：《合作社分红了，社员乐开怀》，农村大众数字报，http://www.caein.com/index.asp?xAction=xReadNews&NewsID=86723.

一向爱动脑筋的李丰想了半天，又提出一个问题："刘教授，据我了解，一些合作社完全是按照股金分红，跟您说的法律规定不相符合呀，这是怎么回事呢？"刘教授高兴地点点头："小李真是善于观察呀！我正想给大家讲讲实践中合作社盈余分配的问题呢。"

（四）盈余分配存在的问题

现阶段，合作社发展的时间还比较短，许多合作社盈余分配很不规范，存在这样那样的问题，主要反映在以下几个方面。

1. 部分合作社没有按照惠顾额返利

按照合作社公平合作、服务社员的宗旨，法律要求可分配盈余要按社员与本社的交易量（额）比例返还给社员。但实际上许多合作社没有按照惠顾额对社员返利，而是采取按股分红的分配方式。采取按股分红方式，持有较多股金的社员可以获得较多利润分配，而小股金社员可获得利益就会减少，因此合作社大股东就和仅作为成员的农户产生利益的冲突。为了维持自身利益，一些合作社的带头人排斥农民入股参加合作社，股权集中、合作社被控制的问题会越来越严重。

农民专业合作社盈余分配存在的问题：
1.部分合作社没有按照惠顾额返利
……

2. 公积金提取比例随意

法律规定农民合作社可以提取公积金。实践中合作社提取公积金的比例差异较大，有些合作社没有提取公积金。由于合作社公共积累提取不规范，一方面使其内部留存资金有限，合作社很难扩大规模；另一方面，当合作社产生亏损或遭遇风险后，没有内部公共积累弥补亏损，按照《农民专业合作社法》规定，损失需要由全体社员承担，社员承担亏损容易发生分歧因而发生纠纷。

3. 部分合作社对国家财政补助未进行财务处理

基于合作社在新农村建设中的重要地位，国家从财政扶持、税收、金融、人才培训等多方面对合作社给予扶持。中央和地方财政分别安排资金，支持农民专业合作社开展信息、培训、农产品质量标准与认证、农业生产基础设施建设、市场营销和技术推广等服务。但实际上许多合作社没有将国家财政补助进行财务处理，甚至出现国家补助由核心成员私分的情况。财务混乱导致国有资产的流失，并使得农民积极性受到打击。

4. 合作社的公积金和专项基金没有量化到成员

《农民专业合作社法》规定"每年提取的公积金按照章程规定量化为每个成员的份额"，农民专业合作社公积金从盈余中提取，合作社本年度提取的盈余公积金应量化到每个成员账户。同时，合作社接受国家财政直接补助和他人捐赠形成的财产也需要平均量化到成员的份额。实践中许多合作社没有把公积金和专项基金平均量化给每个成员，造成合作社公共积累部分的产权不明晰，而且当成员退社时，合作社无法退还其个人的公积金份额，成员的合法权益容易受到侵害。

小案例

苏南某市一家水产养殖合作社的社员最近给记者打来电话说，合作社最近分红了，他入股的金额是1 000元，分到200元红利。"入股1 000元能分到200元红利，已经很不错了。可是，合作社规定我只能入股1 000元，即1股。按我的本意，入股几万元才好呢。"

记者随即采访了这家合作社的负责人，这位负责人说，合作社不缺资金，之所以让社员入股，是上级部门有要求，但社员入股确实只是象征性的。"今年合作社准备在本地建一家市场，投资500万元左右，社员也曾经提出入股，不过，由于合作社这几年发展很快，自有资金比较充裕，所以也不必募集股本。"

农业合作组织对社员入股有抵触，不是个别现象。省社科院农村发展研究所所长包宗顺告诉记者，两三年前他就注意到农民专业合作社存在的问题，最突出的问题就是股权集中化。"毫无疑问，现在的合作组织的市场竞争力、经营效率较高，也更符合我国农村生产的实际情况。不过，合作社本身应该是人的合作为主，股权平均，才能实现利益共享。当然，股权平均不是绝对平均，负责人占股可以相对多一些。"他说，"但目前我所了解到的情况是，合作社的股权越来越集中到少数人手中。在交易中，通过合同收购的形式，社员的农产品在合作社内部已被大户或经纪人买断。从某种角度说，合作社的带头人更像是具有较大买卖能力的经纪人，这必然导致追求利益最大化。不过，他们对市场价格的左右能力有限，于是只能压低收购价格，而这对社员利益是不利的，可以说已经背离了合作社的成立初衷。"包宗顺介绍说，去年他对农业合作组织进行调研时发现，这几年合作组织已经不能再用传统的"合作社＋农户"来形容，更多表现为"合作社＋农户土地"，入社农户实际上成为打工者。从这个角度看，对农户很不利，对合作组织本身的发展壮大也不利。

记者查阅了《江苏省农民专业合作社条例》，第二十七条明确了合作社盈余分配方式，即"农民专业合作社应当将可分配盈余的百分之六十以上，按成员与本社的交易量（额）比例返还给成员"，这种分配方式叫"惠顾返还"。但目前我省大多数农民专业合作社的分配方式，不是以惠顾返还为主，而是以按股分红为主。二者差别可通过一个例子说明：比如某大蒜合作社收购社员100万斤大蒜，赚了100万元，按照惠顾返还的原则，农户若卖1万斤大蒜给合作社，除了能拿到销售大蒜的钱，合作社还应返还农户1万元。倘若换成按股分红，即按合作社收购大蒜资金出资份额计算，现实中一般农户很少出钱甚至不出钱，主要是大户出钱，这就意味着普通社员除了销售大蒜所得，只能获得很少分红或者一分钱分红都没有。

由此可见，合作社负责人抵触股权相对平均、不愿意社员多入股的最大原因就在利益分配上。记者采访过一家蔬菜合作社，其负责人坦言，他在合作社占股80%以上。"本来都不需要社员入股的，但是不入股，有关部门不同意，相应的扶持资金就拿不到。"他解释说，毕竟合作社的经营是他在负责，市场开拓是他做的，风险也主要由他在承担。"去年，蔬菜价格一度很低，但我还是按照保护价收购的，幸亏我的市场信息比较灵，在南京众彩物流有经营摊位，否则就亏了。年底算了一下，合作社赚了60多万元，分红是不多，只分掉4万多元。但如果亏本了，社员肯承担损失吗？照道理是要承担的，但在面子上不好看，因此，亏本了也只能我一个人扛。"

目前的农业合作组织实际上还停留在大户主导、合作松散、农民获利不均的阶段。鉴于这一现状，有关专家呼吁应该吸取日本、韩国和我国台湾地区的农会组织的经验。记者曾经在金坛市采访过投资农业的台商林震存先生，他说，在台湾，农会是真正的经济体。"台湾的农会里有专职工作人员，搞资讯的、营销的、技术的，各司其职；有专门的信用部，可以吸收存款，也可以放贷。同时，农会依靠农民，股权比较平均，任何人占股都不许超过49%。农会还成立有董事会，生产、经营由董事会研究决定。农会发展了，有利润了，农民可以参加分红。简单地说，农会就像一家严格意义上的公司，由于股权比较均匀，农会本身、农会专职工作人员的前途与农民利益紧紧相连，所以，台湾的农会与农民之间的关系非常紧密，规模做得比较大，应对市场风险的能力也比较强。"

来源：夏丹、朱新法：《农业合作社为何限制社员入股》，新华日报 2012年2月2日。

经过刘教授的耐心讲解，大家深入地了解了合作社盈余分配的问题，体会到合作社和其他企业形式的经济组织在利润分配方面有着很大的差别。

四、农民专业合作社扶持政策

"我们再来看看国家有关的惠社政策，这也是大家比较关心的。《农民专业合作社法》第七章中专门规定了支持合作社发展的扶持政策和措施，主要包括产业政策、财税、金融等方面扶持政策，除此之外，国家从土地供给、人才培养、费用减免等各方面对合作社给予扶持。"

（一）产业政策倾斜

《农民专业合作社法》第四十九条规定，国家支持发展农业和农村经济的建设项目，可以委托和安排有条件的有关农民专业合作社实施。农民专业合作社是农村经营体系中的一个重要环节，但本身竞争力弱，国家需要给予产业政策支持，把合作社作为实施国家农业支持保护体系的重要方面。符合条件的农民专业合作社可以依据政府部门项目指南的要求，向项目主管部门提出项目申请，经批准后实施相关农业项目。2010年农业部等7部委决定，对适合农民专业合作社承担的涉农项目，将农民专业合作社纳入申报范围；尚未明确将农民专业合作社纳入申报范围的，应尽快纳入并明确申报条件；新增的涉农项目，只要适合农民专业合作社承担的，都应将农民专业合作社纳入申报范围，明确申报条件。农业部蔬菜园艺作物标准园创建、畜禽规模化养殖场（小区）、水产健康养殖示范场创建、新一轮菜蓝子工程、粮食高产创建、标准化示范项目、国家农业综合开发项目等相关涉农项目，都开始委托有条件的有关农民专业合作社承担。

（二）财政扶持

《农民专业合作社法》第五十规定，中央和地方财政应当分别安排资金，支持农民专业合作社开展信息、培训、农产品质量标准与认证、农业生产基础设施建设、市场营销和技术推广等服务。对民族地区、边远地区和贫困地区的农民专业合作社和生产国家与社会急需的重要农产品的农民专业合作社给予优先扶持。近年来中央一号文件中都有相关的支持政策。中央财政和地方财政陆续安排专项资金，用于扶持带动农民专业合作社发展。2003年，财政部设立了中央财政支持农民专业合作经济组织发展的专项资金，当年额度是2 000万元，此后逐年加大支持力度。资金重点支持的范围主要包括：农民专业合作组织引进新品种、推广新技术，提供专业技术、管理知识培训及服务，合作组织标准化生产，农产品粗加工、整理、储存和保鲜，获得认证、品牌培育、营销和维权等服务，推动农民专业合作组织创新发展，改善服务手段、提高管理水平的其他方面。发展资金可采取直接补助、以奖代补、先建后补、贷款贴息等多种补助方式。2008年起，农业部和各省（自治区、直辖市）农业部门组织开展农民专业合作社示范社建设，每年评选认定一批全国、省级和市（县）级农民专业合作社示范社，并适当给予奖励。2014年中央"一号文件"指出，允许财政项目资金直接投向符合条件的合作社，允许财政补助形成的资产转交合作社持有和管护，有关部门要建立规范透明的管理制度，推进财政支持农民合作社创新试点，引导发展农民专业合作社联合社。

（三）金融支持

根据《农民专业合作社法》第五十一条规定，国家政策性金融机构和商业性金融机构应当采取多种形式，为农民专业合作社提供金融服务。2014年中央"一号文件"指出，鼓励地方政府和民间出资设立融资性担保公司，为新型农业经营主体提供贷款担保服务。融资性担保公司为合作社提供担保，帮助解决合作社贷款难的问题，给合作社发展提供了动力。

（四）税收优惠

《农民专业合作社法》第五十二条规定，农民专业合作社享受国家规定的对农业生产、加工、流通、服务和其他涉农经济活动相应的税收优惠。

（五）土地支持

农村合作社作为新型农村经济组织，开展生产经营活动可能需要建设物流基地、加工厂、仓库、批发市场等，现阶段存在建设用地不足的问题。农村的建设用地的指标很紧张，想要获得建设用地使用权需要向有关部门申请，比较困难。为解决这一问题，中央政策要求，在国家年度建设用地指标中单列一定比例专门用于新型农业经营主体建设配套辅助设施，为合作社解决用地困难的障碍。

（六）培训支持

国家特别强调合作社人才的培养问题，要求加大对新型职业农民和新型农业经营主体领办人的教育培训力度，弥补合作社人力资源不足的缺陷。

（七）注册费用减免

对申请办理农民专业合作社登记的，不收取费用，包括登记费、执照工本费。有条件的基层工商登记机关，要设立农民专业合作社登记的服务窗口和"绿色通道"，免费为农民专业合作社申办者提供政策法规方面的咨询服务，提供申请、受理、审批一站式服务。

（八）农产品流通优惠

对农民专业合作社鲜活农产品运输，交通部门应当优先发放"绿色通道"通行证。全国所有收费公路（含收费的独立桥梁、隧道）全部纳入鲜活农产品运输"绿色通道"网络范围，对整车合法装载运输鲜活农产品车辆免收车辆通行费。

大伙听了合作社扶持政策的介绍后，都很受鼓舞。小刚兴奋地说："有了国家的扶持政策，合作社的发展很有前途啊！"刘教授高兴地点头："是啊，国家对合作社发展相当重视，将来会出台更多的惠社政策，大家放手去干吧。"

知识链接

《财政部、国家税务总局关于农民专业合作社有关税收政策的通知》规定的农民专业合作社税收优惠政策：

1. 对合作社销售本社成员生产的农业产品，视同农业生产者销售自产农业产品免征增值税；

2. 增值税一般纳税人从合作社购进的免税农业产品，可按13%的扣除率计算抵扣增值税进项税额；

3. 对合作社向本社成员销售的农膜、种子、种苗、化肥、农药、农机，免征增值税；

4. 对合作社与本社成员签订的农业产品和农业生产资料购销合同，免征印花税。

第十一章 农民专业合作社的发展和创新

又到了周末，在大家的期盼当中，刘教授又来授课了。刘教授见到大家就笑着说："一到周末，就想着赶紧过来和大家聊聊。这次课我们着重谈谈农民专业合作社在实践中的发展创新的趋势吧。"

一、农民专业合作社的经营模式

刘教授正式进入话题："各地合作社发展迅速，农民朋友发挥了创造性，合作社合作的内容和模式都有了新发展。先说说合作社实践中的几种经营模式吧。"

第一是"合作社＋农户"模式。合作社将农户集合起来，为社员提供农资采购与农产品销售的服务，社员依托合作社进行生产资料的购买和农产品的销售，合作社与社员之间是一种较为简单的合作关系。这种模式经营的成本较低，经营范围比较窄，运作方式简单，主要任务是扩大合作社规模，为社员提供高质量的服务。

第二是"合作社＋基地＋农户"模式。合作社建设标准化生产基地，建立生产统一标准，向社员示范先进的种植技术，引导社员按照统一标准生产农产品。同时，合作社积极申请注册商标和农产品质量认证，打造农产品品牌，以增加产品的附加值。帮农户解决生产过程的困难也是合作社的一个重要功能，合作社努力为社员提供产前、产中、产后服务，保证农产品生产过程的标准化实施。在农产品的整个生产、流通过程中，合作社统一生产流程、统一技术标准、统一农资采购，实行标准化生产、订单化销售，建立合作社的竞争优势，打开市场并扩大影响。这种模式啊比较可取，大家如果有意组建合作社可以尝试这种模式。

第三，"公司＋合作社＋农户"模式。根据《农民专业合作社法》规定，合作社的社员可以是涉农企业。部分合作社就是龙头企业发起成立的，合作社主要承担农产品生产和初加工，是生产车间的角色。龙头企业持有较大比例的股份，利用合作社的组织功能吸纳农户加入合作社，按照产业化标准统一技术标准、生产流程，合作社按照企业要求进行生产，产品销售给龙头企业。这种公司牵头的合作社竞争力比较强，因为它实行企业化管理、产业化生产，具有较强的抗风险能力。但是这种模式的合作社有一个内在的问题，合作社被牵头的公司控制，而公司社员和其他普通社员存在着利益方面的冲突。比如，农户社员希望将农产品以较高的价格销售给合作社，而公司社员则希望压低向农户收购农产品的价格。公司社员可能控制合作社，以利润最大化为目标进行运作，而偏离合作社为社员服务的宗旨，因此对于这种模式还存有异议。

第四，"联合社＋合作社＋农户"模式。合作社促进了农业生产的产业化程度，但在市场竞争中仍然受到资本实力雄厚的涉农企业的冲击。为了壮大合作社力量，增强市场地位，合作社出现了联合的趋势。有同产业的横向联合，也有产业链上的纵向联合。目前，同产业横向联合的联合社占大多数。2014年，山东嘉祥县盛农园蔬菜种植专业合作社联合社在县工商部门登记注册，该专业合作社联合社由嘉祥县供销社牵头组建，以利丰蔬菜种植专业合作社为依托，联合仲山绿源蔬菜、满硐天宇蔬菜、万张惠农蔬菜等8家蔬菜种植专业合作社组建而成。利丰蔬菜种植专业合作社现已发展冬暖式蔬菜大棚480个，年产蔬菜700万公斤，2013年被全国总社评为"全国农民专业合作社示范社"。联合社模式减少了市场恶性竞争，提升了品牌影响力和知名度，不但发展壮大了合作社，推动了产业集群发展，社员也从中得到了好处。该模式其实是升级版的合作社运营模式，把各种相关生产服务单位联合在一起，发展规模经济，发挥聚集效应，是合作社未来发展的趋势。

二、农民专业合作社土地利用的新模式

刘教授说到这儿停顿了一下，铁蛋提了一个问题："刘教授，最近经常听到一个新名词'土地合作社'，是什么模式呢？"刘教授点点头，说道："我正要讲到这个问题。基于合作社经营使用土地的不同，农业经营中合作社运营呈现出几种新模式。"

（一）土地合作社

所谓土地合作社，就是在保持农村集体经济的基础上，农民自愿将土地入

股合作社，合作社统一经营合作土地，比如出租或者自营。农民由原来的自耕自种的"小地主"，转变为收取红利的"股东"，不再参与农业生产与经营。农民有地不种地，收益主要来自合作社分红。例如，浙江省象山县西边塘村138户农户以309亩承包地入股，组建了一家土地股份合作社——西边塘四季果园果蔬专业合作社，每亩土地每年保底收益600元，二次分红按股支付，农户根据自己的入股土地获得分红，并且高于当地土地流转费。

（二）土地托管

土地托管就是那些没有精力和时间经营农业生产的农户，把土地托给种植大户或合作组织，并由其代为耕种管理的做法。农民将承包土地托给合作社，购买并享受到合作社质高价廉的生产服务，比如耕地、播种、施肥、打药、浇水、收割等。农户仅支付合作组织提供服务的费用，合作组织则通过统一采购种子、化肥、农药等各种农资、统一回收和销售农产品赚取粮食价差，作为自身的收益来源。比如在外打工的农户，通过土地托管委托合作社代种代收，自己只需要支付相应的服务费就可以实现打工和种田的双赢。这是农民纷纷外出打工、土地撂荒的背景下，农民对自己土地的一种灵活处置办法。通过土地托管的方式，合作社将零散的土地连接成片，实现农业产业化经营，农民获得合作社的耕种服务，收获比自己耕种更多的粮食产出。但土地托管模式在推广过程中也暴露出一些问题，合作社和托管土地的农户之间的利益分配、耕种过程的风险承担问题都是阻碍土地托管模式推广的因素。

（三）"种养大户"模式

发起人先注册一个合作社，然后从政府或者村委会等机构手上流转成千上万亩土地，再发动一些小的农户加入合作社，然后雇佣其中一部分农业工人到合作社的土地上工作，其他农户自己干自己的。它更类似一个家庭农场或者专业大户。这种"一股独大"的模式，实际上是合作社的"异化"，违背了合作社的民主管理、社员合作的宗旨。实践中需要对合作社发展实施引导，使合作社不仅具备合作社的面目，而且体现合作社的精神和宗旨。

（四）"家庭经营，服务在社"的模式

同类农产品的生产者，比如蔬菜种植户，户数比较多，每户种植的面积也相差不大，农户掌握种植技术，拥有基本相同的服务需求。合作社把农户组织起来，为社员提供生产资料购买、农产品销售、加工、运输等一系列服务，对内实行民主管理，对外以整体的形象参与销售和市场竞争，提高市场谈判和抵御风险的能力。这类合作社是真正意义上的合作社，是政府大力倡导的农村经济合作形式，能够把处于劣势地位的农户联合起来，共同进行农业生产经营并抵御市场风险，实现农民收入增加和经济效益的提升。

三、农民专业合作社经营模式的创新

大家在听了刘教授的介绍之后，纷纷感到土地的利用方式越来越多了，承包地可以入股、可以托管，土地给大伙带来的利益也更多了。接着，刘教授又为大家介绍了合作社经营模式的创新实践。

（一）竞价销售模式

竞价销售模式采取招标的方式，通常按照登记数量、评估质量、拟定基价、投标评标、结算资金等步骤进行招标投标，由农户提前到合作社登记次日采摘量，合作社统计数量、评估质量后公开信息，组织客户竞标。竞标后由合作社统一包装、统一装货，客户与合作社进行统一结算，社员再与合作社进行结算。合作社竞价销售模式帮助社员解决农产品销售难题，并增加了农民的收益。

（二）资金互助模式

资金互助模式是合作社内部的信用合作模式，合作社成立股金部，提供资金转账、资金代储、资金结算、资金互助等服务。参加交易的客户在收购农产品时，开据合作社统一印制的"收购发票"，货款由合作社与客户统一结算后直接转入股金部，通过股金部划入社员个人账户，农户凭股金证和收购发票，到股金部领取销售货款。资金互助模式方便了农户，农户销售农产品不需要直接与客商结算，货款由股金部划账结算，农户凭股金证可到合作社农资超市购买化肥、农药等生产资料。此外，合作社开展信用合作业务，合作社为具有资金需求的社员提供资金，能够一定程度解决农民融资难的问题。

（三）股权设置模式

基于合作社的"入社自愿、退社自由"的特点，很多合作社结构松散，缺乏紧密的利益联结机制，因而具有较大的不确定性。部分合作社在股权设置和股权构成方面着力创新，例如规定资格股金，即入社社员必须认购股金，股金比例一般与社员交售量比例保持一致。社员的退股受到严格限制，以此确保合作社的稳定性。成员表决权行使突破"一人一票"的限制，成员可以依据股权享有并行使附加表决权，增强了核心资本持有者的管理权限。

（四）台湾产销班模式

台湾农产品产销班模式，是农产品生产、加工、运输、销售一体化的经营模式。参照台湾产销班模式，积极发展农产品产销服务组织，建立农产品产销

合作社,将传统农业生产延伸到加工、运输、销售环节,延长农业的产业链,实现供产销一体化。通过拓展农产品加工、运输、销售业务,将农产品转化为商品,赋予农产品文化内涵和品牌价值,提高农产品附加值,实现农民收入增加。

刘教授讲完之后,在电脑上打开了一个链接,大家认真学习了2013年寿光蔬菜产业博览会上燎原果菜专业合作社的理事长李春香的经验介绍。

小案例

1. 坚持"四服务,一承诺"的原则。四个服务包括免费技术指导、免费检测化验、优惠价供应农资、及时兑现股金和产品分红。一个承诺:承诺24小时内帮助社员解决问题。10年坚持下来,合作社已经发展成为带领几百个农户、管理上千个蔬菜大棚的大型蔬菜专业合作社。

2. 发展合作社,三步同时走。建社基地、办理各种认证商标、开拓市场三步同时走。

3. 合作社发展的新型模式。第一,成员由开放性向封闭性转化。合作社有社员100多个,订单式种植户300个,以市场较高价格为基准收购他们种的蔬菜,并且进行产品的分红,分红标准:有机蔬菜每公斤1元,绿色蔬菜每公斤0.6元。分红必须是一茬蔬菜结束后不出质量问题才能拿到,互利互惠、共同发展,又彼此牵制、互相制约。第二,与成员的关系契约化。成员必须在规定时间内提供契约中所承诺的交货量,多余或者不足的部分由成员负责。第三,与非成员的贸易额增加。在竞争比较激烈的产业领域,合作社倾向于增加与非成员的贸易,以减少成本、扩大规模,防止季节性变动等风险。第四,由成员控制转化为经理控制。合作社经理的角色越来越多地由职业经理人担任,知识和治理已成为合作社运营效率提高的关键。第五,实行公司化运营。治理结构上引入有限责任公司的治理结构,以提高合作社的运营效率,即给经理更大的自主权。第六,探索多元化的筹资渠道。

4. 合作社发展,人才是关键。目前从事合作社经营的人员大部分是农民或者是村里的村干部,再就是种植大户自行组成的,综合管理能力不高,对合作社的认知和发展的理念比较模糊,尤其是欠缺对合作社中长期的战略发展规划的能力,因此,合作社亟需现代企业制度中发展起来的职业经理人。

来源:寿光燎原果菜专业合作社李春香:《合作社的发展之道》。吾谷网,http://news.wugu.com.cn/article/20130531/53836_.

在大家热烈的掌声中,刘教授结束了授课。刘教授表示以后会经常到村里和大家交流,大家也对刘教授表示了诚挚的感谢。

第四篇　农民理财篇

　　村里陆续发生了几件事促使张书记决定对村民进行理财培训：一是村民老林将1万元现金藏在粮食大缸里被老鼠咬成碎片，二是专业合作社的带头人老李用本金5万元购买银行理财产品短短一年获益3 000元。为引导村民合理理财，经过与镇长商量，张书记邀请了县城农业银行的齐行长为镇上的业务骨干进行了短期培训与交流。

理财入门知识

当齐行长问大家什么是理财时，大家面面相觑，一头雾水。年轻的张雷刚高中毕业，大胆地说："就是通过各种途径让钱生钱吧？"旁边的专业合作社成员老李说："理财就是投资吧？"齐行长笑笑说"你们俩说得不够恰当"，在大家的疑惑中，齐行长开始为大家讲起来。

一、什么是理财

俗话说，你不理财财不理你。通俗来讲，理财就是让钱生钱，通过储蓄、投资债券、基金、保险或者其他组合产品，或购置房产等其他不动产让资产得以保值和增值。本质是要付出最少代价、担负最小风险、获得最大收益的过程与行为，多用于个人对自身财产或家庭财产的资本经营。

在我国，个人理财又称个人财务规划或个人金融业务，是指商业银行为顾客提供财务分析、财务规划以及投资顾问，还包括资产管理等比较专业化的服务项目。拓展个人理财业务主要包含家庭生活理财和资产投资理财两大部分。目前，西方的个人理财服务都已经发展到非常成熟的程度，我国个人理财方面的业务发展仍然处于初级发展阶段。

个人理财的本质可以用"个人理财＝人＋钱"这个公式来表示，就是通过制定合理的计划让钱生钱，是人们为了实现个人的人生目标和理想，合理利用财务资源的过程。

二、理财与投资

理财活动包括投资行为，投资是理财的一部分，理财的内容要广。理财帮助你管理好自己的资产，并使得财富实现安全稳健增长，从而完成个人或家庭各阶段的生活目标，不是单纯的投资，更不是单纯为了赚钱。近年来随着农村经济的发展，农民手中的财富逐年积累，他们渴望财富增值的愿望也日趋强烈，农民理财已成为摆在人们面前的现实问题。

三、农民朋友的理财动机

对于农民理财来说，动机具有多样化的特点。家庭收入水平、家庭消费特征、风险承受能力、所处的生命周期以及地域文化差异，导致了理财动机的不同。总的来讲，个人理财产品购买者需求动机大致体现在以下几点：

（一）财产安全

金融票据、转账等现代结算方式在农村地区使用很少，现金结算在农村地区比较普遍。农民将大量现金存放在家中，这就带来了很多安全隐患。不少人将现金存放家中，因意外火灾、盗窃、洪水或保管不善而导致现金损毁的报道屡见不鲜，都导致严重的财产损失。大多数人都意识到钱存银行比放家里更安全，很多农民最朴素的理财动机是出于财产安全的考虑。来看下面一组报道：

看了这组故事，大家哄笑起来，目光转向了在场的66岁的老林，因为前不久老林将1万元现金藏在粮食大缸里被老鼠咬成碎片，好在有些还算完整，

小故事

"老鼠咬钱"的教训

据《南阳晚报》2013年1月10日报道：8 000元现金藏胶鞋里，贼倒是防了，却没防住老鼠——卧龙区安皋镇的许女士面对一堆被咬成碎末的钱，怎一个懊恼！

许女士是一位农村的零售户，因为离储蓄网点比较远，存款不太方便，为了安全起见，多年来，许女士一直把每天的营业款放在家中一双胶鞋内，存放在自己的床底下。前几天，许女士照样把8 000元的货款放进胶鞋中，目的是为了防止小偷，哪知道，小偷倒是防住了，却没有防住老鼠。9号一大早，许女士准备拿钱置办年货的时候，拿出胶鞋一看，傻眼了，倒出来的不是一沓人民币，而是

一堆被咬成碎末的钱屑，许女士急忙用手绢包着这堆钱屑到银行寻求帮助，最终因为这些钱被老鼠咬得太细碎，银行也爱莫能助了！

哀其不幸，笑其愚昧吗？且慢，在家里藏现金藏出事儿的人还真不少。2006 年，重庆市大足县一位老太太将借来的 1.8 万元钱藏在屋里，岂料被老鼠"偷"走后做成窝，其中万余元遭咬碎；2009 年，广州一妇女将辛苦赚来的两万元现金用塑料袋包裹存放在家中，一个月后被白蚁蛀掉；2012 年，江苏常州一女子将两万现金藏粮食堆里被老鼠咬成碎片；内蒙古赤峰市林西县两户村民将钱用塑料袋装好挂在房屋顶棚里，结果因火灾被烧掉 8.7 万元……

一个个新闻，让人看了心酸，教训是深刻的。社会上有不少上了年纪的人，平时省吃俭用积攒下来的钱不想存银行，总喜欢把钱藏在自家最隐秘的地方，如墙洞、柴堆、家具、屋檐、床板甚至埋在地底下。像捉迷藏一样的存放现金，导致在纸币出现问题的第一时间没人发现，等发现就晚了，面目全非，损失惨重。

来源：http://www.fjycw.com/News/201301/20130124138055.shtml.

银行给换了不少，否则老林家半年卖蔬菜的收入可就打水漂了！老林苦笑了一下："以后俺可记住教训了，再也不乱放钱了，有钱要及时存银行。"齐行长笑了笑，继续讲起来。

（二）财产保值

齐行长先让大家看了一张表，让大家看看有什么问题：

中国 2000 ～ 2013 年历年通货膨胀率、一年期存款利率、经济增长率统计表

年份	通货膨胀率（％）	一年期存款利率（％）	历年经济增长率（％）
2000	0.4	2.25	8
2001	0.7	2.25	7.5
2002	− 0.8	1.98	8.3
2003	1.2	1.98	9.5
2004	3.9	2.07	10.1

（续表）

年份	通货膨胀率（%）	一年期存款利率（%）	历年经济增长率（%）
2005	1.8	2.07	10.4
2006	1.5	2.52	10.7
2007	4.8	3.465	11.4
2008	5.9	3.06	9
2009	－ 0.7	2.25	8.7
2010	3.3	2.5	10.3
2011	5.4	3.25	9.3
2012	2.6	3.25	7.8
2013	4.0	3.00	7.7

大家看完这个表，讨论起来，有人感叹"一年期的存款利率有时连通货膨胀率都跑不赢啊！"有人叹息"跑不赢能存哪里呢？"这时，村民小李说："上个月我去县城建行买理财产品，工作人员说5万起存，门槛太高了。要放在信用社里利率太低，那我们老百姓还理啥财啊？"

齐行长一边听着大家的讨论，一边给大家发了一份资料传阅：

小资料

啥途径理财能跑赢 CPI

时下 CPI 进入"2"时代，这在每年经济增长超过 7% 的背景下，物价上涨显然处于正常水平，因此理财专家认为，按照国内目前投资产品的收益率水平，跑赢 CPI 是比较轻松的，关键是个人要根据自身的风险和收益属性，在兼顾流动性、收益性、安全性的情况下，选择适合自己的投资品种。

——工商银行长春南部都市经济开发区支行理财经理　田甜

国家统计局公布的 6 月份 CPI 数据为 2.3%。目前，现行一年期、三年期、五年期存款基准利率分别为 3.00%、4.25%、4.75%。存款利率上浮 10% 后，分别达到 3.300%、4.675%、5.225%。而活期利率上浮 10% 仅为 0.385%，3 个月、6 个月利率上浮后分别为 2.86%、3.08%。从利率上来看，除了活期的利息收益不足以抵减 CPI 上涨，其他均跑赢 6 月的 CPI。如果您在一家银行定存 1 万元，期限一年，按上浮 10% 利率计算将获得利息 330 元。

国债也是一个很好的选择。三年期票面年利率 5%，五年期票面年利率 5.41%。但相比银行理财产品来说，还是理财产品更有优势。目前中期理财产品的收益率在年化 5.5% 左右，相对于一年期定期存款，还是非常有优势的。现在银行理财产品收益率已经有所下滑，因此建议购买理财产品宜选择半年期以上的中长期产品，以提前锁定高收益。

——农行吉林省分行财富管理中心财富顾问　刘建华

建议通过组合投资进行资产配置。对于稳健的投资者，推荐以固定收益产品作为核心资产配置，可以选择债券、债券型基金、短期银行理财产品；非核心资产建议配置一定比例的中长期银行理财产品。

对于激进的投资者，建议以股票、偏股型基金、分级基金作为核心资产配置，通过定投的方式或分批建仓的方式来完成，注意波段操作的节奏，把握好买卖的时间点；非核心资产建议配置黄金、白银等贵金属以及股票，包括杠杆交易类产品及 T＋D 产品，同时利用短期银行理财产品、基金理财产品及货币市场基金作为日常现金管理的工具。

——华夏银行长春分行龙盈理财中心高级理财师　徐世斌

可以投资指数基金，国内目前经济已经走出房价调控的低谷，在逐步复苏的阶段布局于资本市场，未来将会有超额收益。

来源：新文化报，http://www.yinhang.com/a_2014_0723_250036.html.

齐行长解释说，我国近年的通货膨胀率大都大于银行储蓄利率（虽然我国已经连续多次加息）。为了应对因购买力下降而导致的资产贬值，人们纷纷寻求具有更高收益率的投资渠道，导致了对个人理财的需求空前升温。存长期存款、购买国债、银行理财产品、基金等方式都容易跑赢 CPI，在后面会给大家具体讲这几种理财方式。

（三）养老医疗保障

农村地区的社会保障措施还未实现全面覆盖，保障水平仍比较低，况且农村地区仍偏好于家庭养老这一传统方式，这对本来收入就不高的他们带来不利影响。"4-2-1"倒金字塔的家庭结构给下一代带来了沉重的赡养压力和抚育责任，致使农村地区的养老问题日益凸现。为了减轻子女的赡养负担，中老年农民应更重视对自己现有资产和每年收入进行整体打算，在满足自己的日常生产支出和生活开支的前提下，力求使这些财产实现最大的增值收益。

（四）求富动机

致富求富动机是社会经济发展的内在动力，促使社会经济连续不停地自动运转。司马迁曾说过，人的这种满足更好的物质需要的追求是不能改变的，是由人的本性决定的。俗话说："富者，人之情性，所不学而俱欲者也。"人们都是为了利而奔波忙碌，于是人们的经济活动得以产生。求利或求富，成为人们从事经济活动的动力，成为社会发展的动力。有的农民盲目"求富"，而掉入非法融资和金融诈骗的陷阱。因此在选择理财方式时，一定要选择受法律保护的理财方式。

这时，着急的张雷插了一句："那么，到底该如何理财，理财的途径有哪些呢？""呵呵，小伙子，接下来咱们就讲这个。"齐行长喝了口水。

第十三章

理财途径

农民理财的目的是规避风险，实现资产的保值增值，抵消物价上涨带来的不利影响。理财的主体可以是农民自己，也可以委托专门金融机构和专业人员。目前来看，农民自身多使用储蓄与国债（国库券）等比较传统的理财手段，对基金、股票、外汇等新兴的理财工具通常会委托专门金融机构和专业人士。

小案例

小李，今年27岁，高中毕业后在市区打工，月平均工资3 500元，公司负责相应保险，每月必要的开支，包括房租费、生活费、交通费等有1 000元左右，目前存款只有1万元，没有进行任何投资，平时消费也无计划，所以希望通过理财适当改正自己的消费习惯。他打算四五年后结婚，所以希望自己能积攒下15万元左右。

专家解答：存款1万元可以做5年定期存款或买国债，年化收益在4.5%～5.41%左右，其实每个月除去生活费、房租等可以多出2 500元左右，可以每个月做1 500元稳健型基金定投，年化收益在6%左右，还有1 000元可以放在活期存款里，可以拿出来应急，这样五年下来总的定期存款或国债收入有1.2万元左右，基金定投10.5万元左右，还有流动资金有6万多元，5年后总的收入在17.7万元。

通过上面的案例我们可以看到，常见的理财方式包括活期存款、定期存款等储蓄方式，以及国债、基金等金融投资工具。不同的理财手段和理财方式收益有很大差异，风险也有很大不同，农民朋友要根据自己的风险承受能力选择不同的理财手段。

一、储蓄

目前，农村居民人均纯收入在逐步提高，呈递增趋势，由 2009 年的 5 153 元上升到 2013 年的 8 896 元，2013 年比上年增长 12.4%，扣除价格因素，实际增长 9.3%。随着收入的增加，该如何使钱生钱呢？

2009～2013年农村居民人均纯收入

元

年份	人均纯收入（元）
2009	5 153
2010	5 919
2011	6 977
2012	7 917
2013	8 896

（数据来源：中华人民共和国 2013 年国民经济和社会发展统计公报）

因为储蓄具有本金安全性高、收益固定、投资简便等特点，一直是农民首选的理财工具。储蓄就是将暂时不用或结余的货币收入存入银行或其他金融机构的一种存款活动，简单地说就是把暂时不用的钱放到银行里。留有一定数额的活期或定期存款以备应急之需，是必须考虑的因素。目前我国各银行开办的储蓄种类有活期、定活两便、大额和定期存款等，它们安全性高，变现性强，服务网点多，支取手续简便。

储户在农村信用社办理储蓄业务

那么储户的权利有哪些呢？让我们一起看一下资料：

知识链接

储户的权利

1.存款自愿、取款自由权。居民个人所持有的现金是个人资产，不论是存入储蓄机构还是其他用途，存入哪家储蓄机构，存多存少，存活期还是定期，完全由居民个人决定，同样，居民还可根据需要随时取出部分或全部存款，储蓄机构不得以任何理由拒绝其提取存款。

2.利息复核权。储户在办理储蓄业务时，对储蓄存款利息支付有错误或存在疑义时，有权向经办的储蓄机构申请复核，经办的储蓄机构应当及时受理复核，对复核确实有误的应如实向储户更正。

3.存款保密权。储户的户名、账号、存款金额、期限、身份号码等均属于个人隐私，任何单位和个人没有合法的手续均不能查询储户的存款，也不能冻结或划拨个人存款。储蓄机构及其工作人员对储户的信息负有保密责任，在未经储户许可的情况下，不得在对外宣传中引用储户的资料。

4.储蓄利率、种类获知权。储蓄机构应在机构内部显而易见的地方悬挂利率公告牌，告之储户国家规定的利率标准和利息税率，不得擅自降低或变相提高利率和税率，同时还应将本机构开展的业务种类明示。开办外币储蓄业务的，还应将外币种类、利率情况挂牌公告。

5.合法权益保护权。储户因储蓄机构工作上的原因，造成自己的合法权益受到损害时，有权拿起法律武器，向人民法院提起诉讼，切实维护自己的合法权益。

6.储蓄机构违法行为举报权。中国人民银行是我国储蓄事业的主管机关，负责全国储蓄管理工作。储户发现储蓄机构有擅自开办储蓄业务、储蓄机构擅自停业或缩短营业时间、储蓄机构采取不正当手段吸收储蓄存款、违反国家利率规定擅自变动储蓄利率等类似违规行为，可以向当地中国人民银行进行举报，中国人民银行可责令其进行纠正，并根据情节轻重处以罚款、停业整顿、吊销《金融机构营业许可证》，情节严重构成犯罪的，依法追究刑事责任。

7.其他服务权。居民有权享受储蓄机构对破损人民币的无条件兑换服务，还可以要求储蓄机构进行找零服务，对于取款时储蓄机构提供的人民币达不到"七成新"标准的，可以拒绝领取。

这时，村民老李叹了口气，"我手里就那么几万块钱，说不定哪天还用，存定期不灵活，存活期利率太低，这种情况怎么存合适呢？"

齐行长打开中国农业银行网站，让大家看了一下人民币存款挂牌利率表：

项　目	年利率（％）
一、城乡居民及单位存款	
（一）活期	0.35
（二）定期	
1.整存整取	

（续表）

项　目	年利率（％）
三个月	2.85
半　年	3.05
一　年	3.25
二　年	3.75
三　年	4.25
五　年	4.75
2.零存整取、整存零取、存本取息	
一　年	2.85
三　年	2.90
五　年	3.00
3.定活两便	按一年以内定期整存整取同档次利率打6折执行
二、协定存款	1.15
三、通知存款	
一　天	0.80
七　天	1.35

数据来源：中国农业银行网站，http://www.abchina.com/cn/PublicPlate/Quotation/bwbll/200909/t20090924_1639.htm。

"首先给大家讲讲利率。存款利率分年利率、月利率、日利率三种，月利率＝年利率÷12，日利率＝年利率÷360。计算利息有三个基本要素：本金、利率、期限。利息的多少与这三个要素成正比：本金越高、利率越高、存期越长，则利息越多。大家可能还听说过单利与复利，单利是指只对本金计算利息，复利指每经过一个计息期，都要将所生的利息加入本金以计算下期的利息，俗称"利滚利"。银行储蓄存款一般是单利，如活期与定期存款利息。例如，老王将10 000元存了5年定期，年利率4.75%，按单利计算，最后本利和为10 000＋10 000×4.75%×5＝12375元；但若按复利计算，第一年末本利和为10 000×（1＋4.75%），第2年末为10 000×（1＋4.75%）×（1＋4.75%），依此类推，第5年末为10 000×（1＋4.75%）⁵＝

12 611.60 元，比单利多收入 236.60 元。所以，大家进行投资时要注意区分单利、复利，期限越长，复利的力量越神奇。即使是单利，老百姓对于小额资金也要巧理财，要善于将各种存款形式结合利用。老李这种情况可以留足支付日常开支的现金，然后建立理财计划，交叉分笔存，比如手头有 3.5 万元钱的话，可以拿出半年定期 0.5 万，1 年存期 0.5 万，2 年存期 1 万，3 年存期 1.5 万，这样每半年后若需要用钱就取出，其他的到期后可根据家庭需要情况续存，这样组合存款既保证了应急资金，又保证了收益。"老李听了点点头，终于知道怎么利用储蓄存钱了。

二、国债

国债，又称国家公债，是国家以其信用为基础，按照债券的一般原则，通过向社会筹集资金所形成的债权债务关系。国债是由国家发行的债券，是中央政府为筹集财政资金而发行的一种政府债券，是中央政府向投资者出具的、承诺在一定时期支付利息和到期偿还本金的债权债务凭证。由于国债的发行主体是国家，所以它具有最高的信用度，被公认为是安全的投资工具。

中央政府发行国债的目的一般是弥补国家财政赤字，或者为一些耗资巨大的建设项目及某些特殊经济政策乃至为战争筹措资金。国债以中央政府的税收作为还本付息的保证，因此风险小，流动性强，利率也较其他债券低，且各银行网点都有售，非常符合农民保本、便捷的理财动机需求。

但国债也有风险，潜在的风险主要有加息和时间成本风险。银行的利息升了也就意味着债券的利息收入减少了。而三年、五年甚至更长期的购买者有可能承受连续加息的风险，在持有期里，投资人只能看着利息上涨而毫无办法。

那么，国债都有哪些分类呢？国债可以按照债券形式、付息方式、票面利率和发行期限等进行分类。

国债分类

1. 按债券形式分类

我国目前发行的国债可分为储蓄国债和记账式国债。

储蓄国债：是政府面向个人投资者发行、以吸收个人储蓄资金为目的、满足长期投资需求、不可流通且记名的国债品种。在持有期内，持券人如遇特殊情况需要提取现金，可以到购买网点提前兑取。按照记录债权形式的不同又可分为凭证式国债和电子式储蓄国债。凭证式国债以"凭证式国债收款凭证"记录债权，电子储蓄国债以"电子方式"记录债权。

记账式国债：以电子记账形式记录债权，由财政部面向全社会各类投资者发行，可以记名、挂失、上市和流通转让的国债品种。由于记账式国债的发行和交易均采用无纸化形式，所以效率高，成本低，交易安全性好。

2. 按付息方式分类

我国目前发行的国债按付息方式划分，可分为贴现国债和附息国债。

贴现国债：在票面上不规定利率，往往以低于债券面值的价格发行，到期按面值支付本息的债券。

附息国债：利息一般按年或半年支付，到期归还本金并支付最后一期利息。

3. 按票面利率分类

我国发行的国债按票面利率划分，可分为固定利率国债和浮动利率国债。

固定利率国债是指票面利率在发行时确定，在国债的整个存续期内保持不变。

浮动利率国债是指国债付息的利率一般为相同期限的市场利率加上一个固定利差来确定。在我国国债市场上，浮动利率国债的利率一般参照定期存款利率确定。

4. 按债券发行期限分类

我国发行的国债按债券发行期限划分，可分为短期国债（1年以内）、中期国债（1年以上，10年以下）和长期国债。

在目前的理财市场环境中，国债的投资价值究竟如何呢？与目前市场上主流的银行短期理财产品相比收益率略低。国债的另一个特点是一经发行，收益率不再浮动。因此，投资者购买3年或者5年期国债，实际上是锁定了一份3年或者5年期的固定利率合约。2014年储蓄国债发行计划如下：

2014 年储蓄国债发行计划表

品　种	期限（年）	发行起始日	付息方式
凭证式	3	3 月 10 日	到期一次还本付息
	5		
电子式	3	4 月 10 日	每年付息一次
	5		
凭证式	3	5 月 10 日	到期一次还本付息
	5		
电子式	3	6 月 10 日	每年付息一次
	5		
电子式	3	7 月 10 日	每年付息一次
	5		
电子式	3	8 月 10 日	每年付息一次
	5		
凭证式	3	9 月 10 日	到期一次还本付息
	5		
电子式	3	10 月 10 日	每年付息一次
	5		
凭证式	3	11 月 10 日	到期一次还本付息
	5		

　　从上表可以看到，国债分为凭证式和电子式，凭证式到期后一次性还本付息，电子式每年付息一次，到期还本付息。那到底哪种合适呢？该如何购买呢？

专家建议

　　对于想要从 8 月 10 日起抢购国债的市民来说，应该提前做好哪些准备工作呢？银行理财师建议分三步做准备。

　　首先，要了解国债的性质和本年度发行计划。国债一般分为 1 年至 30 年期，其中面向个人投资者发售的主要是 3 年期和 5 年期国债以及少量的 1 年期国债，其余大多面向机构发售。面向个人投资者的国债主要分为储蓄电子式国债和凭证式国债，除了登记记账方式的区别外，对于投资者来说最主要的区别在于付息方式。其中，储蓄电子式国债为每年一付息，而凭证式国债的付息方式为到期一次性还本付息。相比之下，电子式国债更胜一筹，可产生复利收益。因此，电子式国债一直是投资者青睐的品种。而 8 月 10 日起发行的也正是电子式国债。

　　招商银行青岛分行运营管理部零售业务管理室经理倪宇说："今年年初，财政部已经公布了今年的国债发行计划，凭证式国债与电子式国债交替发行。"

在对国债的性质和本年度发行计划有了充分的了解后，投资者接下来要做的就是确定购买的方式。倪宇说："目前，凭证式国债只能通过银行柜台购买，而电子式国债可以通过网银等电子渠道和银行柜台两种途径购买。"对于即将发行的第七期和第八期国债，她建议选择网银购买，"这样既节约了时间，又避免了去银行网点排队的风险。"

据了解，目前支持网银购买储蓄式国债的银行有中行、工行、农行、建行、招行、交行和广发等。

第三步则需要网上开通国债账户并保证资金到位。投资者登录网银后，找到开通国债账户的栏目，开通国债账户。比如，工行网银在"国债投资"栏目下开通国债投资账户，农行网银和建行网银在"投资理财"栏目下开通国债投资账户，并保证在8月10日8时30分前确定资金到位。

根据银行理财师经验，8月10日当天，投资者最好提前登录网银，进入国债购买界面，做好申购准备。"有些热销国债的银行，5年期的额度一般会在几分钟之内售完。"倪宇说，"不过，国债销售期间，每个银行分配的额度不同，有些银行国债比较热销，有些则比较冷清。所以，某银行五年期国债售罄之后，如果还是想购买，这个时候，建议换一家银行试试。"

银行理财师告诉记者，根据以往经验，5年期国债比3年期国债卖得更火。"这不仅与收益率有关，还与国债的提兑扣取利息方式有关"，倪宇说。

她表示，国债作为长期投资，一般不建议提前兑取。如果万一有事要提前兑取，按兑取本金的1‰收取手续费，并按实际持有时间扣除相应天数的利息。按照此规定，以本金一万元为例，持有满一年后，3年期国债到期收益为500元，按持有时间扣取提前兑取的相应天数利息为246.58元，提前兑取扣除手续费为10元，实际获得的收益为243.42元。而5年期国债持有满一年后到期收益为541元，按持有时间扣取提前兑取的相应天数利息为266.79元，提前兑取扣除手续费为10元，实际获得的收益为264.21元。

以此类推，持有满两年后，3年期国债和5年期国债的实际收益分别为866.71元和938.60元。持有满3年后，3年期国债不再扣除提前兑取的任何费用，因为实际收益为1 500元，而5年期国债的实际收益则是1 524.07元。

需特别注意的是，国债在持有6个月之内，不要提前兑取，因为持有6个月之内提前兑取不但没有利息收益，同时还要扣取千分之一的手续费。也就是说，只要投资超过6个月之后，不管何时提前兑取，五年期的国债收益一定比三年期的国债收益要高。"这才是5年期国债更受欢迎的根本原因"，倪宇说。

来源：乔秀峰、林伟萍，半岛网—半岛都市报，http://bddsb.bandao.cn/data/20140809/html/26/content_1.html.

大伙看了后，七嘴八舌讨论起来："国债收益比定期储蓄高，合适。""我回头抓紧开通网银去，准备8月10日购买电子式国债。""我要买五年期的。"……听着大家的议论，齐行长打断说："国债是咱保守型农民的不二选择，每年的国债抢购速度都惊人。购买要提前做好准备，首先要办理银行卡，国有大银行都是可以购买的，如果不想排队那就选择网银购买吧，不过一定记得去银行开通国债购买的业务。买了国债要是提前赎回是有手续费的，所以购买国债的资金必须是近期不动用的，至少6个月以后才能取。"她提示大家要注意，最近两期国债均从2014年8月10日当日开始计息，按年付息，每年8月10日支付利息。其中，第七期期限为3年，票面年利率为5.00%，最大发行额为240亿元；第八期期限为5年，票面年利率为5.41%，最大发行额为160亿元。大家可以对比一下国债与定期存款的收益：

购买国债与定期存款的利息对比

		购买国债（以8月10日的电子债为例）	定期存款
利率	三年	5%	4.25%（最高4.675%）
	五年	5.41%	4.75%（最高5.225%）
提前兑取		按照从上一付息日（含）至提前兑取日（不含）的实际天数和以下执行利率向投资者计付利息：持有不满半年不允许提前兑取；持有满半年不满2年扣除6个月（180天）利息；持有满2年不满3年扣除3个月（90天）利息；第八期满3年不满5年按票面利率计息并扣除2个月（60天）利息	提前支取的部分按照银行当日挂牌的活期存款利率计息

由上表对比可以看出，无论持有到期还是半年后提前支取国债都比定期存款合适。因此，上述专家分析中，以本金一万元为例，持有满一年后，提前兑取的相应天数应扣利息为246.58元（500÷365×180），提前兑取扣除手续费为10元，实际获得的收益为243.42（500－246.58－10）元。

对于普通居民来讲，投资国债是一种非常不错的理财方式，既能保证本金的安全，又可以普遍获得高于定期存款的利息，即使提前支取也比定期合适。因此，排队购买国债的火爆场面屡见不鲜。

当然，针对不同类型的投资者，国债的投资价值也不尽相同。比较注重收益的投资者应该对未来三到五年的利率水平进行评估后做出决策，如预期未来利率下行概率较大，可选择配置国债锁定长期利率的操作策略。储蓄存款具备同样的属性，但同期储蓄存款利率略低于国债。理财产品通常期限较短，无法达到锁定中长期利率的目的。

三、保险

保险是所有理财工具中最具防护性的，兼具保障和投资功能。适当的保险对个人理财计划十分重要，因为财产安全是投资者财务目标实现的基础，它不仅保护投资者已经拥有的一切，还可以保护其受益人在发生意外时免受财务损失。其投资功能在于累积现金价值与提供偿债能力。所谓累积现金价值是指保险单本身是有价证券，尤其是终身寿险，随着时间的增加，它的现金价值会越来越高；所谓提供偿债能力是指保险是一种买时间的理财工具，在未来没有继续增加收入但发生意外时，保险是唯一可以立即创造钱财的工具。

根据保障与投资功能在不同险种中的主次，可将现有保险分为社会保险和商业保险。社会保险（包括养老、医疗、失业、生育和工伤等五大类）侧重保障功能，商业保险更强调盈利性，收益率水平一般高于同期定期存款。随着农民保险意识越来越高，农民开始接受保险的理念，开始越来越多地购买保险产品。不少种植大户开始购买农业保险，来抵御因自然灾害和意外事故带来的农产品收入损失。

齐行长让大家看了济南日报的一则报道：

小故事

济南：政策性农业保险给农民"保本"

7月14日，一场突如其来的冰雹袭击了历城、章丘等县（市）区，这些地方地里刚长出来的玉米因此受了灾。记者近日来到章丘市的曹范镇看到，农田里的玉米被冰雹砸得已一片狼藉，鸡蛋黄大小的冰雹有的砸进了玉米芯里，有的直接将玉米砸歪了。

"减产是肯定的了，但我们买了农业保险，保本不成问题"，面对这场"天灾"，农户老张虽然一筹莫展，却有些庆幸，因为他年初就给自己的玉米地买了政策性农业保险，一旦遭受自然灾害和意外事故，保险公司将进行赔付，起码种子、肥料等成本钱不会白费。"另外，农业专家还第一时间对我们进行技术指导，帮我们弥补损失。"

不但不用担心遇到自然灾害后会亏本，在受灾之后还能享受到专家手把手的指导，农业政策性保险给农户们带来实实在在的好处，目前全市已有90%多的农户投了保。对于收入微薄的农户们，保费是他们最关心的。据农业局相关负责人介绍，目前政策性农业保险所规定的小麦、玉米、棉花等农作物保费政府按照80%的比例给予补贴，其余20%由农户自担，保险责任涵盖了雹灾、风灾等自然灾害，以及大流行性病虫害。

另外，政策性农业保险赔付十分方便、快捷。受灾后，村里将受灾情况上报给保险公司，保险公司继而通知农业、气象等部门，并组成核损理赔专家组，对受灾面积、受灾情况进行查看、核损。同时，农业专家第一时间来到受灾现场进行灾后补救指导。等到收获后，专家组再进行测产，根据受损实际情况进行赔付。小麦最迟8月底、玉米最迟11月底、棉花最迟12月20日前进行理赔，均在收获期后一个月之内。理赔资金通过一卡通账户，直接支付给受灾农户，不跨年度赔付。据悉，去年全市政策性农业保险共投保2 950万元，而保险公司的赔付却高达7 250万元，赔率达到了200%，切实保障了受损农户的基本利益。

来源：李小梦，山东农业信息网，http://www.sdny.gov.cn/art/2014/7/22/art_5241_372845.html.

"大家今年都入农业保险了吗？"齐行长问大家。"入了，国家还有补贴呢。"老李高兴地回答。"大家一定得入，因为山东是农业大省，也是农业灾害频发的省份，干旱、洪涝、暴风等灾害时有发生。"齐行长说。接下来介绍了山东的相关农业保险工作。

"农民抗风险能力弱，建立完善农业生产风险分担和保障机制尤为必要。2006年10月，山东率先在济南章丘、潍坊寿光和聊城临清三市开展了小麦、玉米、蔬菜大棚和奶牛4个险种的政策性农业保险试点。农民只要购买政策性农业保险，就可在出险时获得合理赔偿。2007年7月，山东省政府召开全省第二次政策性农业保险试点工作会议。2007年政策性农业保险试点扩大到25个县、10个品种，财政补贴等政策得到进一步完善。同时，2007年，山东保监局与省畜牧办联合下发《关于做好畜牧业政策性保险促进动物防疫工作的意见》，积极推动政策性能繁母猪保险工作。

"今年，山东被纳入政策性农业保险中央财政补贴省份，政策性农业保险试点又新增 35 个试点县（市、区），使试点县份总数达到 60 个。据了解，新增试点县（市、区）的试点险种为小麦、玉米、棉花保险，承保面积在市县政府和农民自主自愿的前提下，做到应保尽保。为此，山东省制定了扶持政策，保费补贴资金由中央、省和市按比例分担，分担比例分为三类：对列入 30 个经济强县的试点地区，中央、省级财政承担 50%，市级（含市，下同）以下财政承担 30%；对列入 30 个欠发达县的试点地区，中央、省级财政承担 70%，市级以下财政承担 10%；其他地区，中央、省级财政承担 60%，市级以下财政承担 20%。市级以下财政分担比例由各市自主确定。非补贴部分由农户自担。因此，大家一定要入农业保险，保障生产安全。"

"农业保险很重要，我们懂了。那山东农村养老、医疗保险有哪些新政策呢"，村民老王问。他常年在济南流动打工，子女已在城里安家，从去年回老家之后一直打算做点生意，但考虑到自己已 50 岁了，年纪越来越大，年老时想有自己的收入，想了解一下关于山东农村养老保险的政策和规定，看是否可以办理养老保险手续，为自己的未来做打算！"还有，新农合我也一直没办，还有办法吗？""我今年 40 岁了，早年离开农村在城镇打工，可下岗后一直没正式工作，一直没交过养老保险，现在在镇上自己摆摊做水果生意。我可以办养老保险吗？"水果摊的老梁也一脸着急。

"像你们这种情况的人很多，许多有农村户籍的朋友由于受到户籍的限制以及工作条件的不具备等，无法购买保险。针对这一种情况，山东省社保中心根据国

凡是年满16周岁（不含在校学生）、未参加城镇职工基本养老保险的农村居民，可以在户籍所在地参加新型农村社会养老保险。

家养老保险制度的完善政策，将山东农村养老保险在政策上做了一系列的调整，因此不管是在家务农的还是在外地打工的，都应积极参加社会基本养老保险，老有所依啊。"接着，齐行长把《山东省人民政府关于建立居民基本养老保险制度的实施意见》（鲁政发〔2013〕13 号文件）发给大家传阅。

随后，齐行长打开了山东人力资源和社会保障厅的网址，为大家介绍新农保。

什么是新农保

新农保制度是"新型农村社会养老保险制度"的简称。它是由政府组织引导，建立以个人缴费、集体补助和政府补贴相结合，实行社会统筹与个人账户相结合，以保障农民年老后基本生活的一种新型农村社会养老保险制度。

哪些人可以参加新农保？

年满16周岁（不含在校学生）、未参加城镇职工基本养老保险的农村居民，均可在其户籍所在地自愿参加新农保。

农村居民如何办理参保缴费手续？

符合参保条件的农村居民，可持本人身份证及复印件、户口本及相关证件到所在村委会或村社会保障服务站提出申请，并填写《新型农村社会养老保险参保登记表》，经村、乡（镇）社会保障服务站（中心）审核后，报社会保险经办机构办理参保手续，符合条件的，持"缴费通知单"到指定地点或银行缴费。以后年度在规定的时间内到指定地点或银行继续缴费。

新农保的缴费期限是怎样规定的？

新农保实施时，参加新农保的农村居民，以年满60周岁为界限，60周岁以上的不用缴费，可按月领取基础养老金；新农保制度实施时，45周岁以上的，应按年缴费，累计缴费年限应不少于实际年龄到60周岁的剩余年数，也可以补缴，但累计缴费不超过15年；45周岁（含）以下的，应当按年缴费，累计缴费年限不少于15年。

"接下来咱讲讲医疗保险。2014年5月27日，财政部、国家卫生计生委、人力资源社会保障部发布《关于提高2014年新型农村合作医疗和城镇居民基本医疗保险筹资标准的通知》，2014年新型农村合作医疗和城镇居民基本医疗保险筹资方法为：各级财政对新农合和居民医保人均补助标准在2013年的基础上提高40元，达到320元。农民和城镇居民个人缴费标准在2013年的基础上提高20元，全国平均个人缴费标准达到每人每年90元左右。个人缴费应在参保（合）时按年度一次性缴清。

"咱山东省在全国率先启动新农合重大疾病医疗保险，在原有的新农合报销基础上，患有 20 类重大疾病的参合农民将享受到最高 20 万元的'二次报销'。2013 年 3 月，有一次我看山东卫视新闻联播时，记者报道济南章丘的孙守厚被查出患上了食道癌，他来到章丘市人民医院接受了手术治疗，住院 17 天，医药费一共花了 44 000 多块钱。出院结算时，经过新农合和大病保险的双重报销，个人实际支付的部分只需 11 000 多元。他的家人告诉记者，第一次新农合报销了 23 000 多块钱，人寿保险公司赔了 9 600 多块钱，报销的这些钱也能还清债务了，减轻了家里的负担。让老孙一家感到实惠的是 2013 年 1 月 1 日起在山东启动的'新农合重大疾病医疗保险'，根据这一新政，参合农民不需要另行缴费，患儿童白血病、儿童先心病、终末期肾病、恶性肿瘤、精神病等 20 类重大疾病，在新农合报销的基础上，个人负担的合规医疗费用超出 8 000 元的部分补偿比例为 73%，8 000 元以内的部分补偿比例为 17%，每年每人最高可补偿 20 万元。

"登记为农业户籍的本县（市、区）居民可以以户为单位参加新农合，参加城镇居民医疗保险的不再参加新农合。老王你要去老家村委会问问，只要你没参加城镇居民医保就可以办新农合。"

"太好了，那我们抓紧去办理。""养老、医疗都解决了，咱们农民真幸福。""我得看看怎么补缴，哪个档次适合。""这政策真好，60 岁以后每月就可以领钱了，老有所养。"大家一脸兴奋，进行了热烈地讨论。

短暂午休后，齐行长继续为大家做起了培训。

四、基金

（一）基金投资的好处与购买选择

投资基金是一种利益共享、风险共担的投资方式。这种投资方式好处很多，表现为：①资金越大，在金融市场上便可争取到更多的优惠条件和折扣，同时构造投资组合，提高投资胜算。②可用定时定额的方式投资，针对许多金融商品的投资限制小了很多。③基金对于工作繁忙，希望获得较高回报，又不愿意承担较大风险的人更适合。④对于从没有投资过股票，并自认难以掌握股市起伏变动的投资者，基金既可以作长期投资准备，也可以兼顾上市后的短期收益。⑤投资基金可分散投资风险，投资一只基金相当于投资人同时持有多只个股，因此可轻松享有分散投资风险的好处。⑥基金投资实际上是委托相关的专业人士代为操作，以其专业素养及经验再加上其背后提供资讯的研究团队，更能确保高水准的利润。⑦在购买基金后如急需用钱，可至基金公司要求赎回或至股票市场（封闭式）将其卖出，变现容易。当然，投资基金也有风险。因为目前封闭式基金折价率、管理费、手续费普遍较高，持有到期会有相关折价补偿，同时有可能享受转为开放式基金的政策，但这些政策能否兑现，便成了风险。

随后，齐行长打开新浪财经的基金网页（http://finance.sina.com.cn/fund/），让大家了解购买基金的步骤：①风险测试——认识自身风险承受能力；②学习常识——掌握关于基金的基本常识；③查询业绩——了解基金历史收益；④基金经理——挑选靠谱的经理管理你的财富；⑤怎么购买——熟悉购买途径、流程和准备工作。每个步骤下都有详细介绍，大家以后购买时可以参考，比如交易流程、基金业绩排行。网页上还有选择基金的工具，可以进行基金筛选、基金对比、基金定投收益，非常方便。

齐行长接下来让大家做了个风险测评，大家做完后大多是保守型、稳健型的，很少有进取型的，"测评结果意味着大家还是不想冒大风险，在风险与收益间，大家大多选择低风险。建议大家选择基金种类时尽量购买稳健债券型或混合型基金，以控制风险"。他最后讲了一点基金分类。

（二）基金分类

1. 根据基金单位是否可以增加或赎回可分为封闭式基金和开放式基金

封闭式基金是指基金的发起人在设立基金时，限定了基金单位的发行总额，筹集到这个总额后，基金即宣告成立，并进行封闭，在一定时期内不再接受新的投资；开放式基金是指基金发起人在设立基金时，基金单位的总数是不固定的，可视经营策略和发展需要追加发行。

封闭式基金与开放式基金的区别：①期限不同。封闭式基金通常有固定的封闭期，而开放式基金没有固定期限，投资者可随时向基金管理人赎回。②基金单位的发行规模要求不同。封闭式基金在招募说明书中列明其基金规模，开放式基金没有发行规模限制。③基金单位买卖途径不同。开放式基金的投资者可随时直接向基金管理公司购买或赎回基金，手续费较低。封闭式基金的买卖类似于股票交易，可在证券市场买卖，需要缴手续费和印花税，一般而言，费用高于开放式基金。④交易价格不同。开放式基金的基金单位的交易价格是以基金单位对应的资产净值为基础，不会出现折价现象。封闭式基金单位的交易价格会更多地受到市场供求关系的影响，价格波动较大，会出现较大的折价与溢价。⑤投资策略不同。开放式基金必须保留一部分资金，以便应对投资者的提前赎回，因此进行长期投资会受到一定限制。封闭式基金不可赎回，无需提取准备金，因此可进行长期投资，基金资产的投资组合能有效地在预定计划内进行。

2. 根据组织形态的不同可分为契约型基金和公司型基金

契约型基金又称为单位信托基金，是指把受益人（投资者）、管理人、托管人三者作为基金的当事人，由管理人与信托人通过签订信托契约的形式发行受益凭证而设立的一种基金。契约型基金是基于基金契约原理而组织起来的代理投资行为；公司型基金是按照公司法以公司形态组成的，该基金公司以发行股份的方式募集资金，一般投资者购买该公司的股份即为认购基金，也就成为该公司的股东，凭其持有的基金份额依法享有投资收益。

3. 根据投资对象可分为债券基金、股票基金、货币基金、黄金基金、衍生证券基金等

股票基金是指将基金资产投资于普通股股票的基金，是最原始、最基本的基金品种之一。债券基金是指将基金资产投资于收益较稳定的各类债券上的一种收益性基金。货币基金是以全球的货币市场为投资对象的一种基金，其投资工具包括银行短期存款、国库券、政府公债、公司债券、银行承兑票据及商业票据等。黄金基金指以投资于黄金或其他金属生产及其相关产业的证券为主要目的的基金。衍生证券基金指以衍生证券为投资对象的基金。

4. 依据投资目标分类可分为成长型基金、收入型基金、平衡型基金

成长型基金是基金中最常见的一种，追求的是基金资产的长期增值；收入型基金主要是以投资于可带来收入的有价证券为主，以获取当期的最大收入为目的；平衡型基金其投资目标是既要获得当期收入，又要追求组成部分的长期增值。

五、股票、外汇、期货等金融衍生品

"高风险、高收益"是金融衍生品最显著的特征。股票价格涨落变化较大，不能保证还本付息；并且由于股票的买卖手续费较高，如果资金较少，即使获利了，扣除手续费后也所剩不多。如果采用适当的投资策略和风险防范措施，股票投资是个人资产增值最有效的选择之一。股票的收益主要来自红利和买卖价差，故选择好股票的种类和投资时机，是获取股票收益的关键。选股时注意

公司基本面、行业因素、成长性等，最好能买得原始股。投资时机的选取与入股市时间的早晚没必然联系，股市调整后期或暴跌后都是较理想的买入时机。总之，在国内股市长期乐观向上的趋势未改变时，投资股票不失为一种较好的理财方式，但股市有风险，入市需谨慎。股市多变，除了公司业绩、自然环境、人为的大股东或私募操作因素，还有国内外大环境等复杂因素的影响，风险较高。

对于外汇产品，由于外汇市场是全球性的，很难被人为控制，投资机会公平，并且随着我国外汇机制的改革，人民币汇率浮动范围的扩大，汇市投资获利的空间将会更大，机会也更多。外汇理财产品无论在种类还是数量上都远远超过人民币产品，给人们提供的选择余地更大。但外汇产品也有不少缺陷：①许多银行的理财产品往往设定了最低购买金额，这就限制了许多小额外汇持有者的购买需求。②由于外汇理财产品跟汇率、利率和一些股票挂钩，买这些理财产品的投资者需要有基本的财经知识。③国内商业银行目前推出的个人外汇理财产品大多是外汇利率和汇率挂钩型产品，银行有提前终止权，一旦实施，客户收益会受损。④当前市场人民币对美元有较强的升息预期，一年期以上的产品收益虽然诱人，但由于客户单方面不可以提前终止，一旦汇率发生较大的变动，银行承诺的收益可能无法弥补客户承担的汇率损失。同时，投资外汇产品需要许多专业知识，它们的价格对各主要货币国家的政治、经济、军事、自然灾害诸多因素很敏感。

因此，农民不适合自己去投资外汇。

期货产品因初始保证金一般都有较高的门槛，且期货交易有其独特的结算、平仓等方式，这些操作都需要更专业的知识。所以，对农民来说，期货投资是不适宜的。

以上高风险高收益的理财产品都要求投资者具备相应的专业知识。农民普遍不具有相应的专业知识，因此不适合进行这一类的个人理财，如果有条件可以委托专业机构进行投资。

六、民间借贷

对于民间借贷，大家一定不会陌生。2011年中国民间借贷领域发生了前所未有的震荡。温州引发民企老板跑路潮，鄂尔多斯房地产商自杀，江苏泗洪"宝马乡"高利贷崩盘，河南安阳陷入非法融资漩涡，厦门担保业频爆资金链断裂，青岛出现一房多贷乱局，一时间险象纷呈。

温州是民间借贷的"气温指数"，在政府的推动下，全国首部金融地方性法规《温州市民间融资管理条例》及其实施细则于2014年3月1号正式实施，"单笔借款金额300万元以上""借款余额1 000万元以上""涉及的出借人30人以上"等情形，借款人应当向管理部门报备。它的出台对防范化解民间金融风险、促进民间金融为中小企业服务具有重要意义。

那么，到底什么是民间借贷？

民间借贷是指公民之间、公民与法人之间、公民与其他组织之间借贷。只要双方当事人借贷事实存在即可认定有效，因借贷产生的抵押相应有效，但利率不得超过人民银行规定的相关利率。民间借贷分为民间个人借贷活动和公民与金融企业之间的借贷。民间个人借贷活动必须严格遵守国家法律、行政法规的有关规定，遵循自愿互助、诚实信用原则。民间借贷一般利率较高，具有高额收益，但更应该考虑其风险。如果要参与，一定要注意借款人是否有良好的抵押、质押或担保，必要时可以进行法律公证。不要把所有的钱都投入其中，可以考虑采取多元化投资的形式来分散风险。

知识链接

民间借贷究竟应该注意什么？

1. 签订书面合同

民间借贷大多以"借据"的形式代表合同，一般来说这也是可以的。但由于借据过于简单，如果发生纠纷很难凭此处理。因此借贷双方最好签订正式的借贷合同，详细确定当事人的权利义务，以免留下后患。当然，如果当事人之间确实没有书面借据或合同，但双方都承认借贷事实的，可以确认双方借贷关系存在。

2. 利息约定要合法

在民间借贷中，借贷双方最易产生矛盾之处是利息。法律对此有明确规定：

（1）借贷双方对有无约定利率发生争议，又不能证明的，可以参照银行同类贷款利率计息。

（2）当事人约定的利率标准发生争议的，可以在最高不超过银行同类贷款利率4倍的标准内确定其利率标准。

（3）在有息借贷中，利率可适当高于银行利率，但不得超过银行同类贷款利率的4倍，即不得搞高利贷。如果超过4倍（按现行利率，4倍是29%多）有纠纷时，法院不保护超出部分，但没有纠纷时，就可以获得更高收益。说明这条规定不具备惩罚性。

（4）出借人不得将利息计入本金计算复利，否则不受法律保护。这条规定在司法实践中具备一定的惩罚性，如果违反了该规定，有可能被法院判定为同期贷款利率支付利息，那么，你当初约定的倍数，本来可以主张要回的也可能要不回了。

（5）当事人因借贷外币、台币等发生纠纷，出借人要求以同类货币偿还的，可以准许。借款人确无同类货币的，可以参照偿还时的外汇牌价折合人民币偿还。出借人要求支付利息的，可以参照中国银行的外币储蓄利率计息。

3. 注意诉讼时效

民间借贷由于大部分发生在亲朋好友之间，很多人并没有对它给予应有的重视。孰料，一些无赖之徒正好钻了这个空子，采取赖账、久拖、回避的方式，以逃避债务。在此提醒大家：还款期限届满之日起2年，是法律规定的诉讼时效。

在此期间，你必须向借款人主张债权，2 年之后，法院对你的债权不予保护；如果没有写明还款日期，适用最长诉讼时效 20 年。

4. 处理纠纷方式

处理民间借贷纠纷的方式包括协商、调解、仲裁和诉讼等种类。这里特别需要推介的是"诉讼"，它特指法定的一种简易程序，也即督促程序。1991 年修改的民事诉讼法增设了该程序。依照法律规定，对于事实比较清楚、数额不大的债权债务关系，债权人可以向法院申请支付令，直接要求债务人偿还债务。

这时，张雷叹了口气："我爸去年就因这事气病住院了。他把辛苦攒的 3 万元钱借给一个创办企业的亲戚，约定年利息是 20%，结果第 2 年经营亏本后那人卖了材料，卷款跑了，事后起诉才知道，他几乎向所有的熟人都借款了，仅有的房子已被银行抵押，诉讼的人数多达 50 人。老爷子一看偿还无望，一气之下心脏病犯了，住进医院，到现在家里谁都不敢提这事。"张雷一脸无奈。邻座的个体户小张也很激动，一说话就把嗓门提起来了："我更傻，从网上看到'天天分红高收益'的宣传动了心，一看日利率 2%，投了 1 000 元，第二天就收到了 20 元的返现，之后网站客服就不断地说服我加大投资，连续收到返现一周后，我觉得这个网站挺可靠的，又投资了 4 000 块钱，可是返现资金并未按期返到帐户，打电话询问，一开始还说系统出错，过两天恢复就会继续返现。再过几天，电话就接不通，网站打不开，杳无音信了，白白损失了 5 000 元。还有，我小舅子最近老说什么 P 啥 P，门槛低，收益高，项目多，投资了 3 000 元，1 年下来，结果亏了 1 000 元。"还没等齐行长回答，合作社的带头人老李说："那叫 P2P，风险大，建议大家像我一样买银行理财产品，期限短，收益比储蓄高，风险相对 P2P 小。"

齐行长点点头：老李说的对。P2P 是互联网金融，是民间借贷的一种形式，是"Peer-to-Peer"的简写，个人对个人的意思。P2P 借贷指个人通过第三方平台在收取一定服务费用的前提下向其他个人提供小额借贷的金融模式。建议投资者在选择产品时能理性、谨慎地选择一款适合自己的产品。同时，在选择 P2P 公司时一定要多走动、多调查，选择有正规资质、规模较大、信誉好的公司办理业务，这样可以保障投资者资金的安全。选择不动产抵押类的 P2P 理财产品风险相对来说要小一些。P2P 公司鱼目混杂，目前还欠规范，市场监管还不到位，风险较高，建议大家谨慎。但银行理财产品市场相对成熟，监管好一些，年收益率 5% 左右，投资期种类多，如 60 天、90 天、120

安心理财　　轻松得利

天、180 天等，收益类型一般有保证收益、保本浮动收益、非保本浮动，但以 5 万起存，门槛比较高。说着，他打开了农业银行的网站，为大家介绍理财产品：

"安心·360 天"产品年收益率属于非保本浮动收益，预计年化收益率 5.4%；"本利丰·360 天"产品属于保证收益类型，预计年化收益 4.55%。每种产品均有产品说明书，定期公告，大家有时间可以看看"本利丰·360 天"说明书。相比网络金融产品，银行理财产品收益比较稳定，资金安全性高。

大家在互联网投资时，一定要警惕一些骗术。小额贷款常见骗术：无抵押无担保，只需身份证即可办理，当天放款，这些都是常见的贷款欺诈术语。正规的贷款都具有详细完备的流程，仅凭身份证是无法办理任何贷款的。高额理财常见骗术：白银理财、现金理财，每日分红，投资回报率超过 20%，有的甚至高达 100%，夸大回报吸引网民。

另外，互联网金融理财时，大家需注意以下几点：

①核查网站真实性。

②查询 ICP 备案是否真实，公司地址、联系方式、资质信息是否完整。

③仔细核实放款方、理财产品提供方。

④检查放款方、理财产品提供方经营贷款业务的资质，同时贷款方也需要详细的资质才能贷到款。如不收取任何资料就能提供贷款，往往是骗局。

⑤签订合同有保障：贷款需要完备详细的合同，选择当面签订合同，可以核实放款方的真实性。

⑥高额理财需谨慎：超过 18% 的理财产品都存在较高风险，理财产品需要区分保本、保息，充分评估自身的风险承受能力选择合适的理财产品。同时弄清理财产品提供方的经济实力和运营现状之后再进行投资。

网络金融服务风险很高，外行一定要三思而行，涉及提前付款的更要提高

警惕。当前不法分子通过全盘抄袭的形式炮制大企业网站，因此通过网络查找网站信息，一定要认准经过认证的正规金融服务机构官方网站。面对金融服务，可先搜索其服务口碑，必要时咨询专业人士，不要轻易相信高回报的承诺。

七、理财混搭

目前混搭风刮到了理财界，金融市场上包括债券、股票、基金、银行理财和信托产品等，投资品种诸多，令人眼花缭乱。我们都知道理财的一个经典原则就是不要把鸡蛋放在一个篮子里，所以组合式的理财方案也是经常可以见到的，今天让我们一起来分享几种混搭理财。

（一）最简单：银行储蓄＋短期理财产品

银行储蓄是最为传统的理财方式，它的好处就在于能帮助大家养成爱储蓄的好习惯。除了储蓄之外，投资者可以购买短期理财产品，周期短，收益也较高，稳定性也高。因此，银行储蓄与短期理财产品的组合，能帮你在短期内获得较高收益。

（二）最经典：货币基金＋固定收益类产品

要想获得长期稳定收益，投资者可选择货币基金与固定收益类产品的组合，这是最经典的保本投资与风险投资组合。理财可以遵守"二八原则"，八成资金用于购买货币基金，风险性较小，每日计息，随时用随时能赎回，保证了本金稳定收益，相比银行存款利息高；两成资金购买固定收益类产品。

（三）最稳健：50% 固定收益类产品＋40% 知识产权投资产品＋10% 货币基金

咱得好好规划一下如何混搭

对于稳健型投资者来说，投资组合中无风险或低风险的产品比重较大，建议 50% 固定收益类产品＋40% 知识产权投资产品＋10% 货币基金等，多配置一些固定收益类理财产品，本金有保障的同时，收益更稳定；同时配置一些保本型高增长潜力的知识产权投资产品，能够在低风险下获得高收益的机会，目前市场上知识产权投资产品品类不多，较成熟的有汇桔网的

"中外宝"等，投资者可多加考虑。

（四）最激进：50%股票等＋30%固定收益类产品＋20%货币基金

对于激进型投资者而言，投资组合中高风险的产品所占比重较大，建议50%股票等＋30%固定收益类产品＋20%货币基金，这种方式能让激进型投资者在最短的时间内使其投资组合的价值达到最大。

投资小贴士

1.手中有钱，心中不慌。投资者在进行投资时要切记一点：手中要有活钱。无论是为了家庭应付万一，还是在投资市场中面对众多不确定性，手中有一部分活钱是非常重要的。例如，在股市连续大跌后迎来利好政策时，许多投资者就是因为手中没有活钱，没办法抓住机遇。

2.投资适度原则。理财讲求"混搭"也讲求适度，并非是选择的理财产品越多收益就越好、风险就越低，过多地选择会分散投资者的注意力，从而投入大量的精力，效果却适得其反。

第十四章 理财误区

随着人们理财意识的增强，越来越多的人重视理财的同时，也走进理财的误区。理财是富人的专利？买了银行理财产品，就是理财？预期收益率越高的产品就越好？齐行长为大家讲了几种理财误区。

一、常见的几种理财误区

（一）理财就是节俭，要控制开支，努力省钱

节俭是一种美德，但如果现在还秉持节俭的理财习惯，实在是一种滞后于时代发展的理财习惯。节俭本身并不生财，并不能增大资产规模，而仅仅是减少支出。要是过度节省，家庭生活质量不仅大打折扣，也不利于身心健康，这会影响现代人生活质量的改善。俗话说，理财关键是开源节流，节俭虽然符合其中一项，单一靠节俭，断不会成为富翁。

（二）理财是富人、高收入家庭的专利，首先有足够的钱，才有资格谈投资理财

理财不分阶层，不分贫穷，人人都可以理财。理财存在于生活中的每一处，小到油盐酱醋，大到买房做投资等，有生活就离不开理财。理财师表示，如果收入低，你可以选择低门槛的投资方式，比如货币基金，投资门槛几百元起；互联网产品余额宝，投资门槛1元起等。如果没时间理财，可以选择一些"懒人"理财工具，包括银行定存，1年年利率一般为3%，3年4.25%，5年4.75%；国债，3年期年利率一般为5%，5年期5.41%；固定收益类理财产品，比如宜盛财富宜盛宝产品，10万元起投资，1年收益率为10%，2年12%等，这些方式虽说投资期限长，但是相对来说风险小、收益中等。总之，只要用心理财，总能找到适合自己的一款投资方式。

事实上，影响未来财富的关键因素，是投资报酬率的高低与时间的长短，而不是资金的多少。毫不夸张地说，个人理财已成为我们每个人生活中不可缺少的部分。

（三）只有把钱放在银行才是理财

目前，储蓄仍是大部分人传统的理财方式。中国人民银行的有关统计数据显示，截至2003年12月末，我国城乡居民外币储蓄存款余额首次超过11万亿元。国内居民储蓄增长速度也同样让人吃惊：从2000年的7万亿到2001年的8万亿，用了22月；从2001年的8万亿到2002年的9万亿，则用了10个多月。应该说在人们的传统观念中储蓄理财是最安全、最稳妥，但是鉴于目前利率（投资报酬率）处于很低的水平，把钱存在银行从短期看似是最安全的，长期来看却是非常危险的理财方式，因为利息收入远远赶不上货币贬值速度，不适宜作为长期投资工具。

（四）理财就是买银行理财产品

已经买了银行理财产品，为啥理财师还要给我做理财规划？这可能是很多投资者不明白的地方。实际上，理财的范围很广，它涉及保险、基金、股票、银行理财产品、信托、消费信贷等。每个人的家庭状况不同，承受风险的能力不同，理财目标也不同，所以，大家必须根据自己的收入情况、风险承受能力作规划。

（五）收益高的理财产品就是好的

一般，银行把客户分为保守型、稳健型、平衡型、成长型、进取型这几类，不同类型的客户对应相应的理财产品，否则会有投资风险。保守型客户适合投资存款、国债、保本收益的理财产品等，稳健型可在此基础上配置债券型基金，或者少部分混合基金，进取型则适合投资浮动收益型理财产品、股票、权证、衍生工具等另类投资产品。

投资讲求收益，无可厚非，但并不是所有理财产品都能挣钱，这需要投资者具有一定的产品辨别能力与风险承受能力。

理财产品各有各的特点，比如保险，它侧重于保障，可抵御风险；基金与股票的投资领域决定了它的风险所在；而银行理财产品相对来说风险较低，但也不代表没有任何风险。这需要投资者做完风险评估后，再决定买哪种理财产品。

（六）把保险当投资，重投资轻保障

保险的功能是为您和家庭财务保驾护航，不能把保险当作投资。尤其是一些人看到"年年分红""固定回报""复利累计"等字眼就迷了眼，再加之销售人员的忽悠"不仅能获得保障，到期还能获得多少多少的分红，可以说是一举两得"，很多人在不知不觉中就"失去理智"赶快买下，这也是为什么屡屡发生"存款变保单"事件的原因所在。理财师表示，保险重要的是保障功能，而并非理财。

（七）投资就想获得高收益，选收益高的买

投资是想获得高收益，但并不是选收益高的产品购买，更不能盲目跟风投资。目前，理财市场上投资渠道增多了，理财产品多了，高收益的产品也随处可见。但是高风险伴随着高收益，如果太"迷恋"高收益理财产品，往往多以投资失败而告终。理财师认为，选购理财产品应理性，要根据自身的风险承受能力以及对资金的需求来选择最适合自己的。

二、理财应遵循的原则

农民朋友理财时要走出误区，应遵循以下原则：

（一）懂法守法原则

"君子爱财，取之有道"，天下没有免费的午餐。农民朋友在理财时一定要遵循国家的政策法规，多学习法律的相关知识，以免上当受骗。

（二）量入为出原则

该原则要求在保证基本生活的前提下，在自己的经济承受能力之内进行理财，做理性的投资者。理财计划要与个人的收入、风险承受能力相适应。年收入一两万的建议以储蓄为主；空闲资金5万以上，没精力理财的，建议买银行理财产品与国债；10万以上的，风险承受能力强的，建议进行组合投资，如国债、银行理财产品、基金、股票合理搭配；对于那些资金充足、有创业激情的农民，可以投资实业，如养殖、种植、生态旅游等创业项目，回报率更高，无疑比投资基金、股票更有意义。

（三）经济效益原则

在进行理财规划，特别是进行投资规划时，要注意资金的保值、增值。衡量经济效益可以从以下两个方面来看：

绝对值：利润＝收入－成本。

相对值：投资收益率＝利润／投资额×100%。

两者小于零是不符和经济效益原则的。

（四）安全性原则

高收益总是伴随着高风险，应注意寻求收益与风险的平衡，进行组合投资，分散风险，不要把全部鸡蛋放在同一个篮子里，也不要把全部篮子挑在一个肩膀上。根据风险承受能力选择理财品种，如民间借贷、股市、互联网金融产品收益高，但风险也高，安全性差；储蓄、国债收益低，风险低，但安全性高。

下面几种组合是根据不同家庭列出的，大家可以根据自己情况参考：

（1）投资"一分法"——适合于贫困家庭者。选择现金、储蓄和债券作为投资工具。

（2）投资"二分法"——低收入者。选择现金、储蓄、债券作为投资工具，再适当考虑购买少量保险。

（3）投资"三分法"——适合于收入不高但稳定者。可选择55%的现金及储蓄或债券，40%的房地产，5%的保险。

（4）投资"四分法"——适合于收入较高，但风险意识较弱、缺乏专门知识与业余时间者。其投资组合为：40%的现金、储蓄或债券，35%的房地产，5%的保险，20%的投资基金。

（5）投资"五分法"——适合于财力雄厚者。其投资比例为：现金、储蓄或债券30%，房地产25%，保险5%，投资基金20%，股票、期货20%。

（五）变现原则

天有不测风云，人有旦夕祸福，理财时要注意其变成现金的能力，避免出现周转困难时无法及时变现，导致生活陷入困境。

（六）因人制宜原则

根据环境、个性、偏好、年龄、职业、经历等选择。

（七）快乐理财原则

投资理财的目的是为了生活得更美好，保持快乐的心情和健康的身体。

（八）提高素质原则

增强理财管理能力、资金运筹能力、风险投资意识，充实经济金融知识。

短暂的培训交流愉快地结束了，大家收获很多，决定回头好好理理家底，看看能进行什么投资，算算收益。齐行长嘱咐大家多学习点财务基础知识、金融知识，并留下了联系电话，告诉大家以后有问题可以随时咨询。

第五篇　农村信息化篇

　　目前，李家峪村有农户 96 户 300 人，全村建起钢架大棚 125 个，全部种植西瓜、甜瓜。从 2008 年开始，在镇科技人员的指导下，村民们实施了多层覆盖的西瓜、甜瓜管理措施，使产品比其他地区早上市 11 天，但这也给瓜农们带来了难题。村民老宋说："虽然收成很好，可是我们庄稼人成天待在地里，不了解外面的情况，就怕被狡猾的瓜贩子给'忽悠'了，收成再好也卖不上价啊。"

　　由于各种因素的制约，虽然村里尝试以信息技术推进新农村建设的实践，但效果并不明显，可以说仍处于探索阶段。目前，村里的电脑应用仍存在局限性：一是电脑在该村普及率低，普通村民接触得少；二是通过互联网查找信息需要懂得相关的电脑和网络知识，而村民普遍缺乏这方面的知识和技能；三是网上信息繁多杂乱，迅速找到需要的信息比较困难。目前农民的信息化知识水平和操作能力普遍偏低，他们比谁都需要有针对性的、准确及时的信息，如不能给农民提供最需要的信息，势必会减弱农民对信息化的信心。

因此，目前急需提供适合农民自己的综合信息服务，帮助当地农民以现代科技手段进行生产，还需要让当地农民学会使用信息技术手段，在提高当地农民整体素质的同时，以科学致富方式改变农村贫穷落后的面貌。

县里农业局领导去浙江交流学习后，也正准备进行农村信息化平台建设，第一期先以李家峪等3个村庄为试点进行信息化培训，收集平台建设所需要的信息。所以，县里请来了一位姓侯的电子商务专家，帮助全县建立信息化平台，专门为村里的种植大户培训互联网知识，并收集村里的信息需求。为方便大家消化知识，专家每周末来一次，连续来4次，课堂就设在村委会旁边的小学。张林一听说这个好消息，就召集村里的骨干们报名参加了。上学不多的老宋也参加了，他有一个想法，就是通过学习新技术让自己的瓜卖上好价钱。

第十五章 信息化基础知识普及

一、互联网的相关知识

（一）互联网基本概念

互联网就是我们经常说的网，网是将地理位置不同、具有独立功能的多台计算机及其外部设备，通过通信线路连接起来，在网络操作系统、网络管理软件及网络通信协议的管理和协调下，实现资源共享和信息传递的计算机系统。而互联网就是由若干个这样的网络组成的一个巨型网络，它里面涵盖了世界各地的风土人情和各个行业的知识理论。如果说网络的目的是为了实现资源共享，那么互联网的作用就是把这些资源整合在一起，让全世界的人相互交流。

互联网又因其英文单词"Internet"的谐音，又称为"英特网"。在互联网应用如此发达的今天，它已成为我们每天都要打交道的一种网络，无论从地理范围还是从网络规模来讲它都是最大的一种网络，它还有我们常说的"Web""WWW"和"万维网"等多种叫法。从地理范围来说，它可以是全球计算机的互联，这种网络的最大特点就是不确定性，整个网络的计算机每时每刻都随着人们网络的接入在不断变化。当你连入互联网时，你的计算机就是互联网的一部分，一旦你断开互联网连接时，你的计算机就不属于互联网了。它的优点非常明显，就是信息量很大，传播非常广，无论你身处何地，只要连上互联网就可以对任何联网的用户发出你的信函和广告。因为这种网络的复杂性，所以这种网络实现的技术也是很复杂的，这一点我们可以通过后面要讲的几种互联网接入方式详细地了解到。

村民老李好奇地问："既然这网络这么神奇，可以和世界各地的人交流，那在网上卖瓜不就有很多的客户了啊，那要怎么才能进入这个网呢？"侯专家说，那首先得有台电脑，我们先来看如何来买一台电脑吧。

（二）计算机及其工作原理

电脑的学名叫作计算机，计算机包括 4 个大件：CPU，内存，显卡，硬盘。我们来看一下几大件的关系。首先，计算机其实是一个组合体，由上面提到的四大件组合而成，那么，就不得不提到一个匹配问题。我来讲下计算机四大件是怎么工作的。

1. CPU

CPU 是计算机的核心，为什么呢？因为所有的数据，包括输入、输出，办公也好，哪怕你玩游戏斗地主也好，这所有的东西，都是 CPU 给你做的。计算机所有程序的处理、指令的操作，都是通过 CPU 来完成的。

2. 内存

CPU 是处理所有数据的，那么数据从哪里来呢？很简单，所有需要处理的数据，都是先传到内存里的，内存是一个高速的媒介，当需要处理的时候，CPU 就会抓取，然后高速计算并且处理。

3. 显卡

CPU 处理数据，可我们怎么知道它有没有处理好呢？这时候，就该显卡上场了。CPU 把处理好的数据传给显卡，显卡里面有专门的显示芯片来处理数据并转换成图像的形式传给显示屏，这样我们就能够判断要处理的数据是一个什么状态了。

4. 硬盘

我们知道，现在一个大的游戏，大概需要 20 多个 G，但是，内存一般是 2G 甚至更低，是放不下这么大的程序的，这时候我们就要用到硬盘。先把这 20G 放在硬盘里，需要处理的时候先传给内存，再由内存传给 CPU 进行处理，也就是说，硬盘是一个仓库，内存是一个中转站，但我们的目的是处理，核心就是 CPU（目的地）。

我们来回头梳理一下四大件的关系。比如我举个例子：计算机处理 1＋1＝？

首先，我们要把 1＋1＝？放在硬盘处理，1＋1＝？会传送到内存，内存会传送到 CPU，CPU 计算后，得出 1＋1＝2，传送给显卡，显卡处理好，输出给显示屏显示 1＋1＝2，这是一个完整的运行过程。

但光有电脑是不能与其他人在网上进行交流的，要想上网，还得把自己的电脑连入互联网才行。

（二）互联网的接入方式

互联网是一个大的通信网络，又是一个大的资源网络，我们要实现资源共享和网络通信，就需要连入互联网。连接互联网的方式有很多种，下面我们来看下几种接入方式。

1. 电话线拨号（PSTN）

这种方式通过电话线利用当地运营商提供的接入号码来连接互联网，最快速度不超过 56Kbps。特点是使用方便，只需要有条电话线及带有"猫"（调制解调器）的电脑就可完成接入。

这种方式一般应用在一些低速率的网络应用（如网页浏览查询、聊天、收发 E-mail 等），主要适合于临时性接入或无其他宽带接入场所。其缺点是速度很慢，无法实现一些高速率要求的网络服务，其次是费用比较高（接入费用由电话通信费和网络使用费组成）。在网络发展的早期，没有架设网络服务设备，通过电话线连接是一种比较简单的网络连接方式，较适用于比较偏远的山区。

2. ISDN

ISDN 俗称"一线通"。它是采用数字传输和数字交换技术，将电话、传真、数据、图像等多种业务综合在一个统一的数字网络中进行传输和处理。用户利用一条 ISDN 用户线路，就可以在上网的同时拨打电话、收发传真，就像两条电话线一样。ISDN 基本速率接口有两条 64kbps 的信息通路和一条 16kbps 的信令通路，简称 2B＋D，当有电话拨入时，它会自动释放一个 B 信道来进行电话接听。它主要适合于普通家庭用户。其缺点是速度依旧比较慢，无法实现一些高速率要求的网络服务，其次是费用同样比较高（接入费用由电话通信费和网络使用费组成）。

3. XDSL 接入

XDSL 是一种新的传输技术，在现有的铜质电话线路上采用较高的频率及相应的调制技术，即利用在模拟线路中加入或获取更多的数字数据的信号处理技术来获得高传输速率（理论值可达到 52Mbps）。各种 DSL 技术最大的区别体现在信号传输速率和距离的不同，以及上行信道和下行信道的对称性不同两个方面。

这种方式主要以 ADSL/ADSL2 ＋接入方式为主，是目前运用最广泛的铜线接入方式。ADSL 可直接利用现有的电话线路，通过 ADSL MODEM 后进行数字信息传输。理论速率可达到 8Mbps 的下行和 1Mbps 的上行，传输距离可达 4～5

千米。ADSL2＋速率可达 24Mbps 下行和 1Mbps 上行。另外，最新的 VDSL2 技术可以达到上下行各 100Mbps 的速率。其特点是速率稳定、带宽独享、语音数据不干扰等。适用于家庭、个人等用户的大多数网络应用需求，满足一些宽带业务如 IPTV、视频点播（VOD）、远程教学、可视电话、多媒体检索、LAN 互联、Internet 接入等。

4. 光纤宽带接入

光纤宽带就是把要传送的数据由电信号转换为光信号进行通讯。在光纤的两端分别都装有"光猫"进行信号转换。光纤是宽带网络中多种传输媒介中最理想的一种，它的特点是传输容量大，传输质量好，损耗小，中继距离长等。光纤传输使用的是波分复用，即把小区里多个用户的数据分别调制成不同波长的光信号在一根光纤里传输。光纤宽带和 ADSL 接入方式的区别：ADSL 是电信号传播，光纤宽带是光信号传播。

通过光纤接入到小区节点或楼道，再由网线连接到各个共享点上（一般不超过 100 米），提供一定区域的高速互联接入。其特点是速率高，抗干扰能力强，适用于家庭、个人或各类企事业团体，可以实现各类高速率的互联网应用（视频服务、高速数据传输、远程交互等）；缺点是一次性布线成本较高。

5. 无线网络

无线网是一种有线接入的延伸技术，使用无线射频（RF）技术越空收发数据，减少使用电线连接，因此无线网络系统既可达到建设计算机网络系统的目的，又可让设备自由安排和搬动。在公共开放的场所或者企业内部，无线网络一般会作为已存在的有线网络的一个补充方式，装有无线网卡的计算机通过无线手段方便接入互联网。

随着我国"建设社会主义新农村"的深入开展，农村信息化建设不断推进，农村宽带入户问题越来越成为农民关注的焦点。目前我国农村各地的"数字农业建设""农业信息服务网络""万户上网工程"及"现代农民远程教育"等正蓬勃发展。

需求带动发展，越来越多的运营商和网络设备厂商不断投资、开发农村的网络市场，成为中国新农村网络应用的重要推进者，同时获得贸易市场机会。专业的无线设备品牌 UN-LINK 针对农村网络接进的需求，仔细考察了国内乡镇农村的环境，结合网络接进的需求，采用当前最成熟的数字微波通讯产品，推出了切实可行的农村无线覆盖解决方案，可以灵活配置满足农村无线网络接进的共性和个性化需求。

让大家仔细看了他培训用的电脑组成后，侯专家继续为大家讲解农民如何上网做生意。

二、农民上网做生意的好处

随着网络越来越发达，上网的人越来越多，网络致富成为当前的时尚话题，那么网络到底会为我们农民带来哪些实实在在的好处呢？下面我们通过几个网上致富的小例子来了解一下上网做生意能为我们带来什么。

侯专家坐在电脑前，轻松地用鼠标点出了"农业信息网"，他让大家看了很多通过网络获得成功的农户写的文章、交流的经验。

小故事

今年是广东省高州市荔枝丰产年，预计荔枝总产量将超 18 万吨。荔枝保鲜期和成熟期向来都非常短，尤其今年，入夏早，天气炎热，荔枝成熟期从往年的一个多月缩短为二十多天。这就意味着，今年大量的高州荔枝在极短的时间内"井喷式"上市。

大年低价，果贱伤农，似乎已经成为一个无法打破的规律。在多重不利因素叠加的影响下，高州荔枝能否跳过价格低迷的"泥潭"？

在高州市根子镇，镇党委书记叶富山介绍说："以白糖罂品种为例，往年的最低收购价是每斤 2 元左右，而今年达到每斤 4 元以上。"

困局面前，高州靠什么突围？

走进位于根子镇柏桥村的高州市丰盛食品有限公司的厂房，工人们正忙碌地分拣荔枝。总经理罗有汉说："今年，顺丰快递公司和'本来生活网'分别委托公司代为收购优质荔枝，并通过互联网面向全国销售。这两家公司从我们公司采购的荔枝超过 10 万斤。"

叶富山对记者说，可别小看这 10 万斤，带来的效应相当大。那边消费者鼠标轻点下订单，这边荔农上山摘荔枝，经过多重筛选，优质荔枝冷藏包装奔赴全国各地，往往从采摘到送到顾客手上不超过 24 小时。这种销售方式，除了充分利用快递的时间优势，还面向全国宣传了高州荔枝，发展了高端消费市场。而对于果农来说，最直接的变化是，丰盛公司收购的荔枝要求品质好，价格也高。就高州的荔枝收购市场而言，这无疑是一条"鲶鱼"：好货得高价，高州荔枝的品质优势就凸显出来了。丰盛公司收购的荔枝价格比市场收购价每斤高出 2～3 元，且实行最低收购价格五天承诺制，公布的最低收购价格五天不变。这样，其他收购商也无法压低收购价格。

吃了价格"定心丸"，荔农就淡定多了。村民何寿权一家忙碌了20多天，已经售出荔枝1万多斤，每次采摘荔枝回来他总是乐呵呵的。"往年大家担心荔枝价格会下降，都'赶早市'，前一天晚上将荔枝摘下来，第二天天未亮就拉去收购站，生怕去迟了价格低。今年不怕价格低了，大家都是早上五点多上山摘荔枝，送到顾客手上还是新鲜的。"坚挺的价格反过来确保了荔枝的品质。

来源：http://www.gaozhou.gov.cn/shtml/gaozhou/jr_gaozhou_20130614111227.shtml.

专家接着专门介绍了农信通，他打开百度的搜索页，输入"农信通"，让大家了解什么是"农信通"，告诉大家以后有问题时学会利用百度搜索查询。

"农信通"是中国移动推出的以服务"三农"为目标的信息化服务，通过短信、彩信、语音、手机上网、互联网等多种方式，为广大农民朋友提供政策法规、新闻快讯、农业科技、市场供求、价格行情、农事气象等信息，满足农产品的产供销、农村政务的管理及农民关注的民生问题等信息化需求，让农民朋友们足不出户就能知道丰富的农业信息。

小故事

广东省大亚湾铁涌镇作为马铃薯种植示范基地，虽然每年产量较大，但是产值一直没有新突破，经常受到天气、病虫等灾害的困扰。

了解到这一状况后，当地的村委会聘请专家带领工作人员现场为村民介绍"农信通"。整合了农业科技、商贸、气象、卫生、劳务等信息资源，提供从农业政策、农产品新品种、新技术、新药品、病虫害防治通报和预报，到农资产品市场价格、气象及灾情预报、劳动用工等在内的一条龙农村信息服务，并现场演示了"农信通"产品。

抱着试一试的想法，村领导方凤吉订制了"农信通"服务，很快"农信通"就给他发来了关于马铃薯种植等相关技术信息及其他信息。之后，惠东移动项目小组还专门联系了种植专家到溪美村，手把手指导农户种植。

在"农信通"和专家指导下，溪美村的马铃薯成功避免了虫鼠害，并在每次恶劣天气到来之前及时做好防范措施，使马铃薯产量由原来的亩产2 000余公斤，大幅增加到亩产3 000多公斤，人均收入节节攀高。

据了解，"农信通"在广东正日益成为农民科学致富的好帮手。广东移动与省农业厅合作开展的精准型"科技信息服务"，以省级专家为支撑、以本地专家为班底，从农民群众最关心的农作物、农产品、农副产品的日常种养殖科技需求出发，发展本地化的科技类品种服务信息栏目超过 1 000 种。当前，基于不断丰富、实效的科技种养殖信息，"农信通"业务定制用户达到 240 万，服务覆盖人数超过 700 万。

来源：http://it.sohu.com/20091230/n269296097.shtml.

　　看到这么多在网上获得成功和获得财富的例子，老宋更加坚信了自己能够通过网络赚取自己的第一桶金的决心。

　　这次通过专家的讲解后，老宋迫不及待去县城买了台电脑，他终于可以通过计算机上网了，感觉这网上的东西还真不少，一边上网看新闻，一边思考以后怎么通过网络来实现他的致富梦想。

第十六章 如何上网

把计算机连入互联网了，如何才能上网呢？第二个周末，老宋与村里骨干继续听专家培训，他相信只要自己学会了如何上网，再加上专家的指导，就一定能在网上赚取更多的财富。

一、网页浏览——浏览器的操作

常用的浏览器有 IE 浏览器、360 浏览器及火狐浏览器等，用鼠标左键双击桌面上的浏览器图标打开浏览器，在打开的页面中找到"搜索"，在旁边的空白处输入要搜索的内容，点击旁边的"搜索"或者"确定"键，或者直接按键盘上的 Enter 键。

网络上的信息都是通过网页的形式呈现的，在网络上查看信息，其实就是查看一个个的网页。要浏览网页，需要使用专门的软件——浏览器。浏览器就是可以显示网页内容的软件。目前 Windows 系统内嵌的浏览器是 Internet Explorer（简称 IE）。IE 是计算机网络使用时必备的重要工具软件之一，在互联网应用领域甚至是必不可少的。IE 内置了一些应用程序，具有浏览、发信、下载软件等多种网络功能，有了它，使用者基本就可以在网上任意操作了。当今最流行的浏览器有 IE9.0 和 IE10.0 等。下面我们来学习一下如何使用 IE 打开网页的方法。启动 IE 前，需要将电脑与网络连接，然后可通过各种方式启动 IE。

方式一：单击"开始"→程序，选择 Internet Explorer 命令，启动 IE9.0 浏览器。

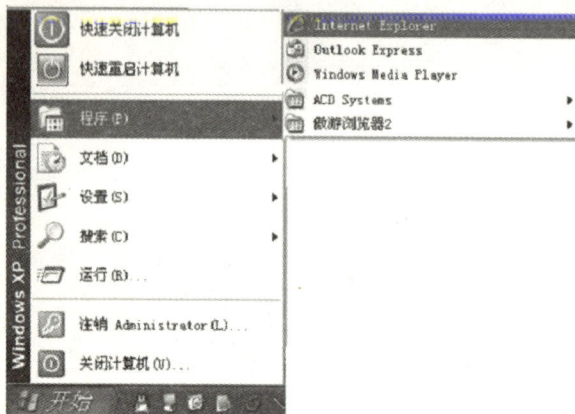

启动浏览器（方式一）

方式二：双击桌面上的 IE 9.0 图标，启动 IE 浏览器。

方式三：单击任务栏左侧的"开始"。

IE 9.0 快速启动图标，启动 IE 浏览器。

打开网页的时候，通常是先打开某个网站的主页，然后在该网站主页中单击相关链接打开该网站的其他网页。在打开网页前，先来了解一下什么是网址、网站、网页、主页（首页）。

网址：网址是用来标示网站或网页位置的。就像要去一个朋友家必须知道他家地址一样，要访问一个网站也必须知道它的网址。在网络上，每个网址都只能对应一个网站或网页。

网站：网站是提供网页内容的服务商，也可以说是若干网页的集合。网络上有形形色色的网站，如新浪、搜狐、网易等为用户提供各种服务。

网页：在 IE 浏览器中看到的页面就是网页，它为我们呈现网络上各种各样的资源。

主页：也称为首页，主页是通过某网站的网址访问到的该网站第一个网页，通过这个页面可以访问该网站的其他网页。可以这样理解网页、网站和主页：网站就像一本书，书中的每一页就是网页，而书的封面就是主页。

如果你知道要查阅的网址，请按照上面说明打开浏览器，在网页的最上方的网址处输入所记录的网址，按网址后进入网址的图标或者直接按键盘上的 Enter 键。如下图，就是输入网址的过程。

启动 IE 9.0 后，默认情况下，IE 9.0 打开的是微软中国公司的网站首页。如果要访问其他网页，例如打开三大门户网站之一的"新浪网"网站的首页（www.

sina.com.cn），可以按以下步骤进行操作：

（1）在 IE 的地址栏中单击，输入"新浪网"网站的网址 www.sina.com.cn。

（2）单击地址栏右侧的"转到"按钮或按"Enter 键"，便可进入新浪网网站的首页。

提示：在地址栏中输入网址后，系统会自动在其前面添加"http://"，这是超文本传输协议自动添加的，用来在网络上传送网页。

新浪网首页

把鼠标指针移至网页中某些内容上时，若鼠标指针会变成一只"小手"，说明这些内容是超级链接（也可简写为超链接），单击它就可以打开相关的网页。网页上的文字、图片、动画都可以是超级链接。下面以"新浪网"网站为例，看看如何打开链接网页。具体操作如下：

（1）打开"新浪网"首页，单击任意超级链接，如单击首页左上方的"财经"超级链接。

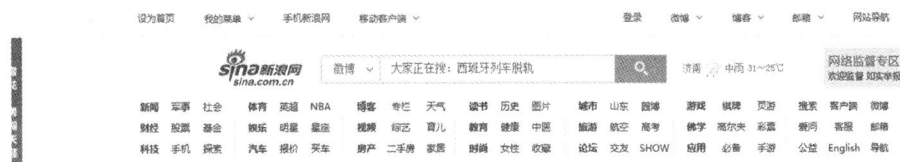

点击"财经"超链接

（2）稍等片刻，便可打开新浪网"新浪财经"的页面。在该页面中单击相关超级链接，便可以打开其他网页进行浏览。

"新浪财经"页面

二、上网做生意的技巧

学习了怎么上网，那以后就可以在家里上网冲浪了，浏览信息，关注新闻。如果在网上和别人做生意，该注意些什么呢？

网上做生意不外乎网站建设和推广销售，要提高排名、曝光和点击，首先是关键词的优化，其次是推广，做好这两点就会带来不少客户的光顾。可以尝试下面的方法：

（1）产品的图片需要处理。要知道，电子商务网站首先卖的是图片，图片是买家对你的第一印象，这关系到买家是否有点击的意向。美观最重要，图片不好看，人家认为你不专业，自然不会点击你。

（2）关键词尽量设置多一些，多多益善。想要获取更多的关键词，你可以免费体验网销宝。免费开通了以后，网销宝里面的账户会有系统送的100元。你可以点击你正在使用的服务网销宝，添加推广计划，就可以看到你的产品相应的关键词了，把里面的关键词都提取出来，然后就可以整合成许多顺溜的标题了。如果你还嫌关键词不够，可以在阿里上面输入你的产品，看排名靠前的卖家是如何设置关键词属性的，提取有用的词语修饰下自己的产品。

（3）产品属性需要达到百分之百的完整，也就是必须发一些五星级的优质产品，这样才能获得更好的曝光效果。产品完整度越高，品质也越高，所获得的排名自然就会越靠前，而且有低于五星的产品也会影响到其他五星产品的排名。

（4）到论坛发原创帖子，也可以把帖子导入阿里博客里面，吸引买家，而且要在文章中适当加入自己店铺的链接，提高排名，这样也能提升店铺的点击率。

（5）到生意经、云计划等网站去答题或者提问，提高个人网店的知名度，也能多结识一些潜在的客户。同时你也可以在回答问题的过程中得到成长。

（6）每天必做的一点是发布一个或者一个以上新产品。这个是比较重要的，产品有更新，说明你有去操作，即使没有了新产品，也可以把老产品删除，重新发布该产品，这样排名也会有提升。

（7）每天必做的第二点是重发一下公司的所有产品，批量重发也只要短短的几分钟，不会占用你太长的时间，但是可以帮你保持比较好的排名，何乐而不为呢？

（8）加入诚信通。有条件最好是缴纳诚信保障金或者加入诚信保障团，这样既可以提高排名，又能增加消费者的信任度。阿里上面的排名都是从标王、网销宝、诚信通、普通会员一级一级排下来的，所以不要想着当个免费的会员就能得到很好的收益。

（9）每天都要保持互联网在线状态，这样有意向的消费者才会主动联系你。有很多人看到互联网没有在线就不会点击你的网站，这个很多人都经历过。而且网络在线也可以增加企业的活跃度，对活跃度排名也是很有好处的，可以在排行榜直接找到我们的企业。

（10）通过人脉通寻找客户。现在可以添加"人脉通"应用，添加之后就可以显示在上面跟供应产品同一条导航条的地方，方便进行人脉的搜索。通过人脉通可以搜索商友，结交商友，互相添加友情链接，增加公司的外链。

（11）要经常参加推出的活动。比如近期推出的创赢天下中国网商成长大赛，可以在参赛过程中学习经验，而且可能有意外的收获。

（12）在节假日适当推出促销活动。你可以采用品牌折扣或者赠送小礼品等优惠活动。

（13）建立会员等级制度。认真做好会员管理，增加回头客，经常推出会员优惠政策，对会员进行二次营销。

（14）利用好精准营销。精准营销是一个比较不错的工具，可以帮助你过滤访客，更好地联系潜在的客户。

三、上网做生意的注意事项

上网做生意的技巧掌握了，那么计算机的安全方面都需要注意些什么呢？

上网用的计算机的安全问题很重要，其中浏览器的安全设置尤为重要。安全选项是管理浏览器安全的核心设置，可以针对浏览器浏览不同网页时设置不同的安全等级。当然，一般是不会做这些限制的。

Internet 选项页面里，"Internet"表示访问互联网上的所有网页，"本地

Intranet"是指本地的一些页面浏览，"受信任的站点"指的是自己定义的白名单站点，"受限制的站点"同样也是自己定义的，针对不同的网点可以设置出不同的安全等级。具体做法是这样的：选中要设置的区域（如 Internet）后，点击自定义级别。如某个网站打不开，此时最简单的操作是把级别设定低一个级别，从中—高级调到中级，然后点重置，再点确定，完成级别定义。当然，如果你已经知道打不开网页的原因，可以对相应选项设置。

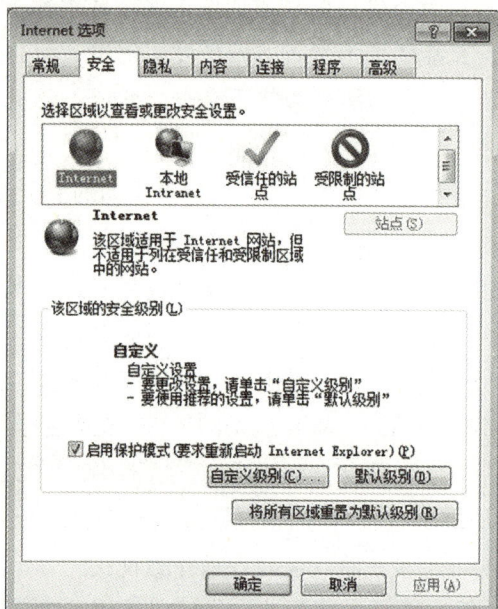

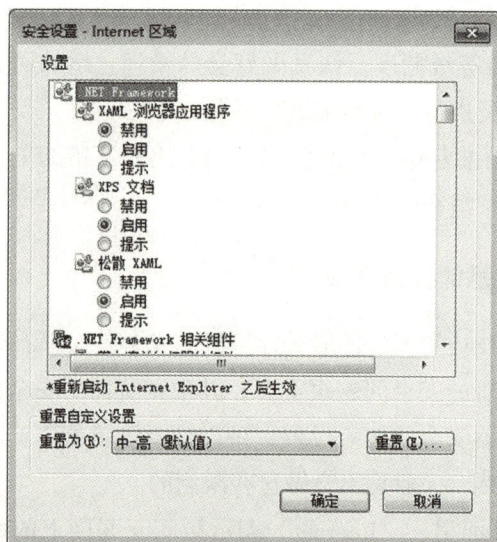

其他需要注意的：

（1）"隐私"是对一些问题网站进行限制的管理窗口。

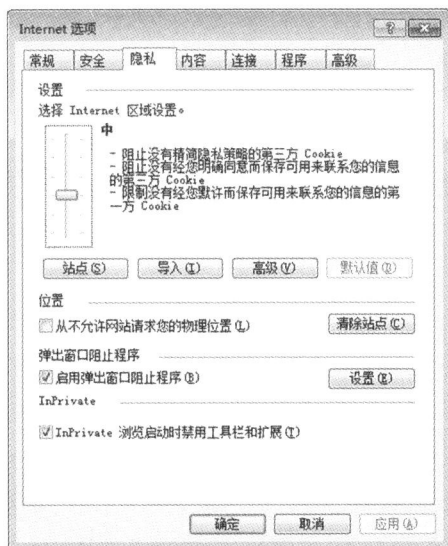

"隐私"设置

（2）"内容"里面可以设置家长控制，主要涉及账户登陆及登陆一些游戏网站的设置。"内容"里面用得比较多的是"证书"管理，证书管理中可以管理一些网站发布的证书，如网银的 CA 证书等。

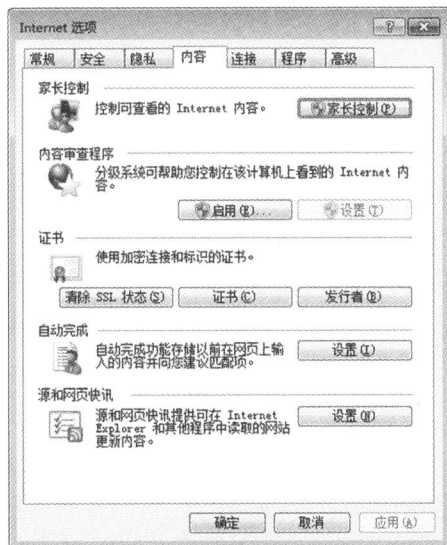

"内容"设置

（3）"连接"里面主要设置浏览器的连接方式，如拨号或局域网连接，这里面的选项一般比较少用。

（4）"程序"里面可以设置是否把IE设置成默认浏览器，可以管理加载项等。

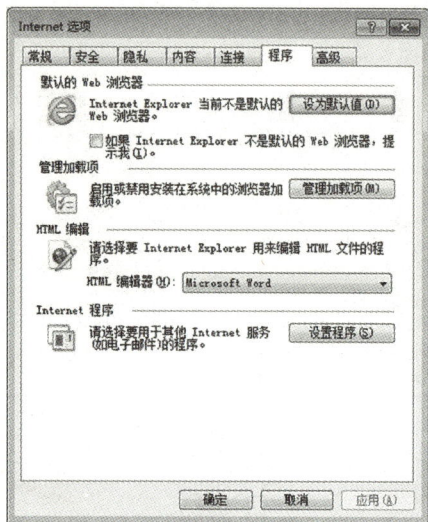

"程序"设置

（5）"高级"里面设置浏览器的常规选项，也可以针对浏览器的安全做相应的设置，用得比较少。一般需要调整这个选项的时候一些网站都会在显要位置上做说明，根据说明做相应设置即可。

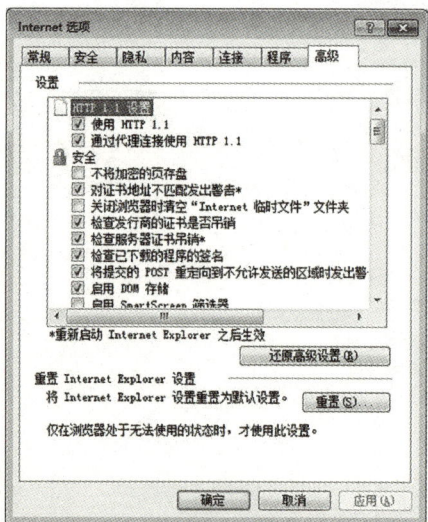

"高级"设置

听了以上内容，老宋这下可高兴了，在这次培训结束的时候他已经学习了不少关于计算机的知识，还懂得了一些上网做生意的技巧，在网上就可以大展身手了。"从4月到5月，老宋通过互联网找客户，卖出60吨的西瓜和甜瓜，净营利4万元"，村支部书记董大伟激动地说，"这在过去想都不敢想啊，我们农民也能上网谈生意了"。

另外一些农户也通过科技知识的学习尝到了甜头。合作社骨干成员老李说："通过网上卖瓜，我们家今年每棚至少要多收入2 000多元钱。"因为这样可以节省运费、油费、地皮租费等，再加上好瓜卖上了好价，又少了摔碎、烂掉等损耗。村支部书记董大伟说，盈利4万元，这还是保守的估计，因为利用互联网，瓜农们打了个漂亮的阻击战，也就是说西瓜、甜瓜上市早，卖上了好价钱。据了解，从4月20日左右，刚上市的甜瓜就卖到了每斤5块钱，小西瓜也卖到了每斤4块钱，到了5月中旬，市场上西瓜、甜瓜价格下降时，村里的瓜就已经卖得差不多了。

第十七章 互联网能帮你做什么

　　第 3 个周末，大家一脸兴奋，聚集在一起讨论上网做生意的心得，侯专家也不时给大家建议与指导。他接下来为大家讲如何利用网络来为农民造福，提高农村生活水平。

　　让农业增产，让农民增收，这是党中央、国务院解决"三农"问题的最终目标。然而在现实生活中，我们却不时听到"某地大白菜滞销，烂在地里无人问津""某地蔬菜价格上涨，白菜卖出了猪肉价"之类的消息。有人不禁要问，为什么不把丰收地的农产品调一批到稀缺地去呢？从理论上来说，这是一个非常好的想法，但是在实际操作中，有一个难题却让人们头疼不已，那就是城乡之间信息沟通不顺畅，导致农产品不能合理地在各地之间调配。

　　有了网络，这些难题就可迎刃而解了，那么如何利用网络来为农民造福，提高农村生活水平呢？

一、寻找致富门路

　　农民要上网"淘金"走致富路，关键是要利用好互联网的搜索功能，从纷繁复杂的网上资源中，搜索和分析出适合自己实际情况的有效资源，然后有步骤、分阶段地对这些资源进行整合，从而得到自己最急需了解的信息。现在，不少网站使用"竞价排名"的营利模式，对用户搜索的结果进行技术处理。这种方式容易使用户认为，排名靠前的网站、信息的名声大、影响力强、值得信任。其实，搜索结果的排名次序并不代表信息"含金量"的高低，很多时候，排名靠后的网站、信息也具有很高的实用价值。因此，农民朋友在搜索信息时，应多看几页搜索结果，最好对每一页搜索结果中的每一个网站、每一条信息都仔细地看一遍，从中找出有价值的"真金白银"。

上网时做到有的放矢，才可以事半功倍。农民朋友上网"淘金"时，可以按照种植、养殖、加工等行业分类，搜索相关的专业网站，而且要特别注意网站是由哪个单位或公司建设的。如中国农业信息网由农业部主办，"三农在线"由农民日报社主办，地方农业部门和农业龙头企业也都有自己的网站，这类网站所提供的信息是值得信赖的。大家在浏览网站时，还要全方位了解网站的内容、结构，以及信息的更新情况。如果网站的层级页面较多、栏目分类细致、信息更新迅速，说明网站的内容丰富、详实，可以动态反映所涉行业的最新发展情况；反之，则不具有参考的价值。

互联网的优势之一就是它的即时互动性。农民朋友可以在专业网站上发布供求信息，及时反映所在地的农产品生产状况，同时在线与网友、经纪人、网站工作人员充分交流，参加相关行业的 QQ 群，以便发现商机、寻求合作。针对农民朋友在生产中遇到的难题，有的网站还有专家在线咨询系统，通过电话、在线聊天等方式，定期地为大家解答疑惑，天南海北的人就像在一个屋子办公一样高效便捷。这种方式简单、直观，便于农民朋友掌握，值得大家尝试。

需要引起农民朋友注意的是，有些不法分子通过仿冒知名"三农"网站的页面、结构等方式，发布虚假的市场信息，组织所谓的优惠活动，坑骗农民的钱物。因此，大家在登录相关网站、参加活动前，一定要通过搜索网站核对该网站的网址，以防被骗。

上网"淘金"并不是一件难事，农民朋友只要有勇于探索、不断学习的决心，就一定能够通过互联网对接大市场，不出家门便知天下事。

巨大的信息量让农民朋友的思维不再局限于眼前的农作物品种和周围的小市场，网络不断引导农民的思维走出局限的小村庄，足不出村便可了解农产品市场，找到适合自己的致富路。

小故事

种什么，先看市场；买什么，关注网上动态。今年以来，疏勒县艾尔木东乡农民白天在农田忙活，晚上也闲不着，他们通过互联网远程教育等方式了解农产品的价格、农资信息，及时发现新品种、掌握新技术，合理安排好农业种植结构。互联网成了他们依赖的"军师"。

通过普及网络远程教育，该村农民足不出户就可以学习科学种养的相关知识，实现增产增收。近年来仅艾尔木东乡各村的远程教育站点就先后培训农民700多人次，75%的农民掌握了一门以上实用技术。通过远程教育，该乡引进50多个种养新品种，蔬菜大棚增至200多座，为全乡农民每年增收近百万元。

目前，该县现代远程教育网络教育点已达到260个，全县建制村的覆盖率达到100%。网络为农民带来了更多的致富门路，为农民朋友拓展了视野，让农民有了更多的致富思考。

来源：http://www.takungpao.com/sy/2012-07-26/content_822956.htm.

二、网络营销

要让电子商务先行，带动农村信息化建设。电子商务能够带动农村地区制造业及其他配套产业的发展，促进农村产业结构转型和升级，也提高了周边地区信息化使用程度。

互联网的信息共享功能可以为农产品的宣传和销售提供平台，农民可以通过在网上发布关于产品介绍的信息来宣传自己的产品，也可以通过开网店或者其他方式来进行销售。

小故事

网上卖菜，早已不是什么新鲜事。随着农产品和电子商务的不断接触，兰溪"80后猪倌"陈立宾最近又擦出了新的火花，只要动动鼠标，洗净切好的菜就送上门，供客户下锅烹饪。

陈立宾是兰溪市黄店镇大坞陈村人，大学毕业后一直在杭州、金华等地从事IT行业，工作安逸，收入可观。2010年，他突然有了一个想法：作为一位从农村走出来的孩子，何不干点农民的事？于是，他回家承包了三亩农田，注册了绿菜农产品合作社，建起了猪圈，搞起当时还不多见的特种野猪养殖。

"刚开始的时候，什么都不懂，从养殖到营销，都是自己边学边干的"，陈立宾说。前两年基本没钱赚，到了 2012 年，效益才开始显现，全年营业额做到了 100 多万元。现在，陈立宾主要在杭州拓展市场，基地里近 100 头野猪则交给父亲管理。而除了销售自家野猪外，陈立宾还组织销售农户养殖的野兔、野鸭等。目前，陈立宾已经成为杭州开元、悦榕庄、海外海等星级酒店的野味供应商。

有需要就有商机。一个偶然的机会，陈立宾接触到了净菜配送。"净菜配送在一些大城市很受欢迎，尤其是对年轻人，平时很少去菜市场，半成品净菜让做饭变得简单起来。"今年年初，陈立宾在淘宝网上开起了网店，试水净菜配送，将生意从酒店延伸到了家庭。

龙井虾仁、钱江肉丝、野猪肚炖汤……陈立宾的净菜开发也吃准了江浙沪消费者的口味。他自行采购食材用料，然后由酒店加工上料，配送途中还要放入冰袋，以确保新鲜度。在网站上，陈立宾还对每道菜进行评级，分初级入门、中级掌勺等难易程度，而在页面中，除了产品信息外，还有一个详细的制作流程，"菜鸟"们可现学现卖。为了尽量简化订购流程，陈立宾还推出 24 小时发货、包邮、同城配送等服务。

"前段时间受禽流感影响，野味禽肉生意惨淡，但净菜配送丝毫不受影响。"试水将近半年时间，陈立宾的淘宝店月营业额一直维持在 1.5 万元上下。现在，陈立宾还注册了"戒欺"商标，规范管理，专业服务，"我还想在杭州开家实体店，销售新鲜、安全、健康的养殖野味和净菜半成品，同时营销兰溪丰富的农特产。"说起发展前景，陈立宾信心满满。

来源：http://spzx.foods1.com/show_2188316.htm.

互联网不仅能帮助农民卖农产品，也可以减少中间环节，让市民得到实惠。谢光华告诉记者，一般蔬菜从田间地头到消费者餐桌，须经历"农民—产地小菜贩—产地大菜贩—长途运输户—销地大菜贩—销地小菜贩—市民"等多个环节，层层加价推高了菜价，而在网上销售至少可以减少两三个中间环节，市民买菜可便宜 30%。

可能有些农民朋友知道这个网站——农民巴巴网（http://www.nonmin88.com/），是中国首家专业土特产礼品网上购物商城。2010 年湖州市农业局为加快湖州市农产品的销售而成立湖州市名特优农产品快购有限公司，致力于通过现代电子商务模式与传统零售模式进行创新性融合，以现代化网络平台和呼叫中心为服务核心，以先进的直销营销理念，配合高效完善的配送系统，实现无中间商、无店铺租金的经营模式，真正做到为广大用户提供绿色、天然、健康、物美价廉的产品和安全快捷的购物服务。

三、网络交流

网络化以前的农村人际交往仅限于本村人和外村的同学、亲友，交往的圈子很有限。如今农民可以通过网络结识不同地方的农民朋友，交流种植经验。即使是亲友，如果相距很远，在不同的省份，联系也很少，现在通过网络可以聊天和视频，大大方便了沟通。以前的农业专家只能在电视上看到，如今通过网络，每个农民都有机会与专家在线咨询交流，这样就大大拓展了农民的人际交往圈子，同时提高了他们交友的质量。

最简单的一个例子就是视频带来的远程聊天。老陈是个60岁的农民，几个孩子都在城里，如今孩子给陈先生在家里买了电脑装上了宽带，陈先生最为高兴的就是能和孩子每天视频聊天，还有一些多年不见的同学现在也通过网络联系上了，现在还学会了玩游戏，游戏中也有一些朋友，虽然没见过面但也聊聊天。陈先生说真像人家说的，上网真是见世面，能跟不同的人交流，孩子、朋友还有知识渊博的农业教授，很开心。

网络已经越来越深入人们的生活，利用网络进行交流也逐渐成为继写信、电话之后最重要的交流方式之一。网络作为一种信息通讯、数据传递和资源共享的方式和手段，具有无比的优越性，它的高效率、全球性、虚拟性等是现代社会不可缺少的。网络交流跨越时间、空间的限制，而且交流内容更加丰富多彩。

目前常见的网络交流方式包括电子邮件、网络聊天（即时通讯工具，如QQ、MSN等）、论坛、博客、网络电话、视频会议等。先来看看收发电子邮件和网络聊天这两种应用最广泛的交流方式。

（一）电子邮件

电子邮件（electronic mail，简称 E-mail，标志为 @，也被大家昵称为"伊妹儿"）又称电子信箱、电子邮政，它是一种用电子手段提供信息交换的通信方式，是网络应用最广的服务。通过网络的电子邮件系统，用户可以用非常低廉的价格（不管发送到哪里，都只需负担电话费或网费即可），以非常快速的方式（几秒钟之内可以发送到世界上任何我们指定的目的地），与世界上任何一个角落的网络用户联系，这些电子邮件可以是文字、图像、声音等各种形式。

目前，网络上的电子邮箱大多数都是免费提供使用的，提供免费电子邮箱的网站有很多，例如企通商务邮箱、新浪、搜狐、网易、TOM、139 邮箱、189 邮箱等。下面以新浪邮箱和企通商务邮箱为例介绍一下如何收发电子邮件。

1. 注册邮箱

要收发电子邮件，首先需要申请一个电子邮箱，获得一个电子邮件地址。每个人的电子邮件地址在网络上都是唯一的，这同在邮局申请邮箱地址一样。

（1）启动浏览器，在地址栏中输入新浪网站的网址 www.sina.com.cn，并按 Enter 键，打开"新浪"网站首页，然后单击"邮箱"超链接。

（2）直接在浏览器地址栏中输入 mail.sina.com，打开新浪邮箱页面，点击"注册免费邮箱"按扭。

（3）进入新浪会员注册免费邮箱页，如下图：

（4）在打开的网页中"邮箱名称"右侧的文本框中输入用户名。如果输入的用户名已被人注册，则会提示，需继续输入其他的用户名。如未提示被占用，就按要求输入密码，在"验证码"后面的框内输入右边图片上看到的验证码。点击"立即注册"。

（5）注册成功，进入新浪免费邮箱。请记住注册的邮箱用户名和密码，现在就可以使用电子邮箱收发邮件了。

2. 发送电子邮件

成功申请免费邮箱后，就可以使用电子邮箱来发电子邮件了。要收发电子邮件，首先要在提供邮箱的网站中登录邮箱。

（1）启动 IE 浏览器，进入"新浪"主页，单击"邮箱"链接，打开"新浪免费邮箱"网页窗口。在网页中相应位置输入用户名和密码，然后单击"登录"按钮，即可登录邮箱。

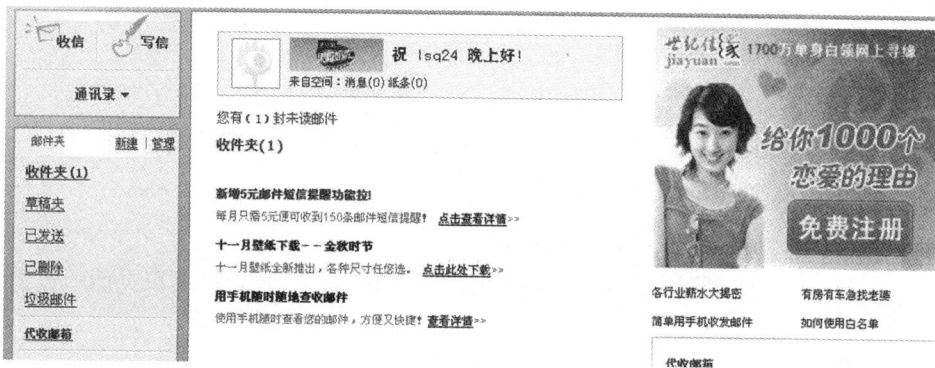

（2）登录邮箱后，单击左侧的"写信"按钮，打开写邮件的网页。

（3）在打开的写邮件网页窗口中输入收件人邮箱地址、主题以及邮件内容。如果想随信附上一张图片（或其他文件），可单击"添加附件"按钮，打开"选择文件"对话框。

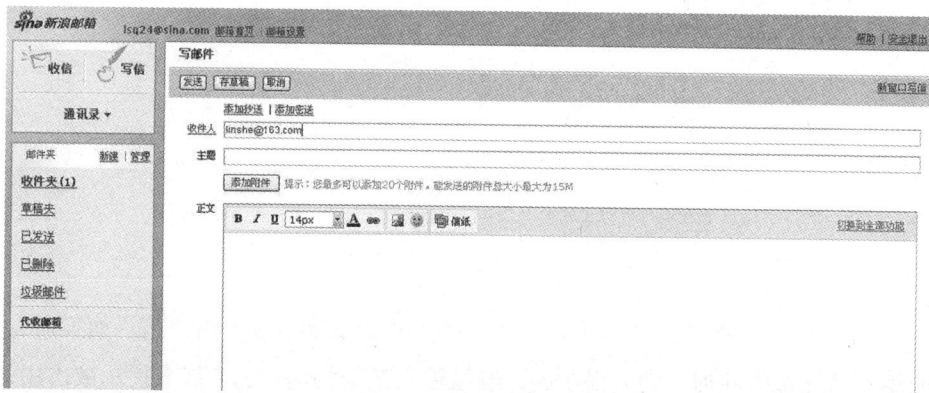

（4）在打开的"选择文件"对话框中，选择要发送的文件，然后单击"打开"按钮，则添加附件成功，附件名称显示在"添加附件"按扭下。如果想删除它，则点击文件名旁边的"删除"。

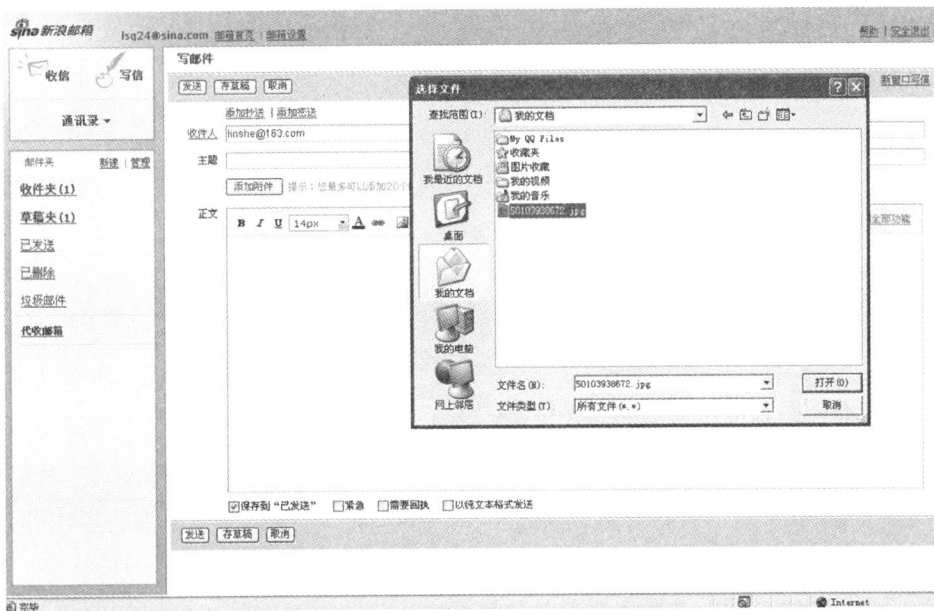

（5）回到邮件内容编辑网页，单击"发送"按钮，将编辑好的邮件发送出去。

（6）邮件发送成功后，将弹出邮件发送成功页面。单击"写信"按钮，可返回邮件编辑页面，继续编辑其他信件。

3.接收电子邮件

下面再来看看如何读取邮件，具体的操作如下：

（1）登录自己的邮箱。如果有新的邮件，则会看到"收件夹"旁边显示新邮件的件数。单击"收件夹"按钮。

（2）打开邮件列表，单击要阅读的邮件链接，即可打开邮件并阅读邮件内容。

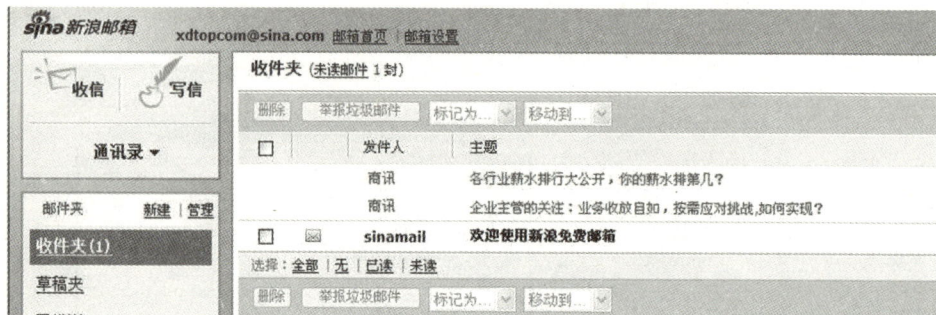

（二）网络聊天

网上聊天是目前较为流行的一种网上交流方式，无论身在何处，只要接入网络，就可以与世界各地的朋友进行交流。目前，用 QQ 和 MSN 进行聊天是最广泛的聊天方式了。下面以 QQ 为例，介绍如何使用 QQ 进行网络聊天。我们可以使用 QQ 和好友进行交流，发送文字、图片，传送视频、语音和文件等内容，此外 QQ 还具有语音视频聊天、与手机聊天、传输文件、共享文件、QQ 邮箱、备忘录、网络收藏夹、发送贺卡等功能。

1. 申请 QQ 号

要使用 QQ 聊天，首先要下载 QQ 软件，可到腾讯官方软件下载中心"im.qq.com"免费下载 QQ 软件，根据提示安装在电脑中。下载与安装软件的方法很简单，这里不再赘述。安装好 QQ 软件后，需要申请一个 QQ 号码，然后登录 QQ 即可开始聊天。

（1）启动 QQ，打开"QQ 用户登录"对话框，单击"注册帐号"链接。

（2）在打开的申请 QQ 号码网页中单击"网页免费申请"链接。

（3）在打开的填写基本信息页面中，根据提示填写相关内容，完成后，单击"确定"按钮。

（4）将前面设置的密码提示问题的答案输入到相应的文本框中，然后单击"下一步"按钮。

（5）在打开的页面中将提示用户申请成功，并显示申请的 QQ 号码。

2. 查找和添加好友

有了 QQ 号码就可以登录 QQ 进行聊天了。登录 QQ 后首先是查找和添加好友，然后才能和好友聊天：

（1）双击桌面的 QQ 快捷图标，在打开的"QQ 用户登录"对话框中输入 QQ 号码和密码，单击"登录"按钮。

（2）在打开的对话框中选择上网环境，然后单击"确定"按钮，打开 QQ 操作界面。

（3）单击 QQ 操作界面底部的"查找"按钮。

（4）如果知道好友的号码，可在"基本查找"选项卡中的"对方帐号"文本框中输入好友的号码，单击"查找"按钮。

（5）找到好友后，在对话框的账号列表中选择好友，并单击"加为好友"按钮。若有兴趣的话，也可以自己动手去选择陌生人做好友：在"查找／添加好友"对话框中打开"高级查找"选项卡，选中"在线用户"复选框，以及省份、城市、年龄、性别，然后单击"查找"按钮，即可列出符合条件的用户。

（6）若对方需要身份验证，在该对话框中输入验证信息，单击"确定"按钮，等待对方回应。

（7）若对方接受好友的请求，此时 QQ 面板下方会有图标闪烁，双击打开一个提示对话框，单击"确定"按钮互加为好友。

（8）加好友后在 QQ 操作面板中就显示了好友的头像。双击好友头像，即可在打开的对话框中进行聊天了。

四、丰富业余生活

网络可以方便农民在业余时间消遣。比如想听音乐，就可以免费下载音乐播放器下载喜欢的音乐，不仅仅局限于电视、光碟等。丰富的网络视频资源也便于农民在业余时间自由选择喜欢的电影、电视剧及其他视频创造了条件，大大丰富了农民的精神生活。农民也可以通过网络了解其他地方农民的业余生活，或者了解都市人的业余活动，不断丰富自己的生活。

小故事

"以前光跟着中专班的老师学，没想过还能这么学，现在俺们都是在家上网学了。在课上没记住的动作，回家上网还能学。"3月30日，延庆镇唐家堡村文化组织员闫海珍一边看网上的印度舞教学视频，一边乐呵呵地说。走进该村的文化大院，村民们正在排练印度舞蹈《欢乐的跳吧》，伴随着欢快的音乐，队员们身着演出服装，整齐划一的动作，神采飞扬的表情，丝毫看不出这是一支农民舞蹈队。闫海珍腼腆而又略带得意的神情说："这都是俺们自己上网学的。"

近段时期，随着农民物质生活水平不断提高，追求文化生活的方式也在发生转变，延庆镇农村刮起一股网上学习跳舞的风潮。各村的文化组织员和文艺骨干白天上中专班学理论，晚上在家上网根据村民意愿选择舞蹈内容、伴奏曲目。现在，延庆镇20多个街村，天天晚上有活动，各种广场舞、秧歌、交谊舞，无论是村委会的文化大院还是村头空地，到处都能看见农民舞动的身影，网上学舞的成果遍布延庆的乡间大地。

由于网上学习更为便利，自主性也更高，各村的文化活动日益丰富，特别是广场舞，难度越来越大，曲目越来越多。赵庄村赵丽艳根据村民的要求，通过网络视频学习了百余支舞蹈，每晚带村民练习。她的这种学习方式也勾起了村民网上学舞的欲望。很多村民利用自家的电脑上网搜集学习教程，下载喜欢的伴奏音乐。说起学过的舞蹈，村民们如数家珍，不管是《荷塘月色》《火苗》《快乐广场》等传统舞蹈还是当前流行的《江南style》。网上习"舞"，跳舞健身已经成为村民的生活习惯，村民孙大姐兴奋地说："俺们现在既是网民，也是'舞'民！"

来源：http://www.chinadaily.com.cn/hqgj/jryw/2013-04-09/content_8709853.html.

除上网直接学习外，农民们还利用网络进行交流学习，把生活中遇到的问题、学习视频分享到视频网站、论坛、QQ空间，接受网友的评论。张林所在的村支部副书记李芳是乡镇文化组织QQ交流群的群主。据她介绍，现在群里成员不光组织员，还包括各村的文艺爱好者，大家谁在学习中遇到困难、有了好的想法、看到好的视频，都会在群里分享出来。通过网络学习，大大提高了大家学习的积极性和主动性。

可以说互联网不仅给农民朋友带来了先进的文化知识以及发家致富之道，还给他们提供了丰富的精神文化，让他们在日常生活中享受着互联网带来的乐趣。

如何实现农村信息化

专家第四次给村民辅导农村信息化应用时，张林也来了，因为县农业局让他这个文化人带头搞好村里的信息化建设。张林从很多省市和地区的经验来看，农村信息化对农村的发展有事半功倍的效果。张林想咨询专家如何针对村里现状，进行信息化建设。

一、解决"最后一公里"问题

专家告诉他，要实现信息化，首先要打通"最后一公里"。

小知识

　　打通"最后一公里"是近几年农村信息化的主旋律，各地开展的电脑进村、"三电一厅""农讯通"等均有效地将信息落地农村，给农村带来了很大改变。例如农民可以通过网络、手机短信了解市场供求信息，通过农业专家系统提高农业技能，还可以利用信息化开展村务管理等。但是，应该看到在贫瘠的农村解决"最后一公里"的问题需要长期的努力。因为"最后一公里"的问题不仅是基础设施的"最后一公里"，也不仅是计算机装备的"最后一公里"，还应该包括有效信息利用的"最后一公里"，只有解决了这些"最后一公里"，才能使农村信息化真正惠及百姓，才能在新农村建设中真正发挥作用。应该看到城乡之间的"数字鸿沟"仍然存在，信息不对称仍然愈演愈烈，"最后一公里"的任务依然艰巨。

　　　　　　来源：http://blog.sina.com.cn/s/blog_77f4ca5e0100rztu.html.

　　如何解决"最后一公里"问题是比较让人头疼的。张林根据网上搜索的信息，清楚地认识到"最后一公里"不仅仅指的是基础设施的距离，还包括怎么把新农村信息化真正让本村居民接受，让村民的生活真正地实现信息化，才是"最后一公里"所需要解决的问题。

通过对新农村建设内涵的进一步认识和对信息服务手段的进一步剖析，结合多年的信息化经验，侯专家建议张林首先应按照县里的信息化宗旨，在村里成立信息化领导小组，制定"农村信息化方案"。在指导思想上，县里将明确农村信息化要做到统一规划，统一组织领导，统一资源开发，统一信息员队伍建设；在具体实施上，做到以农村信息服务平台为依托，广泛采用各种信息服务手段，让信息化尽快惠及百姓，推进新农村建设。

其次，专家建议组织村委会，围绕村民急需的农产品市场和科技信息服务，提供国家政策、农业技术、市场行情、供求渠道等信息，并提供本地资源保障服务平台，解决农民迫切需要解决的问题。

最后，针对农村信息服务平台的资源保障，乡里要专门成立一支由各乡镇办、政府各部门组成的信息员队伍，培训上岗，为乡里的信息化提供稳定的技术服务。

二、农业资源数据库建设

张林问："我在网上查到了很多对村民有用的信息，想把这些信息汇总起来放到村里建设的信息化平台上，可是怎么整理呢？"侯专家解释说，这需要进行数据库建设，建设的目的是把大量无序的有用资料，以数据库的形式来存放，便于管理、查找和使用，提高使用这些资料的效率；专用数据库的建设，可以使工作人员有意收集此类资料，实现数据的共享和集中管理，便于数据的积累，防止丢失。建设农业信息平台可以建立这样一些数据库：

1. 农业资源环境信息数据库

收录农业的基本状况，包括地理信息数据、气象资料数据、土壤资料数据、生态环境等各种与农业相关的统计性数据。

2. 农业品种（名、优、特产）资源数据库

收录全国农业新品种，包括名牌产品、优质产品和当地特色产品。

3. 农业科技成果数据库

收录全国主要农业科技发明创造。

4. 农业新技术及设备信息数据库

收录农业生产新技术、新成果及农业设备信息。

5. 农业科技文献数据库

主要收录公开发表的大量的科技文献、实用技术文章。

6. **农业高等院校数据库**

收录全国各地农业高等院校信息，特别是山东地区农业专业大学的信息。

7. **农业科研机构数据库**

收录本市、山东省及全国科研机构的信息。

8. **农业专家、人才市场数据库**

农业技术人员是农业信息化的主要力量，他们分布于各地市和乡镇，人员多、层次复杂、专长多样，掌握这些科技人才信息，是农业系统领导关心的问题，因此建立农业科技人才数据库是必要的。数据库应主要收录科技人才的个人基本情况、专业特长、工作单位情况等，并实现可以按照行政区域和专业特长进行分类，便于浏览查找。

9. **农业产业化龙头企业数据库**

收录本地内外涉农企业的名称、联系方法、企业规模、主要业务范围等信息。该数据对于当地政府的招商引资、农产品的销售、农副产品的加工、农资的购买具有指导意义。

10. **政策法规、质量标准数据库**

收录国家和地方农业方面的政策法规、农业行业标准和行业规范等。

11. **农用生产资料数据库**

以向农民提供农用生产资料的使用信息为主，内容涉及农药、化肥、农膜、植物生长调节剂、农机具等各种农用生产资料的性质、使用方法、国内外主要厂家的产品、产品检验、假货识别常识等，必要时可以提供相关的购买信息，用于指导农民购买和使用农用生产资料。

12. **农民经纪人及种养大户数据库**

收录农民经纪人、种植大户和养殖大户的基本数据，如农户基本资料、农户养殖和种植范围、农户的经营规模、农户的效益情况等。该数据库对于农业系统领导指导重点农户的生产经营具有指导意义。

13. **批发市场数据库**

收录全国主要批发市场的信息。

这样张林彻底明白了，原来建立数据库就是整理和收集数据的最好方法。上述数据库的管理和维护界面要统一起来，这样便于用户的使用，用户只要学会一种数据库的查询和使用方法，就可以同时学会其他数据库的使用方法，同时也便于系统管理员对数据库的维护。就数据库的功能来说，它提供给用户有按照分类逐条浏览数据库中的信息和全文检索、条件检索等几种方式，提供给

系统管理员的还要包括数据的添加、删除、修改、备份等功能，部分数据库可以根据数据格式提供数据采集功能。

这时，张林想起村委每天都要处理大量的文件，本来不大的村委会办公室堆满了这样那样的文件，那村里有了信息化平台后，能否将文件处理的工作也放到计算机中？于是他咨询侯专家，专家说可以实现在计算机中办公，不过它有个很好听的名字，叫作办公自动化。

办公自动化平台是建立在局域网上的无纸化办公平台，办公自动化平台的设计重点考虑三方面的内容：一是真正适合于政府部门的办公自动化平台；二是采用带有农业特色的办公自动化平台；三是办公自动化平台能够和现有的省、市级农业信息平台很好结合，信息能够共享，这样就能够同时起到内部办公网的作用。

三、农产品供求信息发布、网上交易、农产品价格系统

1. 农产品供求信息发布系统

农产品供求信息发布系统是建立在服务器上的，通过这个系统平台可以轻松地实现农产品的销售和运送。农产品供求信息发布系统主要给网站的使用者提供一个在网上发布供应和需求信息的平台，网站的使用者可以把自己能够提供的农产品发布在网上，详细描述农产品的品种、质量、特征、数量、价格等信息，并且留下自己的联系方式。如果浏览网站的其他人恰好对该商品有需求，则可以通过网站上的联系方式和对方联系，促进当地贸易的发展；需要购买物品的用户也可以把自己需要物品的品种、质量要求、数量要求、可接受的价格信息等发布到供求信息平台，让有商品的商家或个人主动和他联系。管理员则可以通过后台的管理程序，将过时或者明显虚假的信息删除。

2. 农产品网上交易系统

农产品网上销售系统提供了一个农产品的网上销售平台，用户可以在此平台上销售农产品，网站的浏览者可以通过这个平台购买自己需要的商品。

网站管理者通过后台管理程序输入要出售的农产品，产品信息包括产品名称、产品图片、产品外观描述、产品功能描述、产品性能描述、产品价格（包括

市场价、本超市价格、会员价格三个等级）、商家推荐评语、支付方式、配送方式及说明、相关商品等信息。输入过程只是简单的文字录入和编辑，不用做任何页面，系统自动生成每一种农产品的销售页面。

网站的浏览者通过浏览器远程查看农产品超市，分类浏览超市出售的商品，如果遇到自己感兴趣的商品，则可以通过点击"购买"按钮来输入购买的数量，然后用户可以继续浏览、查看、购买其他商品直到不再购买其他商品为止。此时系统自动计算用户购买的商品的种类、数量、总价格，将用户导向付款平台。

在付款平台，系统要求用户输入姓名、单位、联系电话、邮政编码、通讯地址、收货地址、收货要求说明等信息，按"提交"按钮将购货信息输入系统的超市数据库中，并且提示用户按照商品中说明的付款方式付款。如果能够和银行协商配合好，还可以实现网上支付，用户通过信用卡直接把钱转入卖方在银行的账户，这样可以更快捷。

网站的管理者通过登录后台的管理程序，查看已经下了订单的用户信息和购货信息，必要时可以通过电话与用户确认，等到收到用户的货款以后，就可以按照用户要求的发货方式、发货时间、发货地点将货物发送给用户。订单会按照已经处理过、无效订单、尚未处理订单进行分类，便于系统管理员查看和处理。

3. 农产品价格行情收集、发布、预测系统

农产品价格行情搜集、发布、预测系统，可跟踪当地和全国主要农产品市场每日的农产品价格，然后根据数据库中的历史数据，自动描绘出指定时间段中某一种农产品的价格曲线，并预测未来的走势。

该系统对于指导生产、领导决策具有重要的意义。在历史数据足够多的情况下，可以通过纵向和横向两种方式来描绘曲线和直方图，进行价格比较和预测分析。

纵向比较曲线是对同一种农产品、同一个地理区域在不同时间内的价格走向曲线图。由该曲线图可以看出某一种农产品在一年内（或多年内）不同季节的价格走向，根据此走向可以预测未来时间内该农产品的价格发展趋势，对于来年种植哪一种农作物具有很好的指导意义。

横向比较曲线是对同一种农产品、同一个时间段在不同地理区域之间的价格比较曲线图。由该曲线图可以看出不同地理区域内农产品的价格差别和变化趋势，对农产品的销售具有良好的指导意义。

4. 农业网站信息收集、自动编辑处理系统

农业网站自动编辑系统可以自动从互联网上获取信息，提供给编辑人员或者自动发布到自己的网站上。其工作原理是用户事先设定一些网站，系统启动后会自动监控这些网站，如果对方网站的信息有更新，则系统会及时抓取最新更新的内容，存入网站的数据库中，此时编辑人员可以从中选择感兴趣的内容发布到我们自己的网站上，也可以设定由自动编辑系统自动把信息发布到网站上。这对于获取大量信息、快速便捷地管理自己网站的内容有很大的帮助，特别用于解决非商业运作的网站因为人手不足、技术力量薄弱等原因而带来的网站更新速度慢、信息量少、资源贫乏等问题，对于提高网站的信息数量和质量、提高网站的访问量和知名度具有实际意义。

此系统也可以用来建立全国主要农业网站信息联播，用系统抓取主要农业网站的最新新闻，然后在自己的网站循环播放，向用户提供农业信息导航服务。

张林听完，不禁问："这么多数据库，这么多系统，往哪里放啊，界面得多乱呐？"专家笑着说："界面有栏目，有导航，重要的放显眼位置显示，内容层层深入，菜单要分门别类，自然就解决了。"接着，专家分别找了浙江农业信息网、山东农业信息网、中国农业信息网、寿光农业信息网等，给大家详细讲解并操作里面的内容。

听完专家的讲解，张林和骨干们很兴奋，豁然开朗，感觉信息技术真的很强大，需要学习的东西很多，以后得经常充充电。张林决心在专家的指导下，开始建立农民自己的信息发布平台，把产品推向市场，带领村民走向富裕。

有了信息服务站~ 滞销水果脱销了

第六篇　农村经济统计篇

　　王刚是张林所挂职李家峪村的报账员，兼任统计员，几次向张林咨询关于农经统计报表的几个问题。由于张林也不熟悉农村统计工作，且临村的统计员们也都是半路出家，一知半解。于是，张林找到镇长，商量举办一个农村统计工作业务培训会，召集全镇上的村统计员与乡镇统计站的全体工作人员，由统计学专家、县统计局新来的高级统计师林冬为大家进行三天的系统业务培训。

第十九章 统计基础知识

第一天，林冬给大家讲统计基础知识，主要包括统计概述、统计调查、统计整理与统计图表。大家很认真地听着，不时记着笔记。

一、农村经济统计概述

（一）什么是统计

林冬说："咱们都是做统计的，那什么是统计？其实，统计有着不同含义，它可以指统计数据的搜集过程，即统计工作，也可以指统计工作的结果，即统计资料，还可以是指以科学认识为目的、正确进行统计工作、更好地发挥统计作用的科学原理和方法，即统计学。"

林冬接着说，统计的三层含义是相辅相成的。首先统计工作是统计的基础，通过统计工作，人们获得了事物发展变化的研究数据，即统计资料。然后经过长时间的实践，人们总结出了统计工作的经验、规律，而由这些经验、规律构建起来的理论即为统计学。

作为实践的统计工作主要包含四个方面：统计设计、统计调查、统计整理、统计分析。作为初学者，所要了解的主要内容是搜集、整理和分析简单的统计数据，当然我们可以从统计年鉴上取得总体数据，即主要了解以下几个方面：

（1）统计数据的搜集：是指取得统计数据的过程，它是进行统计分析的基础。

（2）统计数据的整理：是指对统计数据的加工处理过程，目的是使统计数据系统化、条理化，符合统计分析的要求。

（3）统计数据分析：是统计学的核心内容，它是通过统计描述和统计推断的方法探索数据内在规律的过程。

（二）什么是农村经济统计

"了解了统计的含义之后，农村经济统计其实就是统计的一个应用方面，我们应该就比较好理解了。"接下来，林冬为大家讲解了农村经济统计的基本内容。

林冬说："农村经济统计（简称农经统计）是利用科学方法去搜集、整理、分析现实农村经济情况的数据，并借助统计指标来反映这些经济现象之间的依存关系，以揭示农村经济发展规律的工作，是对农村经济实行科学管理和对农村各项经济活动进行监测的重要手段。"

"那么我们农村统计有哪些任务呢？"王刚忍不住问，林冬对此作了详细的解释："农经统计的基本任务是运用各种调查统计方法，及时、准确地搜集、整理农村经济组织生产、分配、交换和消费情况的数据，深入分析经济运行的特征和规律。比如，根据农民人均收入调查，不仅可以知道人均收入有多少，还可以知道从哪些方面取得了收入，哪个年龄段的人收入高低，收入低是什么原因造成的。"

乡统计站小李问："调查清楚了人均收入有什么用呢？"

林冬解释道："农经统计是农村社会主义经济统计的重要组成部分，是农村经营管理的一项基础性工作。它反映农村经济发展的实际情况，为党中央、国务院制定农村经济政策，为各级领导指导农村经济改革与发展提供决策依据；为合作经济组织改善经营管理，提高经济效益提供咨询服务。认真做好农经统计，不断促进农村合作经济的健康发展和农村经营管理工作，具有十分重要的意义。比如，国家知道了农民人均收入及其构成情况，可以制定农村发展政策、农村产业结构调整以及农村扶持政策等发展措施。"

林冬补充说："根据中共中央的要求，农业部制定了农经统计方案并经国家统计局批复，农经统计是以村为单位。你们知道吗？全国的每一个村都有农经统计调查点，就调查涉及范围和人数而言，农经统计可称为各项专业经济统计中最庞大的一个统计体系。"

大家听后都十分感慨，原来统计作用这么大啊，以后要做好农业经济统计。林冬突然问坐在前面的王刚：

农业经济统计与农村经济统计是一回事吗？

不清楚，这两个有啥不同？

"你是负责农业经济统计还是农村经济统计？"王刚一脸茫然地问："这有什么不同吗？"

（三）什么是农业经济统计

林冬说道："农村经济统计与农业经济统计是不同的两个概念。"

他进一步解释说："农业经济统计（简称农业统计）是反映农业再生产经营现状和过程的统计，包括种植业、林业、牧业、渔业和服务业等5个行业大类的统计。其主要内容包括农业生产条件（基本指标有土地面积、机械设备的数量和构成、农业劳动力数量和构成等）、生产成果（基本指标有种植业、林业、畜牧业、副业、渔业的产量、产值，以及农业总产值、净产值、商品产值、农业增加值等）、生产过程和经济效益（基本指标有土地面积、固定资产、农机具的利用指标、劳动生产率，劳动力利用指标、成本、利润，以及反映收益分配的其他指标等）。"

林冬看到大家还是不太理解，就结合案例，向大家讲解了有关统计的知识，他引用了一段统计资料："陕西省的《保障房民意调查报告》中对当地政府推进保障性住房分配管理工作的满意度为67.8%。"

林冬问大家："这个数据是如何计算的呢？是将陕西省的全部住房保障对象进行民意调查的结果吗？"

林冬让大家仔细阅读报告。仔细读报告后不难发现，在2012年4月，陕西省统计局利用12340社情民意调查专线计算机辅助电话访问系统（CATI）对全省11个市（区）10 515名住房保障对象进行了保障性住房认知度随机民意调查。

林冬说："在统计学中，全部调查对象的整体称为总体，从总体中抽取的部分个体组成的整体叫作样本。总体中的每个个体称为总体单位，样本中的每个个体称为样本单位。如果对全部调查对象进行调查称为全面调查，而对一部分调查对象进行调查称为非全面调查，其中，最常见的非全面调查是按随机原则抽取样本的抽样调查。在陕西省的保障房民意调查中，陕西省的全部住房保障对象是总体，而从中随机抽取的10 515名住房保障对象是样本。每一位住房保障对象是总体单位，而被抽到的每位住房保障对象是样本单位。由于该调查是随机抽取了部分调查对象进行调查，所以属于抽样调查。"

大家听后，十分高兴，原来调查不需要一个不漏地查，否则大家的任务太重了。

为了搞清楚抽样调查，林冬又给大家讲了总体、单位、单位标志诸多相关概念。

（四）什么是总体

统计总体简称总体，是根据一定目的和要求所确定的研究事物的全体，它是由许多客观存在的、具有共同性质的单位构成的整体。

比如，我们要研究全国农村企业发展情况，就以全国所有农村企业作为一个总体。虽然各个农村企业生产产品在品种、质量和数量等方面各不相同，但从掌握生产要素、组织生产活动以及向社会提供消费产品这方面来说，其基本特征却是一致的。因此全国各个农村企业的总和，便构成了农村企业的总体。确定了这个主体，就可以对全国农村企业的各种数量特征进行研究，开展全国农村企业发展情况的经济分析。

（五）总体单位及其与总体的区别

林冬讲道："总体单位简称单位，是指构成统计总体的基本单位，是各项统计数量特征的承担者。根据统计研究的目的不同，统计单位可以是人，也可以是物或一个生产经营单位。"

统计站小李接着林冬的话说："可不可以这样理解，假设我想了解我们乡镇农村企业的基本状况，那么全部乡镇农村企业是总体，每一个农村企业是总体单位，对吗？"

"是的，"林冬又补充到，"统计总体和总体单位并不是一成不变的，而是随着研究任务的改变而改变。比如你想了解村企业的职工情况，则村企业是总体，每个职工就是总体单位。"

（六）什么是单位标志

林冬又讲起了另一个统计名词——单位标志。

单位标志简称标志，是指统计总体各单位所具有的共同特征。每个总体单位从不同角度考察，都有许多共同的特征。

林冬举例说："农村企业作为总体单位，都具有所有制、所属行业、职工人数、工资总额、产值、成本、利润等共同特征。标志表现是标志特征在各单位的具体体现。"

林冬问统计站小李："假如工人作为总体单位，他们有哪些共同特征呢？"

小李回答说："他们都有性别、工种、文化程度、技术级别、年龄、工龄、工资等等共同特征，对吗？"

林冬说："是的。统计调查的目的是要了解特定的时间、地点、条件下，某种现象在各个单位实际发生的情况，因此标志的具体表现便是统计调查最关心的问题。如果说标志是统计所要调查的项目，那么标志表现则是调查所要得到的结果。"

（七）什么是统计指标

统计指标是根据统计研究目的，对总体各单位数量标志的具体表现进行登记、汇总，最后形成说明总体综合特征的各种数据资料。所以统计指标是指说明总体特征的量化概念及具体数值，即指标名称加指标数值。比如，2000 年我国总人口为 126 743 万人，国内生产总值 89 468.1 亿元，年末居民储蓄存款余额 64 332.4 亿元，职工年平均工资 9 371 元等。

所以，一个完整的统计指标应包括指标名称、指标数值、指标计量单位、指标所属的时间和空间范围等要素。但在理论上使用统计指标时通常只是一个指标名称，如国内生产总值、耕地面积、居民储蓄额、人口密度等。

二、统计调查

（一）统计调查的概念和宗旨

什么是统计调查呢？林冬说，统计调查是根据研究目的，运用科学的调查方法，有计划、有组织地向研究对象搜集统计资料的过程。

林冬强调说："统计调查是统计工作的基础，统计调查担负着提供基础资料的任务，是决定整个统计工作质量的重要环节。如果搜集不到准确的数据，那么根据这种数据进行整理和分析的结果，就不能如实反映客观事物的真相，甚至还会得出相反的结论。"

林冬告诫大家，首先要明确对统计调查的认识。在进行统计调查时，必须坚持实事求是的原则，同时要深入实际，全面了解情况，以便取得准确、及时、完整的统计调查资料。只有资料准确，才能做出有用的决策。如果自己调查存在困难，可以利用他人的调查材料。

（二）统计资料搜集数据的来源

王刚问林冬从哪里可以搜集统计资料的数据，林冬说："可以直接对调查的每个单位进行登记，比如农村住户调查中对每个农民家庭收入情况进行登记，这是对原始资料的搜集，又称为初始资料。还可以搜集第二手资料或次级资料，就是已经过加工整理、能在一定程度上说明总体现象的统计资料。但次级资料都是从原始资料过渡来的，其实统计所搜集资料主要是指原始资料。"

（三）设计调查方案

如果要调查一些农村经济的有关情况，使资料搜集工作顺利开展，需要先设计一个调查方案。

林冬说："统计调查是搜集统计资料的基本方法，不论采用什么方式进行统计调查。为了有计划、有目的顺利开展调查工作，需要把资料搜集起来。在未进行调查之前，必须对调查的任务和目的、调查的内容、调查的方式与方法、调查时间、地点以及所需的人力、物力、财力做出科学的安排，这个安排就是调查方案的设计。调查方案设计主要包括以下内容：

（1）调查的任务和目的：指为什么要进行调查，调查要解决什么问题。

（2）调查对象和调查单位：规定统计调查的总体范围和由谁提供调查资料。

（3）调查项目和编制调查表：由调查对象的性质、调查目的和任务决定，即所要搜集的数据。

（4）调查时间和调查期限：统计调查时间是指调查资料所属时间。调查期限是指进行调查工作的起止时间，包括搜集资料和报送资料的整个工作所需的时间。

（5）调查工作的组织实施计划：保证整个统计调查工作得以顺利进行的一个详细的组织实施计划。"

讲解后，林冬让大家做一份调查方案设计，看看大家是否真正会设计调查方案。

（四）统计调查方法的分类和选用

统计站小李难住了，他不知道该调查什么，他觉得有好多事都可以调查，但一时又无从下手。各村的统计员也面露难色，也不知该如何下手。

林冬笑着说："难度有点大，那等我们讲完再做吧。我接着给大家讲讲调查方法。统计调查方法主要有统计报表、普查、抽样调查、重点调查和典型调查。"

统计调查可按不同标准进行分类，按调查对象包括的范围不同可以分为全面调查与非全面调查，按调查组织方式不同可分为统计报表制度和专门调查。

全面调查是对构成调查对象的所有单位进行逐一的、无一遗漏的调查，包括全面统计报表和普查。

非全面调查是对调查对象中的一部分单位进行调查，包括非全面统计报表、抽样调查、重点调查和典型调查。

全面调查与非全面调查是以调查对象所包括的单位范围不同来区分的，而不是以所得的结果是否反映总体特征的全面资料而言的，抽样调查也可以最终反向推算得到总体的全面资料。

统计报表制度是按照国家统一规定的调查要求与文件自下而上地提供统计资料的一种报表制度。专门调查是为了有针对性地了解和研究某种情况或问题而专门组织的统计调查，包括普查、抽样调查、重点调查和典型调查等几种调查方式。

大家对统计报表制度比较熟悉，因为经常填制上级部门的各种报表，但对其他调查比较陌生，请林冬详细地讲一讲。

1. 统计报表

统计报表是当前我国搜集统计资料的主要方法之一，它是按照国家统一规定的指标内容、表格形式、报送程序和报送时间，由填报单位自下而上逐级提供统计资料的一种调查方式。

统计报表主要是进行全面调查，但也有一些是非全面调查。这种定期的、较为稳定的搜集资料的方法在经济和社会事业管理中具有重要的作用。统计报表资料为各级领导部门对国民经济和社会发展政策的制定提供依据，也是各级业务管理部门和基层企事业单位改善经营和管理的重要依据。同时，统计报表制度完整地积累各时期的历史资料，可用来进行动态分析，研究社会经济发展的规律。

我国现行的统计报表，包括国民经济基本统计报表和专业统计报表。基本统计报表是由国家统计部门统一制发、用来搜集工业、农业、交通运输、基本建设、商业、劳动、物资、财政、文教卫生、科学研究等方面最基本的统计资料。专业统计报表是各有关部门为专业管理工作的需要而制订的，是基本报表的必要补充。

统计报表按报送周期长短不同，可分为年报和定期报表（包括日报、旬报、月报、季报、半年报）。通常报送周期越短，其指标项目越简，时效性要求越高；报送周期长的，指标基础项目可多一些、细一些。年报周期最长，它的内容比较详尽。

我国农业统计报表制度体系主要有：

《农业综合统计报表制度》（2013 年 11 月）共有 5 套年报表和若干定期报表，其调查对象为各种经营组织类型、各个系统的全部农业生产单位和非农行业单位附属的农业生产活动，但不包括农业科学研究机构进行的农业生产。通过对农业生产条件、农业生产及农村经济情况等进行调查，了解全国农业生产经营活动的基本情况，满足农业部门工作实际的需要。

《农村经营管理情况统计报表制度》（2013 年 9 月）共有 11 套表，其调查对象为乡村集体经济组织及其所属（或所辖）经营单位、家庭农场、农民专业合作经济组织的基本经济情况和省以下各级农村经营管理机构的主要工作情况。通过对农村集体组织及资源情况、农村土地承包政策落实情况、农民负担情况、村集体经济组织经营情况和财务状况、家庭农场发展情况、农民专业合作组织发展情况、农村集体资产财务管理情况、农村经营管理主要工作和机构队伍状况、农村经营管理信息化发展情况等调查，真实反映我国农村集体经济发展情况，了解农村双层经营体制运行状况，为科学制定农村经济政策、稳定和完善农村基本经营制度提供参考依据，满足农村经营管理工作实际的需要。

2. 普查

普查是为了完成某种特定任务而专门组织的一次性的全面调查。它主要用于搜集某些不能或不适宜用定期的全面统计报表搜集的统计资料，不能也不需要进行经常性的调查，而国家为了建设的需要，又必须掌握这方面比较全面详细的资料，一般需要采用普查来解决。

普查主要用于搜集属于一定时点的社会经济现象的总量和总体构成等情况，如人口普查、工业普查、农业普查等。

普查的工作量大、时间性强，耗费诸多人力、物力、财力，组织工作也比较繁重、复杂，所以普查工作不适合经常进行。同时，普查所包括的单位、分组目录以及指标内容都更加全面详细，能解决统计报表中所不能解决的问题，能掌握到比较详细的资料，满足一些特定任务的需要。

普查和全面统计报表都属于全面调查，但二者并不能互相代替。普查属于非连续调查，调查内容主要是反映国情、国力方面的基本统计资料；而全面统计报表属于连续调查，调查内容主要是需要经常掌握的各种统计资料。全面统计报表要经常填报，因此报表的内容固定，调查项目较少；而普查是专门组织的一次性调查，在调查时可以包括更

人口普查宣传

多的单位，分组更细、项目更多。因此，有些社会经济现象不可能也不需要进行经常调查，但又需要掌握比较全面、详细的资料时，就可通过普查来解决。由于普查花费的人力、物力和时间较多，不适合经常组织，取得经常性的统计资料还需要靠全面统计报表。

普查工作复杂而细致，一般是采取逐级布置任务、逐级汇总资料的方法，这需要花费较长时间。当调查任务紧迫，一般的普查办法不能完成这种紧迫任务时，可采用快速普查。此外，进行普查前应先试点，获取经验，交流推广；普查结束后，要用其他调查方式对普查资料进行检查和修正，以保证普查资料的质量。

3. 重点调查

重点调查是专门组织的一种非全面调查，从所要调查的全部单位中选择一部分重点单位进行调查。那什么时候采用重点调查呢？当统计只需要掌握基本情况、趋势，且调查对象又具有明显的重点单位或区域时，一般可采用重点调查。

重点调查的关键是选择好重点单位。所谓重点单位，是从标志量的方面而言的，尽管这些单位在全部单位中只是一部分，但这些单位的某一主要标志量占总体单位标志总量的绝大比重。当调查目的是掌握现象的基本情况，而部分单位又能比较集中地反映所研究的项目和指标时，可用重点调查。对这些单位进行调查，就可以了解调查对象的基本情况，从而反映现象总体的基本情况。当然重点调查可以定期进行，也可以不定期进行。

4. 典型调查

典型调查是根据调查的目的和要求，在初步分析所研究的现象总体的基础上，有意识、有目的地选择若干具有典型意义或代表性的单位进行调查，借以认识现象的本质及其发展变化的规律，揭示出其事物发展变化的一般趋势。通过对典型单位的调查研究，可以弥补全面调查无法取得的资料，可以对某一方面作深入细致的调查研究，同时提高调查的时效性。

典型调查和重点调查相比，前者调查单位的选择取决于调查者的主观判断，后者调查单位的选择具有客观性；前者在一定条件下可以用典型单位的量推断总体总量，后者不具备用重点单位的样本量推断总体总量的条件。

5. 抽样调查

抽样调查是按随机原则从总体中选取一定量的调查单位进行调查，根据抽取的单位数据进而推算总体数据的一种非全面调查。从总体中抽取的若干单位组成的整体叫样本总体，其中样本总体的单位叫样本单位。

抽样调查是非全面调查中最完善、最有科学根据的搜集资料的方法。抽样调查的基本形式有简单随机抽样、类型随机抽样、等距抽样、整群抽样、多阶段抽样等。

不同的调查方法有其不同的作用和特点，也具有固有的局限性和不足之处。在实际工作中，应根据不同的调查对象和研究任务，灵活运用，也可以把各种统计调查方法结合使用，互相补充验证，有助于更好地搜集到准确、丰富的统计资料。

大家听后觉得收获很大，原来统计调查有这么多方法和内容。那么，有了调查资料后该怎么整理呢？

林冬与大家做了短暂的休息后，开始讲起统计整理。

三、统计整理

（一）为什么要进行统计整理

林冬首先告诉大家整理统计资料的意义。他解释说，统计调查搜集到的数据是分散和不系统的原始资料，只能反映被调查单位的个别情况和事物的表面现象。因此，它不能较好地说明被研究对象总体的本质特征和内在联系，只有进一步整理，才能得到系统性、综合性的统计资料，利于科学的统计分析。系统的统计资料有利于综合说明被研究事物对象的全貌和本质，揭示社会经济发展趋势和规律。统计整理也包括对已系统化资料的再加工。

（二）如何进行统计整理

林冬说，统计资料的整理，是一项量大而复杂的工作，必须按照科学的组织形式和步骤进行。统计资料整理的一般步骤是：

1. 设计整理方案

统计整理方案是进行资料整理之前对整个资料整理工作所作的科学安排，是统计整理的指导性文件。

2. 原始资料的审核

为了保证统计资料的准确性，必须在汇总整理之前进行严格审核。因为统计调查资料来自各个方面，经过很多环节，差错在所难免，汇总前如不进行严格审核，势必影响汇总结果的准确性。

3. 统计资料的汇总

这是一项较为繁重的工作，也是统计资料整理的中心环节，其具体做法是根据汇总表中的分组要求和统计指标，将各原始资料进行归类和计算，得出各项指标的分组数值和总计数值。

4. 汇总整理

将汇总整理的结果编制成统计表和统计图。若需上报，经主管人员签字后方可上报。

（三）什么是统计分组

林冬又说："要很好地分析数据，需要将统计总体进行分组。"

王刚问："什么是统计分组？"

林冬答："统计分组就是根据统计研究的目的和被研究现象的本质特征，将统计总体按照一定的标志划分为若干性质不同的部分或组。"

统计总体的同质性特征是由性质相同的许多单位所组成的。但同质性又是相对的，总体各单位之间还存在着质或量上的差别。因此，统计总体还可以按性质作进一步的划分。例如，把所有的农用地组成一个总体，又可把这个总体按用途不同，划分为耕地、园地、林地、草地、养殖水面等组。每一组内的农用地用途性质相同，而组与组之间各种农用地的用途性质上存在差别。因此，统计分组是在统计总体内部进行的一种定性分类。

（四）为什么要进行统计分组

有统计员好奇，问："为什么要进行统计分组？"

林冬回答："统计分组有以下两个目的。"

1. 反映现象的内部结构及其比例关系

将所研究现象按某一标志进行分组，计算出各组在总体中的比重，用以说明总体内部的构成。同时将总体各组之间进行对比，就可以反映各组之间的比例关系。

2. 分析现象之间的依存关系

俗话说，有因必有果。现象之间不是孤立的，而是相互依存和相互联系的，这种依存关系常常表现为因果关系。统计中把那些表现为事物发展变化原因的标志称为影响标志，而把表现为事物发展结果的标志称为结果标志。因此，利用统计分组分析现象之间的依存关系，首先用影响标志对总体进行分组，然后计算出结果标志的数值，从而分析两个标志的联系程度和依存度。

（五）什么是次数分布

在统计分组的基础上，把总体的所有单位按组归并、排列，形成总体中各个单位在各组间的分布，称为分配数列，也称分布数列或次数分布。分配数列在各组中的总体单位数，叫作次数或频数。各组单位数与总体单位数的比值，称为比率或频率。分配数列包括两个要素：一是总体按某标志所分的组，二是各组所占有的总体单位数。

在统计研究中，分配数列具有十分重要的意义。分配数列是统计分组结果的主要表现形式，也是统计分析的一种重要方法。它可以表明总体单位在各组的分布特征、结构状况，并在这个基础上来进一步研究标志的构成、平均水平及其变动规律。

（六）什么是累计频数、累计频率

累计频数是指首先列出各组的组限，然后依次累计到本组为止的各组频数。累计频数可以是向上累计频数，也可以是向下累计频数。

向上累计，又称以下累计，是按照各组次数和比率，由变量值低的组向变量值高的组逐组累计。组距数列中的向上累计，表明在各组上限以下总共包含多少总体次数和比率。

向下累计，又称以上累计，是按照各组次数和比率，由变量值高的组向变量值低的组逐组累计。组距数列中的向下累计，表明在各组下限以上总共包含多少总体次数和比率。

累计频率指累计频数除以频数总和。

累计次数的特点：同一数值的向上累计和向下累计次数之和等于总体总次数，而累计比率之和等于1（或100%）。

四、统计图表

（一）什么是统计表

大家觉得统计很抽象、枯燥，这些统计知识太专业，越听越累了。林冬觉察后，就让大家看了一些图和表格，大家立即对这些图和表格产生了兴趣，想知道这些图和表格有何不同，是怎么做出来的。

林冬介绍说："统计表是用纵横交叉的线条绘制表格的形式来表现统计资料。广义的统计表应包括统计工作各个阶段所用的一切表格，狭义的统计表则是侧重于表现统计整理结果所用的表格。"

王刚思考了一会儿说："我现在知道统计表有什么用了，就是采用统计表格表述统计资料要比用叙述的方法表述统计资料显得紧凑、简明扼要，对吗？"

林冬说："是的。"但林冬又补充说："统计表可以系统组织和合理安排大量的统计资料，所以能更清晰地表述统计资料的内容。此外，统计表还能反映总体特征及各部分之间的联系，便于比较各项目（指标）之间的关系，而且也便于计算。告诉你们，统计表还有一个优点，就是更易于检查数字的完整性（是否有遗漏）和正确性。"

（二）统计表的构成是怎样的

王刚兴奋地问："既然统计表有这么多优点，那么统计表都有哪些组成部分啊？"林冬说，不要着急，接下来就给大家详细地解释了统计表的构成：

从结构上看，统计表由总标题、横栏标题（横标目）、纵栏标题（纵标目）和指标数值（数字资料）等要素组成。

总标题是统计表的名称和统计表的内容概要，一般写在表上端正中央位置。横向标题是统计表横行的名称，显示总体及其分组状况，一般写在表的左边。纵向标题是说明总体指标系列的名称，一般写在表的上边。

指标数值是统计表横向标目和纵向标目的内容，它以统计指标量的多少说明统计总体的属性和特征，分别写在各横行和纵行交叉处的方格内。此外，有些统计表还需要附有必要的说明。

从内容上看，统计表可分为主词和宾词两部分。主词是统计研究的主要内容，是统计表所要表明的总体或总体的各个组。宾词是表明总体特征的统计指标，包括指标名称和指标数值。

统计表主词一般放在表的左端，列于横行；宾词放在表的右端，列于纵行。有时为了更好安排列表的内容，也存在主词放在表的上方、宾词放在表的下方的情况。

1997 ~ 1998 年城镇居民家庭抽样调查资料

项 目	单 位	1997 年	1998 年	列标题
一、调查户数	户	37 890	39 080	
二、平均每户家庭人口数	人	3.19	3.16.01	
三、平均每户就业人口数	人	1.83	1.80	数
四、平均每人全部收入	元	5 458.34	5 458.34	字
五、平均每人实际支出	元	5 322.95	5 322.95	资
消费性支出	元	4 331.61	4 331.61	料
非消费性支出	元	987.17	987.17	
六、平均每人居住面积	m²	12.40	12.40	

（行标题）　　　主 词　　　　　　　　　　宾 词

资料来源：《1999 年中国统计摘要》第 79 页，北京，中国统计出版社，1999。

本表为城市和县城的城镇居民家庭抽样调查材料。

消费性支出项目包括：食品、衣箱、家庭设备用品及服务、医疗保健、交通和通讯、教育文化服务、居住，杂项商品和服务。

（三）统计表的主要样式、特点及读表

林冬给大家看了一些表，并教会大家怎样读表。

根据统计表的主词是否分组及分组的种类，可将统计表分为三类。

1. 简单表

简单表是没有对主词进行任何分组的统计表，又分为两种情况：

一是主词按总体单位的名称排列的统计表，直接说明总体单位的某种情况，如下表所示。

2011 年各国国内生产总值表（部分）

地　　区	国内生产总值（现价美元）（美元）
英　　国	2 478 930 645 161.29
德　　国	3 628 110 015 052.50
法　　国	2 782 210 861 682.84
加拿大	1 737 001 010 101.01
美　　国	15 533 800 000 000.00

林冬说：第一个数据 2 478 930 645 161.29，表明 2011 年英国国内生产总值的现价为 2 478 930 645 161.29 美元。后面的数据依此类推。

二是主词按时间顺序排列的统计表，用以分析现象发展变化的情况，如下表所示。

2008 ~ 2011 年国有农场粮食总产量

年份	粮食总产量（万吨）
2008	2 422
2009	2 773
2010	2 953
2011	3 199
2012	3 371

林冬说：第一个数据 2 422，表明 2008 年国有农场粮食总产量为 2 422 万吨。后面的数据依此类推。

2. 简单分组表

这是对总体仅按某一特点进行分组的统计表。它可以揭示不同现象的不同特征，分析现象之间的相互依存关系，如下表所示。

2012 年国有农场主要农产品产量

农产品	总产量（万吨）
粮　食	3 371
棉　花	172
油　料	78
糖　料	851
麻　类	1
茶　叶	4
水　果	409
干　胶	33

林冬说：第一个数据 3 371，表明 2012 年国有农场粮食总产量为 3 371 万吨。后面的数据依此类推。

3. 复合分组

这是总体按两个或两个以上的特点进行多重分组的统计表。复合分组表能把几个特点结合起来，更深入地分析比较复杂的社会现象，如下表所示。

2013 年全国各地区农林牧渔业总产值表（部分）

地　区	分　类	总产值（亿元）
黑龙江	农　业	2 856.34
	林　业	180.63
	牧　业	1 430.1
	渔　业	82.54
山　东	农　业	4 509.88
	林　业	120.3
	牧　业	2 358.99
	渔　业	1 397.42
湖　北	农　业	2 678.08
	林　业	122.01
	牧　业	1 395.39
	渔　业	748.4

（续表）

地　区	分　类	总产值（亿元）
贵　州	农　业	997.12
	林　业	69.87
	牧　业	482.68
	渔　业	38.3

林冬说："第一个数据 2 856.34，表明 2013 年黑龙江地区农业总产值为 2 856.34 亿元。后面的数据依此类推。"

复合表能更深刻、更详细地反映客观现象，但使用复合表应当恰如其分，并不是分组越细越好。因为复合表中多进行一次分组，组数将成倍增加，分组太细反而不利于研究现象的特征。

（四）什么是统计图

接下来，林冬又讲了统计图的知识。

林冬说："统计图是利用各种图形来表现统计资料。它是以点的多少、线的长短、面积或体积的大小、颜色的浓淡、线条的疏密、曲线的倾斜度或象形图示等来说明现象、表现统计资料。因此，我们把利用统计图来表现和分析统计资料的方法叫作统计图示法。"

林冬给大家看了一些条形图、圆形图、方形图、曲线图、象形图和统计地图等统计图。

大家看着统计图，感觉统计图比前面内容好懂多了，简明、直观、生动，使人一目了然，看后能给人留下深刻的印象。

林冬补充道："各种图形各有其不同的特点和作用，但是无论绘制哪一种统计图，都有一定的格式要求。例如，对图示资料和图形的选择必须十分慎重，看它是否符合党的方针政策的要求，是否准确；对图示用的线条、色彩、字体、图案和宣传画等，要兼顾科学性和艺术性。另外，在需要时，也可以将统计图与统计表结合起来使用，以取得更好的效果。"

（五）统计图的构成要素

林冬详细介绍说，一张完整的统计图，一般应由以下几个部分构成。

图式：根据统计资料所绘制成的各种图形，是统计图的主要部分。

图题：即统计图的标题名称，应简明扼要地说明统计图所要表明的内容。统计图的标题既可以放在图的上方（为了突出标题，通常用大字号），也可以放在图的下方（为了突出图形，通常用小号字）。

尺度：测定数字大小的标尺，包括尺度线、比度、读数。

图线：构成统计图的线。它包括四部分：基线，是统计图的基本线，也是大多数统计图的横轴；轮廓线，是测定图形范围的线；指导线，是由各比度点所引出的线，又可分为纵指导线和横指导线两种；破格线，是用来调整图画尺度的线条，通常用双重水波纹线条，表示删除或者省略。

标目：放在在纵轴的外侧面和横轴的下面，说明纵、横轴分别代表的事物及其计量单位的小标题。

图例：简要说明和解释图示中包含的各种线条、形象、颜色等。

文字说明：对图示资料的来源，包括数据的范围、计算口径和方法等所做的简要说明。

底纹和插图：为提高图示效果而加的图画、照片等。

图号：统计图按照类别或次序的编号。

（六）常用统计图

1. 条形图

条形图是统计指标的宽度相等，以高度或长度的差异来比较统计指标数值大小的一种图形。条形图是一种简明、醒目、常用的统计图。条形图可以纵排，通常称柱形图或直条图；也可以横排，通常称带形图或横条图。条形图又可分为简单条形图（a）、复合条形图（b）和（c）、分段条形图（d）等。

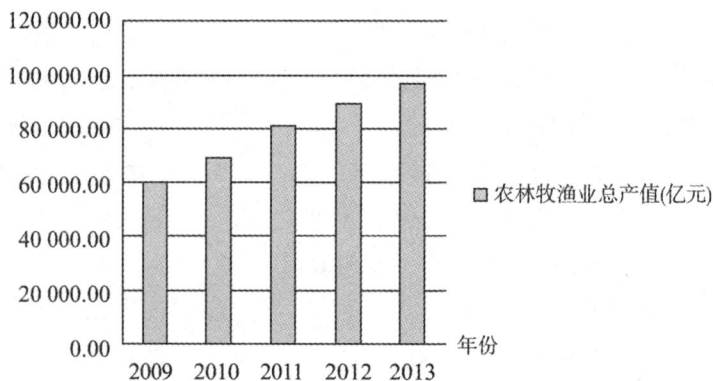

（a）　2009～2013年农林牧渔总产值变化趋势

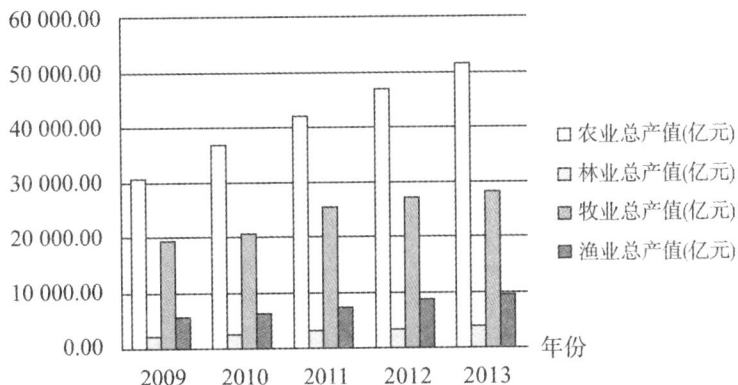

（b）　2009～2013年农林牧渔总产值变化趋势

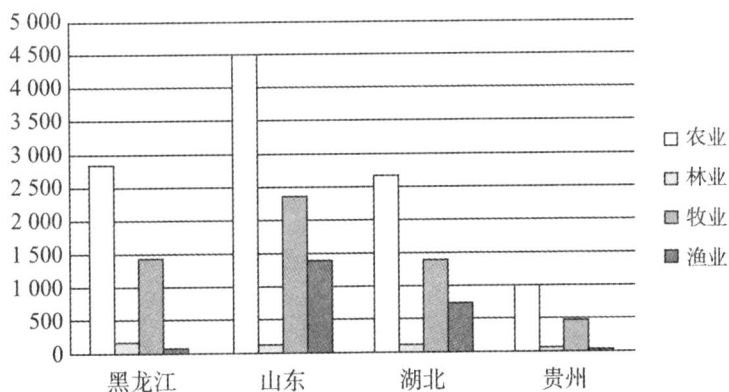

（c）　2013年全国部分地区农林牧渔业总产值（亿元）

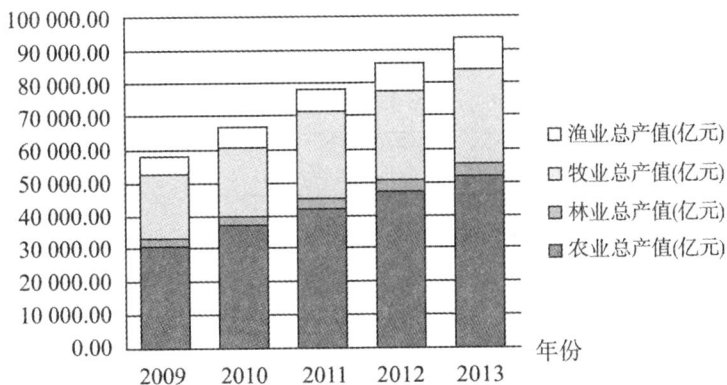

（d）　2009～2013年农林牧渔总产值变化趋势

2. 平面图

平面图是以几何图形（正方形、长方形及圆形等）的面积大小来表示统计资料的一种图形。平面图可以用来比较统计指标，也可以用来说明总体结构及其时间上的变化，还可以用来反映由两个因素构成的复杂经济现象。在实际工作中，平面图有正方形图、方块图、圆形图、长方形图等，其中圆形图最常用。

圆形图的绘制方法：根据圆面积等于半径的平方乘以圆周率的原理，首先将图示各项资料数值开平方，将开得的平方根按照适当的比例确定圆半径的长度，即可绘制各个圆面积。

圆形结构图的绘制方法：由于圆扇形面积与圆心角成正比，每 1% 圆面积为 3.6 度，因而把总体构成各部分的比重分别乘以 3.6 度，即得各组成部分所应占的圆心角的度数。据此，利用量角器便可画出总体中各组成部分所应占的扇形面积，如图所示。

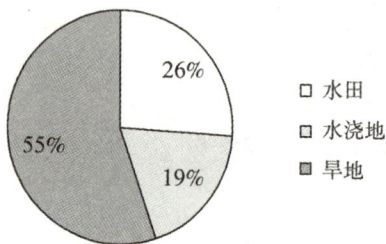

26%
55%
19%

□ 水田
□ 水浇地
■ 旱地

2006 年全国耕地按类别划分的面积构成

3. 曲线图

曲线图通常简称为线图。它是利用图中曲线的上下起伏度来说明被研究对象的发展变化、发展趋势等情况的一种图形。根据图示资料的性质和作用的差别，曲线可分为动态曲线图、依存关系曲线图、分配曲线图、计划执行情况曲线图。下列是几种常用的曲线图。

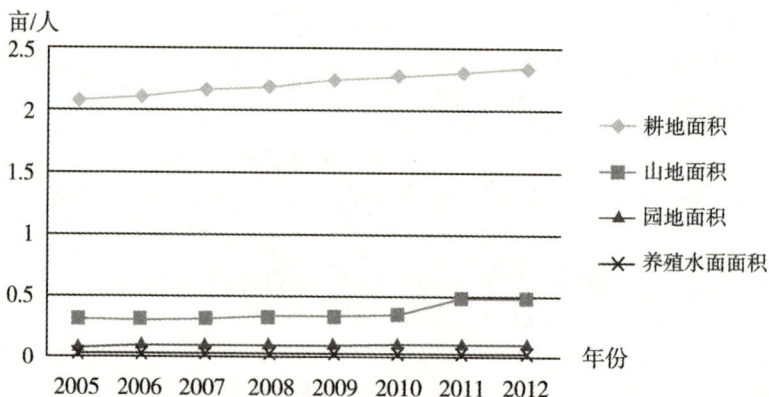

亩/人

◆ 耕地面积
■ 山地面积
▲ 园地面积
✕ 养殖水面面积

2005 2006 2007 2008 2009 2010 2011 2012   年份

农村居民家庭土地经营情况

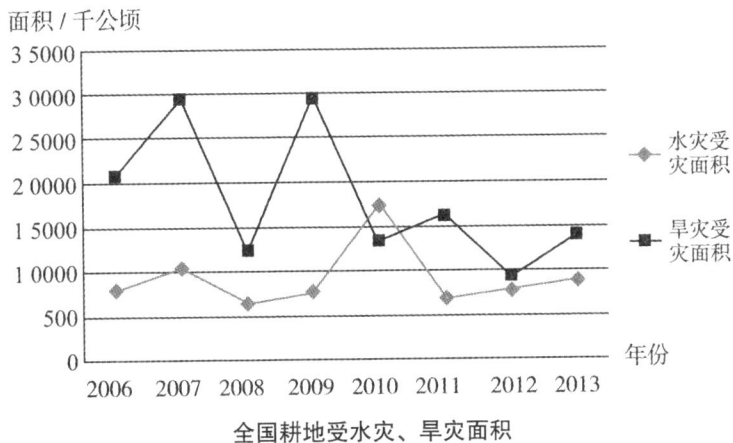

全国耕地受水灾、旱灾面积

4. 象形图和统计地图

象形图是以图象本身的画面长度、大小或者多少来表现统计指标数值的一种图形，通常采用的象形图主要有条形象形图、平面象形图、单位象形图、主体象形图等。统计中的象形图实质上在一些几何图形上进行变形。因此，除图示资料的形象化以外，它的基本绘制方法与前面介绍的几种图形是一样的。

统计地图是以地图为背景，对社会经济现象有关的资料进行图示。它有三类图示方法：一是用线纹或颜色在地图上表示分组线值的分布情况，我们称之为分组线纹地图，它只能反映分组线值在地区上的分布，而不能显示指标的具体数值；二是用小圆点表示图示数值，通过借助点数的多少或者疏密程度来反映图示数值的分布状况，称之为密点分布地图；三是统计地图，它是在地图上绘制几何比较图或象形比较图。

一天的培训结束了，大家的统计知识越来越丰富。林冬答应明天将结合农村基层工作，讲解有关农村的统计知识。

农村社会总产值统计

第二十章

第二天，大家早早来到会议室，继续昨天的培训。

一、农村社会总产值统计概述

（一）农村社会总产值的概念和统计范围

林冬接着为大家讲解："农村社会总产值是在一定时期内农业、农村工业、农村建筑业、农村运输业、农村商业所生产物质产品总量的货币表现。"

从价值量的角度，农村社会总产值是反映农村物质生产总成果的综合指标，它是分析农村产业结构的变动以及计算国民收入和国民生产总值的基础资料。其计量时间通常为一年。

其统计范围包括：在行政区划范围内，乡（镇）、村及村以下各种合作经济组织和农户从事农业、工业、建筑业、运输业、商业、饮食业活动所生产的产值；国有农、林、牧、渔场以及机关、团体、学校、厂矿、部队、农业科研单位所从事农业生产的产值；凡厂址在农村，利用农村劳动力、土地或生产用房进行生产的集体和国有联营企业所生产的产值。

统计员小李问："是不是凡是在农村各行各业的产值都包括在农村社会总产值范围之内？"林冬说："不对。在农村的国有工业、建筑业、运输业、商业和饮食业的产值就不属于农村社会总产值，国有农场和县镇的工业、建筑业、运输业、商业和饮食业的产值也不属于农村社会总产值。"

小李又问："是不是凡是农民从事的各行各业的产值都包括在农村社会总产值范围之内？"林冬说："也不对。农民在县城以上（包括县城）的城镇办企业，从事工业、建筑业、运输业、商业和饮食业活动所生产的产值，暂不记入，另作统计。"

（二）农村社会总产值的计算方法

林冬就农村社会总产值的计算方法向大家做了详细说明。

农村社会总产值是先分别计算农业、农村工业、农村运输业、农村建筑业、农村商业、饮食业的当年生产的产值，再进行加总而求得。

1. 产值指标的计算原则

（1）国土原则（即领土原则）。以本国领土（本辖区）作为计算范围，凡是在本国领土（本辖区）范围内生产的产品和提供的劳务，不论由谁经营、归谁所有、由谁提供，都要记入本国（本地区）的产值；反之，超出本国领土（本辖区）范围，即使为本国（本地区）所有，也不计入本国（本地区）的产值。

（2）国民原则。凡本国国民经营的产品和提供的劳务，不论在何地生产，均应记入本国国民生产总值；相反，外国国民在本国经营的产品和提供的劳务，则要记入外国国民生产总值。这里本国的居民即本国的常住居民，包括居住在本国的本国公民、暂住外国的本国公民、长期居住在本国但未加入本国国籍的外国居民。

2. 产值指标的计算价格

（1）现行价格，也叫实际价格，是在报告期内市场交换中实际执行的价格，它是用来反映报告期内产品实际价值量及其价格比例关系，能准确反映报告期内社会产品生产的实际规模和水平，如工业品的实际出厂价格、商品的实际批发价格和零售价格等等。农产品现行价格是各种农产品产地当年出售的平均价格，一般是农产品产地国家收购部分、农民集市出售部分和自产自用部分产品的综合平均价格。

现价计算遵循的原则：

第一，凡是国家统购、收购（包括合同定购、议购部分）的产品，现行价格可以为收购的平均价格。

第二，国家收购、统购以外的农产品，现行价格可以采用以产地初级市场大量上市时期的平均价格。

第三，有一些农产品，若没有市场价格，一般采用生产成本代替现行价格。

（2）不变价格，又称可比价格或固定价格，指在一定时期内全国统一按某一固定年份的价格作为计算产值的价格。按不变价格计算总产值，可以消除产值动态变化对价格因素的影响。如不变价农业总产值，可以消除不同年份、不同地区价格变动的影响，这样农业总产值指标在时间、地区间具有可比性。

农产品的不变价格由国家统一编制，全国统一使用。国家编制目录中未包括的产品，由各地编制补充目录，报国家统计局备案。

编制全国通用不变价格应遵循的原则：

第一，编制不变价格应选择农业生产发展比较正常、在国民经济发展中有代表性的年份。

第二，每次编制的不变价格，使用时间不宜过长，应根据国民经济的发展情况，每隔一段时间（如五年或十年）重新编出新的不变价格。

3. 产值计算方法

根据各生产部门的特点不同，产值计算方法也不相同，基本方法有以下两种：

（1）产品法，是以产品为单位计算总产值的方法。将当年生产的每一种产品的全部产量都计算产值（用产品产量乘以各种产品的价格），不扣除当年生产又用于生产消耗的中间产品。

产品法是计算农业总产值的基本方法。鉴于农业生产的基本特点是社会再生产与自然再生产相结合，每一种农产品都有其相对独立的生产过程，而且每种农产品一经生产出来就具有完备的形态，用产品法计算农业总产值会产生一定的重复计算。

（2）工厂法，是以企业为单位计算产值的一种方法，所以也叫企业法。它是按照企业生产活动的最终成果计算产值，在企业内部不允许重复计算，即不包括企业当年生产又用于生产消耗的中间产品。

工厂法主要用于农村工业和农村建筑业的产值计算。因为工业生产和农业生产不同，农业生产中每种产品都有相对独立的生产过程，而工业生产却具有连续性，直至生产过程全部结束才能有最终产品。企业是工业的基本生产单位，在整个生产过程中，每个企业生产都具有相对的独立性，因而应以每个企业生产的最终成果来确定产品和计算产值。用工厂法计算产值，可以反映本企业最终向社会提供的产品产量，但从全社会再生产来看，各企业之间可以连续利用产品链条，因此，用工厂法计算产值也存在着重复计算的问题，而且随着国民经济的发展，社会分工愈来愈细，重复计算也将随之增多。

林冬让大家看了一份资料。

小知识

农村社会净产值的概念和计算方法

农村社会净产值是农村各物质生产部门的劳动者在一定时期内（通常为一年）新创造的价值，不包含产品的转移价值，即扣除了重复计算的转移价值，因此它比农村社会总产值能够更确切地反映我国农村的经济实力和经济水平，从而综合反映农村社会生产的发展速度、规模、生产成果、经济效益。

农村社会净产值的统计范围和农村社会总产值的统计范围完全一致。

农村社会净产值＝农业净产值＋农村工业净产值＋农村建筑业净产值＋农村运输业净产值＋农村商业净产值

农村社会净产值的基本计算方法是生产法和分配法。根据我国农村统计情况，农业净产值主要采用生产法计算，农村工业、建筑业、运输业和商业的净产值则更多地采用分配法计算。

1.生产法是按净产值形成过程，从农村社会总产值中扣除生产中的物质消耗价值。

农村社会净产值＝农村社会总产值－生产中的物质消耗价值

物质消耗计算应遵循的原则：

第一，在计算方法上必须与总产值保持一致。工业总产值按"工厂法"计算，物耗就要以工厂法作为判断标准，只限于从厂外购买的原材料和辅助材料。农业总产值按"产品法"计算，生产中耗用的各种生产资料，不论来自何方，不论生产或外购的，都要计算物质消耗。

第二，在范围上只限于生产过程中的物质消耗。在生产过程以外的物质消耗，如用于职工文化生活、公共福利的物质产品、非生产性固定资产的磨损等，不能算作物质消耗。

第三，在计算口径上必须与全社会国民收入的计算相适应，避免重复和遗漏。生产性劳务费用，凡是支付给物质生产部门的就是物耗；反之，就是非物质消耗。

根据以上原则，物质消耗包括以下三部分：生产过程中所消耗的劳动对象，如原料、材料、辅助材料、外购燃料和动力、种籽、饲料、照料等；生产性固定资产的磨损，即固定资产的折旧费；为生产产品而对外支付的生产性劳务费用，如货物运输费、邮电费、外部加工和修理费、租赁费等。

2.分配法是根据国民收入初次分配的项目倒算生产部门劳动者所创造的国民收入总量。这些新创造的价值通过初次分配以后，形成劳动者的原始收入和社会纯收入两部分，具体表现为工资、职工福利基金、利润、税金、利息支出、其他支出等六部分。

农村社会净产值＝工资＋职工福利基金＋利润＋税金＋利息支出＋其他支出

二、农业部门产值统计

接着，林冬给大家讲有关农业部门产值统计的知识：

（一）农业总产值统计

农业总产值是农业生产部门在一定时期（通常为一年）内能以货币计量的全部产品总量，包括农业（种植业）、林业、畜牧业、渔业四业产品的产值，是反映农业生产总成果、发展水平和速度，分析农业内部结构，研究农业与工业之间比例关系的重要综合指标。

统计方法一般按行政区划进行统计，在行政辖区范围内，不论经济类型，凡当年生产的农产品产值，均包括在内，既包括从事农业生产的全民所有制企业、农村合作经济、农民个体经济等单位所生产的农产品，也包括非农业生产单位所生产的农产品，但不包括农业科研单位专门用作试验研究的部分和军马生产。因农业生产周期较长，受自然条件影响较大，因此农业总产值通常是按日历年度计算的。

农林牧渔业总产值

单位：万元

一、农业产值	2.副产品产值	二、林业产值	2.猪
（一）种植业	（1）谷物副产品	（一）营林	3.羊
1.主产品产值	（2）其他副产品	（二）林产品	4.其他
（1）谷物	（二）其他农业	（三）村及村以下竹木采伐	（二）家禽饲养
（2）豆类	1.采集野生植物		（三）活畜禽产品
（3）油料	2.农民家庭兼营商品性工作	三、牧业产值	（四）捕猎
（4）棉花		（一）牲畜	（五）其他动物及产品
（5）麻类		1.大家畜繁殖、增长、增重	
（6）糖类		（1）牛	四、渔业产值
（7）烟叶		（2）马	（一）海水产品
（8）药材类		（3）驴	其中：养殖
（9）薯类		（4）骡	（二）淡水产品
（10）蔬菜、瓜类		（5）骆驼	其中：养殖
（11）茶、桑、果			
（12）其他种植业			
其中：饲料作物			

农业总产值的计算方法为产品法：首先用农产品的价格乘以该产品的产量求得每一种农产品的产值，再分别加总求出各业的产值，最后将农、林、牧、渔四业产值加总即为农业总产值。

例如：

（1）饲料、绿肥作物产值，一般用播种面积乘以每亩成本计算。种植成本包括种籽、肥料、农药、灌溉等物质费用以及应摊的固定资产折旧费、修理费、畜力费及人工费等。

（2）桑叶产值，按饲养家蚕耗用的桑叶量乘以其价格计算。桑叶量按每担鲜蚕茧耗用的桑叶进行推算。

（3）农作物副产品产值的计算，如秸秆、麦衣、薯藤等，均按晒干后的产量计算。一般是采用抽样调查或典型调查取得平均每公顷收获面积的产量或主副产品产量的比例推算求得。

（4）人造林木生长量产值，是指林木当年新增加的材积量。人造林木生长量产值，一般按植树造林的成本进行估算。其生产活动项目包括育苗、造林、幼林抚育、成林抚育、迹地更新和零星植树六项。

（5）大小家畜的繁殖、增长增重产值。

①大家畜繁殖、增长增重产值：包括牛、马、驴、骡、骆驼等。

繁殖仔畜的价值＝当年生仔畜头数 × 仔畜的平均价格

幼畜增长增重产值＝Σ（各年龄组年末幼畜头数 × 各年龄组的增长价格）

简单估算大家畜产值＝年末存活的仔畜头数 × 成年畜价格

大家畜的增长增重产值一般是在幼畜阶段计算，成年畜转为农业固定资产，不再计算产值，马、骡、骆驼计算到四岁，牛、驴计算到三岁。

②小家畜产值计算：小家畜包括猪、羊等。

猪的繁殖增长增重产值＝（本年净增加头数 /2 ＋ 当年屠宰和净调出头数）× 肉猪平均价格

羊的繁殖增长增重产值＝（本年净增头数＋本年屠宰和净调出头数＋本年死亡只数 /3）× 成羊价格

（6）农户兼营手工业产品计算：农户家庭兼营手工业产品，只计算其商品部分。如磨面、碾米、饲料加工、编织等，按出售产品的数量乘以其价格计算。对来料加工、工业性作业，按加工费计算。不包括自产自用部分。

林冬让大家看了一份资料。

📖 **小知识**

农业净产值统计

农业总产值是农业生产部门的劳动者在一定时期内（通常为一年）进行农业生产活动新创造的价值，价值构成上为 $C + V + M$，其中 C 是生产中已消耗生产资料的转移价值,通常简称物耗,$V+M$是劳动者为自己和社会所创造的价值,即净产值。

由于在计算过程中扣除了物耗的转移价值,不存在重复计算,因而能较准确反映农业生产的发展情况、规模和结构;能综合反映增产节约的双重效果,是衡量农业生产经济效益的重要指标;统计范围和农业总产值的统计范围完全一致,是农、林、牧、渔四业净产值之和。

农业净产值的计算方法有生产法和分配法两种。

1. 生产法是根据净产值的生产或形成过程,从农业总产值中扣除各种物耗的价值计算净产值的方法。

农业净产值＝农业总产值－农业生产物质消耗的价值

物质消耗包括:农业生产中实际消耗的劳动对象,如种籽、饲料、肥料、农药、燃料、电力等;农业生产中固定资产的磨损,如农业生产用各种农机具、设备、库房等的磨损;农业生产中各项生产性劳动服务支出,如外雇运输费、生产用邮电费、农机具修理费、管理费等。

2. 分配法是根据农业净产值的构成要素即农业净产值初次分配项目计算农业净产值的方法。先计算出每个分配项目的总量,再一一加总求得净产值。

净产值初次分配,一部分用作支付给劳动者的报酬,一部分是集体或企业留存作为积累,用于扩大再生产和集体福利基金,另一部分以税金或利润的形式交给国家。

(1)农业职工工资,指国有农业企业从事农业生产职工的劳动报酬,包括承包家庭农场所得的劳动收入。

(2)农民所得劳动报酬,指农村各种合作经济组织从种植业和养殖业收入中提取分给农民的收入,包括国有农、林、牧、渔场临时雇用农民所支付的报酬以及由集体分配给农民不作价的实物产品价值。

(3)农民家庭所得经营纯收入,指农民家庭经营种植业、畜禽饲养、林业、渔业养殖和捕捞所得纯收入以及从事采集、捕猎、家庭兼营工业等所得到的纯收入。

(4)利润,指国有农、林、牧、渔场和农村各种合作经济组织从事农、林、牧、渔业生产获得的利润。

(5)利息,指国有农、林、牧、渔场和农村各种合作经济组织以及农户从事农、林、牧、渔业生产所形成的利息净支出。

(6)税金,包括国有农、林、牧、渔场和农村各种合作经济组织以及农户从事农、林、牧、渔业生产应上交国家的各项税金。

(7)集体提留,指农村各种合作经济组织为扩大再生产和兴办集体福利事业、社会保险,从当年农业生产收益中提取的公积金、公益金和其他基金。

(8)其他,指净产值分配项目中未包括的部分,如生产中支付的差旅费、科技服务费、民兵活动补贴等。

从理论上讲，用"生产法"和"分配法"计算的农业净产值应该是一致的。但是由于在口径和计算上都有一些差别，在实际工作中用"生产法"和"分配法"计算的净产值仍有一定的差异。

（二）农业商品产值统计

农业商品产值是指在报告期内农业生产单位所生产的农产品总量中实际出售产品数量的货币表现。

农产品总量	自给性产品	生产性自给产品
		生活性自给产品
	商　品	国家调配
		集市贸易

其计算方法与农业总产值的计算方法相同，即采用"产品法"计算，就是以各种农产品的商品量乘以出售价格计算。农业商品产值可以就一种农产品或同类农产品计算（通常用实物量表示），也可以计算全部农产品商品量。

农业部门商品产值是反映农业部门在一定时期内向国民经济其他部门或城市提供农产品商品总量的主要指标。算法是从农业商品产值中扣除农业内部的商品流转。

农业部门商品产值＝农业商品产值－供销、商业、粮食等部门返销给农村的商品产值－农业企业之间、农户之间直接交换的商品产值。

农业内部的商品流转是指农业企业之间、农户之间通过集市或其他方式相互交换和出售的农产品，以及国家通过供销、商业、粮食等部门返销给农村的农产品。

农业内部商品流转资料不容易取得，一般通过抽样调查和典型调查进行估算。

农业商品产值计算时应注意以下问题：

第一，农业商品产值是按行政区划进行统计的，包括行政区域内国有农、林、牧、渔场，以及农村各种合作经济组织和农民家庭等农业生产单位所出售农产品的价值量。

第二，农业商品产值只计算农、林、牧、渔四个行业产品产量中实际出售的商品量价值，不包括四业以外其他生产部门的价值。

第三，农业商品产值的计算价格应与农业总产值一致，不论产品在何地出售均应按产品生产地的实际价格计算。但对于产品由产地运往外地销售所增值部分，实际上是商业和运输业的产值，计算商品产值时应予以扣除。

第四，从理论上讲，农业商品产值应按各种农产品的生产年度进行计算，但是，由于农产品的生产年度和销售年度往往不一致，当年生产的农产品商品量大部分是当年出售的，也有少部分跨年度出售，为了便于计算和统计，现行统计制度是统一按在公历年度内实际出售的商品量进行统计。

小知识

农产品商品率统计

农产品商品率的统计意义是反映农业生产中自给性生产和商品性生产的比例关系，即反映农业生产商品化程度的主要指标。

计算方法分为实物量商品率和价值量商品率。

（1）实物量商品率指农产品商品产量与农产品总产量的比率。

$$实物量农产品商品率 = \frac{农产品商品产量}{农产品总产量} \times 100\%$$

（2）价值量商品率反映全部农产品中商品产品所占比重。

$$价值量农产品商品率 = \frac{农产品商品产量}{农产品总产量} \times 100\%$$

注意：产量单位保持一致，计算产值时选取的价格要一致。

三、农村非农产业产值统计

（一）农村工业产值统计

农村工业总产值是农村工业企业在一定时期内生产的能以货币表现的产品总量，反映农村工业生产的总成果。工业产值统计时，只统计农村工业企业（乡镇办工业、村办工业、村以下工业和农户个体办工业）生产的产值，而非企业性质的事业单位的收入不能统计在内。其计算方法采用"工厂法"，以每个工业企业作为计算单位，按企业生产活动的最终成果计算。防止工业总产值在企业内部重复计算，不能简单地把企业内部各车间生产的产值直接加总。

计算内容包括成品价值和工业性作业产值两部分。

1. 成品产值

成品产值是指在本企业已完成全部生产过程，经检验合格入库，随时可以提供社会使用的产品。成品按全价计算产值。

具体内容包括：企业自备原材料生产，已经销售和准备销售的成品价值；

订货者来料加工生产的成品价值（包括订货者来料的价值）；企业生产的提供本企业基本建设部门、其他非工业部门、生活福利等单位使用的成品价值；企业自制设备已构成固定资产，并已转入财务账目的价值；已经销售和准备销售的半成品价值。

2. 工业性作业产值

工业性作业产值是指企业在生产过程中，不改变原产品的物质形态，只是提高或恢复原产品的使用价值或是只完成产品生产过程中的个别工序（如为外单位承做的工业品部分加工和修理作业），按加工费计入产值。

工业总产值的价格和农业总产值一样，有现行价格和不变价格。

小知识

农村工业净产值统计

农村工业净产值是指报告期内农村工业生产活动创造的新价值。其统计范围和农村工业总产值完全一致。计算方法有生产法和分配法两种。

1. 生产法是从现农村工业总产值中直接减去物质消耗价值求得净产值的方法。其计算公式为：

农村工业净产值＝农村工业总产值－物质消耗价值

物质消耗是指外购原材料、外购燃料、外购动力、固定资产折旧费、提取大修理基金、其他支出中的物质消耗（如办公费中的文具、印刷、邮电等费用，租入生产用固定资产和工具的租赁费、对外支付的货物运输费、图纸资料费等）、产品销售中的物质消耗以及订货来料的价值。

2. 分配法是根据农村工业净产值初次分配的各项要素直接相加求得净产值的方法。其计算公式如下。

农村工业净产值＝工资＋职工福利基金＋利润＋税金＋利息＋其他支出

各项目及具体内容：①利润和税金是指企业在报告期内应得到的产品销售利润和应缴纳的产品销售税金。由于农村工业企业规模较小，报告期的产品产量和实际销售量基本一致，可直接用产品销售利润和销售税金代替。②工资包括职工固定工资、职工生活补贴以及技术津贴费用等。一般可根据会计"应付职工薪酬"科目明细账计算。③从业人员的福利基金是指农村工业企业在成本中按工资的一定比例提取的福利基金，不包括由企业留存利润中提取的福利基金。④利息支出指报告期内企业利息的收入与支出相抵后的余额。⑤其他是指除上述几项外，属于净产值初次分配性质的支出，如差旅费、会议费、干部培训费、保健津贴、房产税、土地使用税、车船使用税、排污费、教育费附加等。

应注意的问题：第一，国家给予的补贴，属于国民收入的再分配，都不能计算在净产值内，如财政转移支付。第二，亏损企业的净产值，如果出现负数，仍应按实际情况上报，但在进行综合时，正、负数相抵。第三，季节性工业企业，在停工月份的停工损失不计算净产值。

（二）农村建筑业产值统计

农村建筑业总产值是指在一定时期内农村各种合作经济组织和农户从事建筑、安装活动的生产成果的货币表现。其统计范围包括：农村各种合作经济组织的建筑队在农村的建筑安装工程产值，不包括进城完成的建筑安装工程产值；农村合作经济组织自筹自建的建筑安装工程产值；农户自筹自建的房屋产值；农村自筹自建的农田水利工程产值；农村投资开垦成片荒地的产值，不包括国有投资开荒。

1. 总产值的统计内容

农村建筑业总产值的统计内容包括建筑工程、设备安装工程和生产性作业。

建筑工程包括厂房、仓库、住宅等房屋建筑、构筑物，各种管道（如石油、煤气、供水等）、输电线和电讯导线的敷设工程；设备的基础、支柱、工作台、梯子等建筑工程；为了施工而进行的平整土地、原有建筑物的拆除、地质勘探以及建筑完工后的场地清理等；矿井开凿、开拓的露天矿；石油和天然气的钻井工作；水利工程、开垦荒地等。

设备安装工程包括生产、动力、起重、运输、传动、医疗、实验等各种需要安装的机械设备的装配、装置工程，以及与安装设备相连的工作台、梯子等的装置，被安装设备的绝缘、保温、防腐等工程。

生产性作业指恢复和提高原建筑物的使用价值而进行的修理修缮工作。

注意：

第一，水利工程只计算农村合作经济组织和农户集资兴建的中小型水利工程产值。凡是国家投资兴建的水利工程一律不包括在内。只有劳动投入但没有工程设施的农田基本建设，暂不包括在内。

第二，农户开垦荒地的产值，只计算农村投资有工程设施的大片开荒产值。由国家投资农垦系统开荒面积不包括在内。

第三，设备安装工程产值中不包括被安装设备本身的价值。

2. 总产值的计算

农村建筑业总产值的计算按"企业法"计算，即以独立核算建筑企业为对象，按每个企业生产活动的最终成果计算产值。

（1）在建设单位的建筑工程产值称为建筑工程投资额，施工单位称为建筑工作量。由于建筑产品有个体大、生产周期长、造形结构复杂的特点，其产值是随工程进度，按照已完成分部、分项工程实物量进行计算的。

有单价法和部位法两种。

单价法：

建筑工程产值＝Σ（已完工程实物量 × 预算价格）×（1＋间接费用率）×（1＋法定利润率）

部位法：

建筑工程产值＝Σ（单位建筑工程预算造价 × 完成的各部位分别占单位建筑工程造价比重）

公式中，已完工程实物量是指已完成各分部、分项工程预算定额所规定的全部工作内容的工程量；预算价格是指施工预算的工程单价，即预算直接费（人工、材料、机械等费用）；间接费用率是指施工管理费、大型临时设施费、冬季和雨季施工费等间接费占直接费的比率；法定利润率是指施工单位法定利润占预算成本的比率。

（2）安装工程产值是施工单位在一定时期内完成机械设备安装工作的价值总量。计算方法和建筑施工产值的计算方法基本相同。

安装工程产值＝Σ（已完工程实物量 × 安装工程预算造价）×（1＋间接费用率）×（1＋法定利润率）

（3）生产性作业产值是建筑物修理、修缮工作的价值，按实际支付的费用计算。

由于农村建筑业活动多数都缺乏建筑安装工程预算资料，因而对建筑业总产值可按其投资总额乘以已完工程量占全部工程量的比重，或以已完工程项目乘以单位平均造价进行推算。

计算建筑业总产值应注意，农民自建房屋采用建房造价（包括人工费、材料费和其他费用）来计算，开荒单价用每亩开荒成本代替。

小知识

建筑业净产值统计

农村建筑业净产值是报告期内农村建筑安装生产活动新创造的价值。统计范围同农村建筑业总产值一致。

计算方法有生产法与分配法两种：

1. 生产法是从农村建筑业总产值中扣除物质消耗求净产值的方法。

农村建筑业净产值＝农村建筑业总产值－农村建筑业物质消耗

建筑业的物质消耗主要包括建筑安装生产活动中所消耗的建筑材料，施工现场的水、电，固定资产折旧、临时设施的摊销，以及施工支出的运输、邮电费等。对于自筹自建的建筑安装工程、农田水利工程、开垦成片荒地，一般可根据抽样调查或典型调查的资料计算。

2. 分配法是从国民收入初次分配的角度，将构成净产值的各个要素直接相加求得净产值的方法。

农村建筑业净产值＝工资＋职工福利基金＋利润＋税金＋利息＋其他支出

（三）农村运输业产值统计

农村运输业总产值是指其对物质产品转运活动中所增加的价值，也就是运输企业货运、装卸和仓库经营方面的收入。其统计范围是农村集体经济组织办的运输企业的货运产值和个体货运产值，汽车运输、水运、拖拉机运输、畜力车运输和装卸搬运等货运活动的产值都均应统计在内。

产值的计算按"企业法"计算，即以独立核算的运输企业为对象，按每个企业货物运输生产活动的最终成果（运输量）计算产值，也就是按这些单位的全部货运收入计算。目前只要求按现行价格计算。

小知识

农村运输业净产值统计

农村运输业净产值是指农村各级合作经济组织和农户在报告期内从事货物储运活动所新创造的价值。其计算方法有生产法和分配法：分配法即在运输总收入中支付税金、利息、集体提留和个人收入的总和；生产法即在总收入中扣除物质消耗，物质消耗包括燃料、材料、电力、生产性固定资产折旧及船舶修理费等。

（四）农村商业及饮食业产值统计

农村商业总产值指农村商业企业，在商品采购、保管整理和销售等活动中追加到产品中的价值，包括农村各种合作经济组织办的商业企业（包括农村供销社）产值和个体商业产值两部分。

农村商业总产值的计算按"企业法"计算，即以独立核算的商业企业为对象，按每个商业企业生产活动的最终成果（商品附加费）计算产值，在商业企业内部不得重复计算。

1. 按商品流转费、税金和销售利润的总和计算

商业总产值＝商品流转费用＋商品经营利润＋商品销售税金－运杂费

商品流转费主要包括：支付给商业工作人员的劳动报酬；支付商品流转过程中的服务费用，如运输费、搬运费等；支付商品流转中的物质消耗，如固定资产折旧、家具用品等的摊销；商品流转中的商品损耗价值及其他支出，如银行贷款利息等。为避免流通过程的重复计算，计算总产值时在商品流转费中应减去支付给运输企业的托运费及装卸搬运费。

2. 用毛利率方法计算

如果部分商业搜集资料比较困难，可以用商品零售额乘以毛利率再减去托运费和装卸搬运费进行估算。

$$商品总产值＝商品零售价格 \times \frac{商品销售毛利}{商品销售总额} － 运杂费$$

饮食业总产值按营业额计算，即按加工、销售食品全价计算，其统计范围与农村商业相同。农村商业、饮食业总产值目前只要求按现行价格计算。

小知识

农村商业、饮食业净产值统计

农村商业、饮食业净产值指农村商业单位和饮食业在组织商品购销活动和食品加工、销售活动中新创造的价值。

农村商业净产值通常采用分配法计算，即工资、经营利润、销售税金、福利基金、利息支出及其他支出费用之和。其他支出主要有保险费、手续费、培训费等。

农村饮食业净产值常用生产法计算，即从饮食业总产值中扣除物质消耗。饮食业的物质消耗主要包括原材料和燃料消耗、水电费、家具器皿折旧及管理费等。

最后，大家针对自己工作中的问题与林冬进行交流后，结束了一天的培训。

农村生产总值统计

第二十一章

最后一天，林冬为大家讲了一些农村生产总值统计的知识。

一、农村生产总值及其统计

（一）农村生产总值的概念和统计范围

林冬介绍说："农村生产总值是指一定时期内农村物质生产部门和非物质生产部门所生产的全部最终产品和劳务的总值。它是反映农村物质生产和劳务活动总成果的综合指标，其统计范围是农村地区，包括乡村和镇两部分地区。"

农村产业中的物质生产部门是指通过劳动将自然物和自然力转化为适应人们需要的物质产品的生产部门，包括农业、农村工业、农村建筑业、农村运输业（货运）和农村商业企业。非物质生产部门是指为社会提供各种劳务的产业，包括农村客运业、农村金融、保险、科学研究、农业技术服务和生活服务，以及文化、教育、卫生、体育和社会福利事业等。

（二）农村生产总值计算

农村生产总值是一定时期内以货币形态表现的农村物质生产部门和非物质生产部门生产的最终产品和劳务总值，它等于农村总产出扣除中间消耗后所剩部分。

1.农村总产出

农村总产出是指一定时期内以货币表现的农村企业、事业单位和农户所生产的全部物质产品和劳务总值，它是反映农村物质产品生产和劳务活动总成果的综合指标。根据商品交易的原则，其计算是以实现的产品销售和营业收入为基础。

农村总产出＝中间消耗的产品和劳务价值＋最终使用的产品和劳务价值

2. 中间消耗

中间消耗指一定时期内在产品生产和提供劳务过程中所消耗的产品和劳务。中间消耗分为中间物质消耗和中间劳务消耗。

中间物质消耗又称为中间产品消耗，包括：外购原材料、燃料、动力、办公用品等物质产品，支付给生产部门的运输费、邮电费、修理费、仓储费等，但不包括生产性固定资产折旧。

中间劳务消耗包括支付给非物质生产部门的差旅费、保险费、广告费和利息净支出等。

计算中间消耗的产品和劳务，必须是外购产品和劳务（农业包括自给性部分），并已计入总产出的价值，也必须是本期投入并一次性消耗掉的产品和劳务。

3. 农村生产总值

计算内容包括农村企业、事业单位和农户向社会提供的最终使用的物质产品和劳务总量，包括：农村居民消费的产品和劳务价值；农村社会集团消耗的产品和劳务价值；投资产品，即用作固定资产的产品价值；增加储备和库存的产品，包括各种生产资料和消费资料的价值；调出与调入（包括出口与进口）产品和劳务价值净额。

农村生产总值是农村总产出减去中间消耗的产品和劳务价值后的余额。

农村生产总值＝农村总产出－中间消耗的产品和劳务价值。

4. 农村生产总值计算方法

三个角度	表现形态	三种方法
生产方面	新增产品和劳务的价值总量	生产法（部门法、增加值法）
分配方面	生产要素（劳动、资本、土地）得到的收入总额	分配法（收入法）
使用方面	个人、企业和政府购买产品和劳务的支出总额	支出法（最终产品法）

（1）生产法，一种将农村各部门增加值汇总计算生产总值的方法。

按生产法计算，能了解农村各部门增加值和中间消耗的情况，为进一步划分农村产业结构及其变化、研究农村产业之间的联系及农村各产业的经济效益提供资料。

农村各部门增加值=各部门的总产出-各部门消耗的产品和劳务价值。

农村总产出=中间消耗的产品和劳务价值+最终使用的产品和劳务价值。

（2）分配法，又叫收入法，是根据生产产品和提供劳务的农村企业、事业单位和农户分配形成的收入计算产值的一种方法。

农村生产总值=各项分配收入+固定资产折旧+大修理基金。

分配收入包括：

①劳动者报酬，指农村劳动者在生产产品和提供劳务分配中所得的劳动收入，不包括由福利基金、公益金、利润、公积金等支付的工资、奖金、生活补助和救济金等。

②福利基金（或公益金），指根据国家或集体有关规定提取并计入成本的福利基金（或公益金）。

③利润（或提留），指产品销售利润或经营利润。提留是农村合作经济收入分配中按一定比例由集体提取留用部分。

④税金，指依法应向国家交纳的生产销售和经营环节的各种税金，不包括从留利中交纳的所得税、调节税和奖金税等。

⑤其他，指上列各项分配收入以外的收入部分。

（3）最终产品法，又称为支出法，是根据农村最终使用的产品和劳务而计算农村生产总值的一种方法。

按这种方法计算的农村生产总值，能反映农村最终产品和劳务使用的去向及其构成情况。

最终产品和劳务包括下列各项：固定资产投资；流动资产增加；农村社会消费；农村居民消费；调出，由农村调进城市或出口；调入，由城市调入农村或进口。

农村生产总值=固定资产投资+流动资产增加+农村社会消费+农村居民消费+调出-调入。

从理论上讲，三种计算方法所得到的结果应该是一致的。但是，在实践中由于受资料来源口径范围的限制和计算方法的影响，要保证这三种计算方法所得到的结果完全相等几乎是不可能的。

二、农村各部门增加值统计

增加值指一定时期内，通过生产经营和劳务活动追加在劳动对象（即中间产品或劳务）上的那部分价值，又称追加值或附加值。

统计意义增加值对企业或生产单位来说，是在一定时期内生产经营和劳务活动的最终成果。它是改革和完善我国农村现行统计指标、建立农村第三产业统计的重要内容。

（一）农村物质生产部门增加值的计算

以农业为例，介绍农村物质部门增加值的计算。

农业增加值就是农业生产单位在农业生产经营活动中追加在劳动对象上的那部分价值，是农业生产单位（或农户）为社会所做的贡献。

其统计范围包括行政区域管辖范围内从事农、林、牧、渔业生产的各种经济类型的生产单位，包括集体农业生产单位、个体农户和国有农业企业，不包括农业部门以外的其他部门，如非独立核算的农业生产单位和农业科研试验机构及部队的军马场。

1.按生产法计算

生产法是从农业生产单位在一定时期内生产的产品和提供的劳务总量（总产出）中，扣除外购产品和劳务价值等中间消耗计算农业增加值的方法。

农业增加值＝农业总产出－农业中间消耗。

（1）国有农业企业农业增加值按生产法计算。

国有农业企业农业增加值统计是以农、林、牧、渔场为调查单位和会计核算资料为基础，对有关会计项目进行调整、分解和转换后按生产法进行计算。

①农业总产出指报告期内，国有农业企业从事农业生产经营活动和提供劳务总成果的货币表现。国有农业企业农业总产出可按收入法和支出法计算。

按收入法计算是以企业会计报表中利润表的产品销售收入为基础，从时间、范围上进行调整核算后计算。

农业总产出＝农产品销售收入＋其他销售收入 ± 产成品、在产品期末期初的增减额 ± 畜禽存栏期末期初增减额－已计入销售收入的出售役畜收入。

按支出法计算是以生产过程发生的各项费用支出（如税金、利润）之和进行计算。

农业总产出＝生产成本（费用）＋销售税金及农业税＋销售费（含其他销售费）＋教育附加＋产品销售利润及其他销售利润。

②农业中间消耗是指农业生产单位生产经营过程中所投入或消耗的各种物质产品和劳务价值的总和。中间消耗分为农业中间物质消耗和中间劳

务消耗。

中间物质消耗是指国有农业企业在农业生产过程中所耗费的各种物质产品价值，如外购和计入总产出的自给性物质产品消耗。如种籽、种蛋、饲料、外购肥料、燃料、农药、用电量，农、林、牧、渔具购置及办公用品等物质产品，以及支付给物质生产部门的劳务费用如运输费、邮电费等，不包括固定资产折旧。

中间劳务消耗是指在生产过程中支付给非物质生产部门的各种劳务费用。如农业贷款利息支出、畜禽防疫费、广告费、畜禽配种费、职工教育费、农业技术咨询费、机耕费、机收费、自来水费、差旅费（不包括其中个人补贴）、会议费和交主管部门的管理费，以及在市场自行出售农产品向有关部门缴纳的管理费、交易费等。

综上所述，农业生产中间消耗包括以下四个部分：

第一，农业生产过程中实际消耗的劳动对象，如种籽、肥料、农药、饲料饲草、燃料、动力等。其消耗是先计算出每一种劳动对象的实际消耗量，再乘以各自的价估，即得生产过程中实际消耗的劳动对象的价值。

第二，对物质生产部门的劳务支出，指农业生产过程中当年实际支付给物质生产部门的费用，如邮电费、农机修理费以及外雇运输费等。

第三，对非物质生产部门的劳务支出，指农业生产过程中当年实际支付给非物质生产部门的费用，如银行利息、保险费、广告费等。

第四，其他物质消耗，指以上三大项目以外的各种物质消耗，如购买办公用品、账册等费用支出。

（2）农户和集体农业生产单位增加值按生产法计算。

根据我国具体情况，农户和集体农业生产单位计算农业增加值的具体方法是：

①农业总产出是农户和集体农业生产单位当年生产的农业总产值。它由农、林、牧、渔业各产值组成。

②中间消耗指农户和农业集体生产单位当年从事农业生产活动所消耗的外购或已计入总产出的自给性材料、燃料动力及其他各种中间物质产品和劳务支出的总价值。其计算口径范围与国有农业企业基本上是一致的。

2. 按分配法计算

分配法是根据国有农业企业、集体农业生产单位和农户分配中所形成的各种收入再加固定资产折旧计算增加值的一种方法，亦称为倒算法。

计算方法按其构成要素直接逐项相加计算，其计算公式为：

增加值＝劳动报酬＋福利基金＋利润＋固定资产折旧＋大修理基金＋其他收入。

（1）国有农业企业增加值按分配法计算。

①劳动者报酬指列入生产成本和销售费用中的工资，包括按规定支付给固定职工工资和临时人员以及农民进行生产的劳动报酬。

②福利基金指成本中按工资比例计提的职工福利基金和销售费用中的福利基金，不含企业留利和利用归还贷款中提取的福利基金。

③利润指产品销售利润和其他销售利润。

④税金指向国家缴纳的各项税款，包括农业税、农林特产税、屠宰税、牧业税、渔业税、农副产品销售税、教育附加等，不含与农业生产无关的房产税、车船使用税、交纳的所得税、调节税和奖金税。

⑤固定资产折旧及大修理基金指按照固定资产折旧率和大修理提存率分别提取的基本折旧基金和大修理基金。

⑥其他，指上列五项之外的增加值，例如支付的生活、交通、出差等补贴，职工探亲费，以及用于非生产性支出的工会经费、民兵训练费、文体宣传费、上交管理费等。

（2）农户和集体农业生产单位农业增加值按分配法计算。

①劳动报酬指从事农业生产经营活动获得的劳动报酬或纯收入，不包括因自然灾害等原因由国家提供的救济和补贴。

农业纯收入＝农业收入－农业生产费用支出－税金－生产性固定资产折旧－上交集体提留－各种规定费用。

②福利基金是集体农业生产单位为兴办集体福利事业从当年纯收入中提取的公益金。

③税金指应向国家缴纳的渔业税和销售税等。

④利润是农户上交给集体部分以及农业集体生产单位公积金扣除折旧后的余额。

⑤生产性固定资产折旧及大修理基金指农户和集体农业生产单位按规定提取的折旧基金。

⑥其他，指上列五项未包括部分，例如活立林木蓄积量、牲畜存栏价值等。

小知识

1. 城镇居民人均可支配收入

指城镇居民家庭人均可用于最终消费支出、其他非义务性支出及储蓄的总和，即居民家庭可以用来自由支配的收入。它是家庭总收入扣除交纳的所得税、个人交纳的社会保障费以及调查户的记账补贴后的收入。

计算公式为：

可支配收入＝家庭总收入－交纳的所得税－个人交纳的社会保障支出－记账补贴。

2. 什么是农民纯收入

目前，国家统计局规定的农民纯收入指标，是指农村居民家庭全年总收入中，扣除从事生产和非生产经营费用支出、缴纳税款和上交承包集体任务金额以后剩余的，可直接用于进行生产性和非生产性建设投资、生活消费和积蓄的那一部分收入。它是反映农民家庭实际收入水平的综合性的主要指标。农村居民家庭纯收入包括从事生产和非生产性的经营收入、取自在外人口寄回带回和国家财政救济、各种补贴等非经营性收入，既包括货币收入又包括自产自用的实物收入，但不包括向银行、信用社和向亲友借入等属于借贷性的收入。

3. 农民纯收入和城镇居民家庭可支配收入的区别

从指标的含义上看，城镇居民可支配收入是指城镇居民的实际收入中能用于安排日常生活的收入，它是用以衡量城市居民收入水平和生活水平的最重要和最常用的指标。而农民纯收入，则是指农民的总收入扣除相应的各项费用性支出后，归农民所有的收入，这个指标用来观察农民实际收入水平和农民扩大再生产及改善生活的能力。

从形态构成上看，城镇居民可支配收入只有一种形态，即价值形态，它只是反映城镇居民的现金收入情况。而农民纯收入的实际形态有两种，一种是价值形态，另一种是实物形态，主要是指农民自留的粮食、食油、蔬菜、肉禽蛋等，它不但反映了农民的现金收入情况，也反映了农民的实物收入情况。从可支配的内容看，城镇居民可支配收入是全部用于安排日常生活的收入，而农民纯收入除了用作生活消费，其中有相当一部分要留做追加的生产费基金，用于农民的生产和扩大再生产。另外，从两者所反映的实际收入的角度看，农民纯收入基本上反映了农民收入的真实水平，而城镇居民可支配收入中没有包括城市居民在医疗、住房等方面间接得到的福利性收入部分。因此，在运用上述两项指标进行城乡居民收入对比时，要充分考虑两者的区别，全面正确地加以分析。

3.按分配去向计算

分配去向法计算农业增加值，可以反映增加值在国家、集体和个人之间的分配关系。其计算公式：

农业增加值＝支付给个人＋支付给国家＋留给本单位＋支付给其他单位。

（1）国有农业企业农业增加值按分配去向法计算。

①支付给个人（职工），指增加值构成项目中的福利基金和农场留利中支付给个人部分以及支付给个人的各种补贴。

②支付给国家，指增加值中分配给国家部分，包括应缴纳的利润税金、能源交通建设基金、地方水电附加、教育经费附加等。财政包干补贴以负数冲减。

③留给本单位，指增加值中分配后留给农场的部分，包括农场留用的折旧及大修理基金、工会经费和企业利润，还包括以利润弥补以前年度包干亏损和以利润弥补遭灾损失。

④支付给其他单位，指增加值中分配给上级主管部门及其他单位的部分，包括交给主管部门的折旧费和利润、上交工会经费、交其他部门的电费加价、劳动保险费以及其利润。其他单位转来利润则用负数冲减。

（2）农户和集体农业生产单位农业增加值按分配去向法计算。

①支付给个人，指农户的农业纯收入加农户固定资产折旧以及从集体农业生产单位取得的收入和各种补贴。

②支付给国家，指农户和集体农业生产单位向国家缴纳的各种税金。

③留给本单位（集体），指包括农户上交集体部分、集体提留（扣除分配给农户的各种补贴）、集体农用固定资产折旧及大修理基金。

④支付给其他单位，指增加值中分配给上级主管部门及其他单位部分，包括上交主管部门的各种费用、交其他部门的电费加价等。其他单位转来利润用负数冲减。

以上农业增加值计算的三种方法，我国主要是采用"生产法"和"分配法"。

三、农村非物质生产部门增加值统计

农村非物质生产部门分为赢利性和非赢利性单位两大类。

赢利性单位指独立核算，自负盈亏，有营业收入，其支出主要来源于经营收入，包括农村金融、保险、生活服务等。

非赢利单位指提供社会服务或福利的单位。其单位经费全部或大部分来自

财政拨款，不赢利，不缴纳税金，包括教育、社会福利事业、国家机关社会团体等。

（一）农村金融增加值计算

农村金融业指主要从事信贷、结算、信托等业务的部门。它的经营收入包括营业收入、金融机构往来收入和其他收入，其收入来源主要是手续费和利息收入。

手续费收入是从事结算信托等业务而取得的服务报酬。

利息收入是指从事信贷业务而得到的利息差额，即利息收入减利息支出的净额。

农村金融业的总产出＝营业收入＋金融机构往来收入和其他收入－金融机构往来支出和利息支出

增加值总产出减去中间消耗就是农村金融业的增加值。

（二）农村保险业增加值计算

农村保险部门总产出＝保险收入＋手续费等业务收入－保险支出和退保金

保险部门的增加值等于总产出减业务活动的中间消耗。

（三）农村居民生活服务业增加值计算

农村居民生活服务业包括旅馆业、理发业、浴池业、照相业、修理业等。

服务业总产出＝服务营业收入＋附营业务净收入

服务业增加值总产出减中间消耗就等于服务业的增加值。

增加值＝从业人员×平均每一从业人员的增加值。

平均每一从业人员的增加值参照相近行业平均每一从业人员的增加值来确定。

个体服务业的增加值可用下列方法计算：

个体服务业增加值＝（个体服务业从业人员×平均每一从业人员净收入）＋缴纳税金。

（四）农村文化教育、科技、卫生和社会福利事业增加值计算

社会公共福利服务部门，为非赢利性事业单位，经费来源主要靠财政拨款。这些部门提供的劳务，没有市场价格，难以直接计算其服务总值和增加值。

计算方法：劳动者收入代替"劳务价值"作为其增加值，用经常性业务支出项目来计算总产出。

总产出＝经费实际支出＋预算外支出＋固定资产虚拟折旧。

经费实际支出包括工资、福利费、公务费、修缮费、业务费和其他费用。预算外支出指单位自收自支的费用。非赢利性部门基本上不提固定资产折旧，

为了使增加值的计算口径一致，计算固定资产虚拟折旧。

增加值总产出为扣除经费支出和预算外支出中的中间消耗后的余额。中间消耗包括工资和福利以外的各种经常性支出，如公务费、修缮费、业务费和其他费用等。在计算中间消耗时，不包括经费支出和预算外支出中的设备购置和基本建设投资。

三天培训下来，大家感觉受益匪浅，对统计基础知识、农村社会总产值统计、农村生产总值统计有了详细的了解，对自己的统计工作更有信心了。

结语

　　"第一书记"张林在李家峪工作一年间，取得了显著成绩，积累了宝贵经验，得到村民和各级领导的普遍赞誉。在帮扶过程中，他既注重"输血"和"授之以渔"，帮助群众解决一些具体实际问题，认真做好建强队伍、带富增收等打基础管长远的工作。他的主要业绩有：

　　一、帮助农民脱贫致富，转变了农民观念，提高了农民致富能力

　　帮扶村经济的落后，除了自然资源的匮乏、地理位置的偏僻、基础设施建设的不足之外，思想观念的落后和班子素质的缺位是最根本的原因。他通过调查走访，研究帮扶村贫困的原因，分析制约帮扶村进一步发展的因素，考察周边地区先进村的发展经验，从抓班子带队伍、转变农民思想观念入手，合理调整产业结构，因地制宜引进致富项目。他组织村"两委"成员和后备力量进行农村各类专业技术培训，协调省农技专家为农民辅导授课，实地指导；协助建立农民专业合作社，建立了 3 个 20 万元规模的农村互助资金合作社，为农民提供小额贷款；加强农业信息化培训，建立农村信息化平台；培养农民的理财能力，提高抗风险能力；转变了农民观念，提高了农民致富能力。

　　二、进行了基础设施建设，提高土地收益，降低农业成本，解决了农民的生活用电用水问题

　　基础设施建设是富民强村的重要支撑和保障。张林始终坚持统筹推进各领域基础设施建设，全面提高发展保障能力。他带领大家修建机井、U 型灌溉引水渠道、4 000 米农田生产道路，提高土地收益；为解决农民生产生活用电用水问题，安装了 3 台 100kV 容量的生活照明变压器和 200 盏路灯，村里下一步还将安装 5 台 100kV 容量的农田灌溉变压器。

三、加强了单位干部职工与帮扶村广大群众的联系

张林组织单位 100 多名职工在帮扶村开展了"助农主题教育实践活动"，联系落实了学校教授结对专业合作社进行技术辅导、先进教师帮包 60 多名贫困户，发挥各自优势帮钱、帮物、帮信息、帮培训、帮就业；还组织学校大学生利用周末时间、放假时间免费为 5 村 60 余名小学生、初中生辅导功课。

现在张林虽然已经回到省城，但他依然惦记着村里的父老乡亲，时常打电话询问村里的情况。村民们感慨万千："张林，真是我们的好书记！""张老弟，我们的好兄弟！""小张，党的好干部！"感激与敬重之情溢于言表。

后记

2015 年度山东省社会科学普及读物出版资助工作，是在山东省社会科学界联合会党组的领导下，面向全省自主申报，经过公开、公正、公平评选，由出版资助项目领导小组办公室具体组织实施的。

该项工作由中共山东省委宣传部副部长、省文明办主任刘宝莅，山东省社会科学界联合会党组书记、副主席林建宁担任编委会主任；山东省社会科学界联合会党组副书记、副主席周忠高，山东省社会科学界联合会巡视员李海萍，山东省社会科学界联合会党组成员、纪检组长高航，山东省社会科学界联合会党组成员、副主席张宏明、孙淑娜，中共山东省委宣传部理论处处长王晓娟，山东省社会科学界联合会秘书长张伟红担任编委会副主任。林建宁、张宏明担任总主编，张伟红、高玉宝任副总主编，山东省社会科学界联合会科普部王玉革、牛秀琳、刘坚、吴庆利等负责组织、协调、落实工作。

社会科学普及工作，特别是社会科学普及读物的编写出版工作，得到了中共山东省委宣传部理论处、山东省社科规划管理办公室、山东省财政厅教科文处的关心和支持，得到了山东省社会科学界联合会机关各部室、直属事业单位和全省社科界的密切配合，也得到了山东人民出版社的大力支持。在此，我们表示衷心的感谢！

由于水平有限，疏漏、不足之处在所难免，恳请大家批评指正。我们将认真总结经验，资助出版更多、更优秀的社科普及读物，为大众奉献更多、更精彩的精神食粮。

2015 年 10 月

图书在版编目（CIP）数据

农村经济小百科／张芳丽，　杨唯希，　刘春英主编.
—济南：山东人民出版社，2015.12（2016.1 重印）
ISBN 978 - 7 - 209 - 09058 - 2

Ⅰ．①农… Ⅱ．①张…②杨…③刘… Ⅲ．①农村经济—中国—问题解答 Ⅳ.①F32 - 44

中国版本图书馆 CIP 数据核字（2015）第 236411 号

农村经济小百科

张芳丽　杨唯希　刘春英　主编

主管部门　山东出版传媒股份有限公司
出版发行　山东人民出版社
社　　址　济南市胜利大街 39 号
邮　　编　250001
电　　话　总编室（0531）82098914
　　　　　市场部（0531）82098027
网　　址　http://www.sd-book.com.cn
印　　装　莱芜市华立印务有限公司
经　　销　新华书店

规　　格　16 开（169mm × 239mm）
印　　张　15.25
字　　数　260 千字
版　　次　2015 年 12 月第 1 版
印　　次　2016 年 1 月第 2 次
ISBN 978 - 7 - 209 - 09058 - 2
定　　价　32.00 元

如有印装质量问题，请与出版社总编室联系调换。